제국의 상인

보부상 준마, 경제의 꽃을 피우다

일러두기

1. 이 소설은 역사를 바탕으로 한 픽션이다.
2. 소설 속에 실명으로 등장하는 인물들에 대한 묘사는 작가의 주관적 관점에서 쓰였으며, 각 인물들에 대한 역사적 평가가 될 수 없다.
3. 지명과 인물, 고어, 한자 등은 독자의 이해를 위해 바꾸거나 풀어 썼다.
4. 독자의 흥미를 더하기 위해 일부 장의 순서를 바꾸었다.

제꽃의 샘

보부상 준마, 경제의 꽃을 피우다

이인희 지음

조선 침탈의 야욕을 품고 개항장 인천에 상륙한 일본 계림장업단. 이에 맞서 전국적으로 일어나기 시작한 보부상들의 저항은 일대 격변을 예고하고 있었다.

북허브

추 천 의 글

이백순 전 신한은행장

그동안 행상으로만 여겨 왔던 보부상의 활동을 통해서 조선의
상거래 역사를 재조명하였다. 사농공상의 신분적 차별 속에서
내륙지방의 유통을 담당하였고 조선경제를 이끌어 왔다는 점에
서 보부상조직의 역사적 의미가 크다고 할 수 있다.

명분의 정치로 이론과 말만 팽배했던 조선시대 양반사회의 병
폐를 지적하고 실학을 배척한 조선의 비실용적 사상을 날카롭게
비판하고 있다.

지도층의 부패와 백성에 대한 책임감의 결여는 결국 조선을
멸망의 길로 이끌었다.

역사는 미래의 방향을 제시한다.

『제국의 상인』은 역사소설로서 미래의 모델인 선비상인의
도리를 제시하고 있다. 본 저서의 발간을 계기로 정치와 기업이
균형을 이루는 새로운 좌표가 탄생하길 기대한다.

의주 만상 임상옥은 책문거래를 끝내고 객주로 돌아왔다. 돈은 주체할 수 없을 정도로 벌어 10만 냥이 넘는 이문을 수레에 싣고 왔다. 이제 장사도 그만할 때가 온 것 같다. 세상에 둘도 없는 상인정신과 상도의로 돈을 산처럼 벌어 나라에 세금을 수레로 담아 바쳤건만 부패한 조정의 탈취와 온갖 멸시에 시달렸다. 평양 유수로 조정에 들어가면 장사를 그만두게 된다.

조선은 억상정책으로 상업을 개무시하는 정도를 넘어 아예 억제하고 나섰다. 양반과 상인은 서로 근본이 다르고 상업은 천민이 하는 일이라 양반은 절대로 상업에 종사해서는 안 된다는 것이다.

조선말 행상은 200만 명이 넘었고 실제로 보부상 채장을 받아 활동하는 상인이 50만이 넘었다. 조선의 내륙에서 활동하는 보부상은 조선 경제를 이끄는 상업활동의 주역이었다.

조정의 멸시 속에서 보부상은 일본의 무상행상조직인 계림장
업단과 맞서 싸웠다. 일본 최고의 무사들이 칼춤을 출 때 보부
상들은 조선 무인의 혼과 예도로 받아치며 싸웠다. 천근추(千斤
墜)로 치면 궁신탄영(弓身彈影)으로 적의 검을 튕기고 이형환위
(移形換位)로 적의 목을 베었다.

　정조 때 검신 백동수 장군의 혼이 백준마를 통해서 조선의 무
혼을 다시 일으켜 세웠다. 보부상들의 시민의식이 깨어나고, 침
략자의 수탈에 항거하고 나라를 지키기 위해 조선의 조정을 대
신해서 온몸으로 싸웠다.

　한 나라가 이렇게 쉽게 통째로 남에게 넘어간 일은 세계 역사
상 드문 일이었다. 전쟁을 해서 진 것도 아닌데 조정 대신들이
고스란히 조정을 일본에 갖다 바친 것이다. 그렇다고 조선 백성
들이 기꺼이 일본을 초청한 것도 아니었다. 언제 조선이 일본에

행패를 부린 것도 아니었다.

은둔의 나라 조선은 늘 그래 왔듯이 그 자리에 가만히 있었고 누구를 만나자고 한 적도 없었다.

그러나 적은 소리 없이 우리에게 적을 심어 놓고 있었다. 누가 적인지도 모르게 우리의 몸 한구석에 균이 번식을 하여 우리 몸을 먹어 가고 있었다. 몸속에 있는 적을 치면 어느 틈엔가 우리 몸을 누군가 아프게 한다고 소리치고 도리어 역정을 내니 그리 할 수도 없었다.

사람의 몸과 조선의 산과 들, 강, 그리고 숨 쉬는 모든 것들이 일본으로 넘어갔다. 산에 핀 꽃과 풀, 압록강과 한강의 물고기까지 모두 일본으로 넘어갔다.

다행히도 남은 것이 있다면 그것은 하늘이 주는 공기와 물, 햇빛 그리고 조선 사람들의 마음과 생각이었다. 이 마음까지 빼앗겼다면 조선은 이 땅에서 영원히 존재하지 못했을 것이다.

이 초청한 적도 없는 손님들은 조선의 문화유산들을 규장각과 왕릉에서 훔쳐 인천 해안가에 동굴을 파고 몰래 훔쳐 갔다. "조선왕실의궤", "안견의 몽유도원도", "고려청자"까지 조선의 혼이 담긴 유물들을 약탈해 갔다.

보부상 백준마가 김구와 이승훈, 최봉준, 이용익, 우국지사들과 힘을 합하여 항일운동에 몸을 사른다. 마음속 깊은 곳에서 끓어오르는 불같은 울화로 몸을 태우고 내던졌다. 못난 조정이 못 지켜 주니 백성들 스스로가 지켜야 했고, 없는 조정을 대신해서 스스로 몸을 불사르고 일어나야 했다.

고려 귀족의 충혼이 500년을 뛰어넘어 조선의 혼을 살리기 위해 인천과 서울을 비롯해 전국에서 일어났다. 상해, 만주, 시베리아에서 벌어진 항일운동은 항상 죽음의 그림자를 등에 지고 진행되었다.

   보부상들은 4계명을 가슴에 새기고 진정한 조선 선비의 기개
로 적을 향해 칼을 겨눴다.

   나라⋯ 독립⋯ 삶⋯ 사랑.

목차

개 항 의 아 침

초대하지 않은 손님

개항의 아침

초대하지 않은 손님

　먼 바다와 맞닿은 옅은 구름을 밀고 나오는 노을이 수평선 위를 붉게 물들여 갔다. 하늘을 태울 듯이 이글거리면서 사방으로 뻗어 나가던 노을 한가운데로 노루 한 마리가 달려가는가 싶더니 곧 사라졌다. 어둠은 밀물처럼 들어와 작은 해안가 마을을 순식간에 집어삼켰다. 그렇게 인천의 해안가 마을은 오늘도 여느 때아 깊이 조용히 꿈속으로 묻혔다.

　동이 채 뜨기 전 아직도 어둠이 짙게 드리운 항구 먼 바닷가. 지난밤과는 다르게 잿빛 구름이 먼 하늘에 짙게 깔리고 안개가 자욱한 수면 위로는 물안개가 스멀스멀 피어오르고 있었다. 그 안개 속을 헤치며 육지를 향해 천천히 다가오는 검은 점 하나가 보였다.

　얼마 지나지 않아 큰 흑선 한 척이 서서히 안개 속에서 그 모습을 드러내기 시작했다. 구름 사이에 간간이 비추는 달빛 아래로 이마에 하치마키(흰 머리띠)를 하고 하오리(방한용 겉옷)를 입은 평범한 상인으로 보이는 낯선 무리가 배 난간에 서 있는 모습이 보였다. 이윽고 무리를 태운 배는 스며들듯이 조용히 해안가로 들어와 항구에 닻을 내렸다. 일단의 무리들이 배에서 내리자 돌벽으로 쌓은 부두 뒤편 한구석에 미리 와서 이들을 기다리고 있던 한 사내가 재빠르게 일행 쪽으로 다가갔다. 검정 코트에 중절모를 깊게 눌러쓴 그 사내는 항구에서 그리 멀리 떨어지지 않은 한적한 곳에 위치한 여각으로 일행을 안내했다.

70여 명 정도 되는 일행 가운데 20여 명 남짓은 장검과 단검을 허리에 찬 무사집단이었고 나머지는 그다지 특이해 보일 것 없는 평범한 무리들이었다. 하지만 그들의 눈빛만큼은 일반인들과 달라 보였다. 게다가 호기심과 약간의 두려움 그리고 의욕이 넘치는 모습이 낯선 곳에 온 이방인이라고는 믿기지 않을 만큼 자신감에 차 있었다.

부두 안쪽으로는 새로 지은 듯한 창고건물들이 들어서 있었고 그 옆으로는 갯벌을 메우는 공사장이 있었다. 해안가를 막 벗어나면서 산 쪽으로 나 있는 언덕길을 향해 막 오르는데 좁은 길옆에 쌓아 둔 물건더미 위에서 무언가 획 튀어 오르는 물체가 있었다. 그 순간 어느 틈엔가 낭인으로 보이는 한 사내가 칼집에 손을 대는가 싶더니 바로 검을 빼어 전광석화처럼 아래에서 위로 한 번 번쩍 휘둘렀다. 차가운 달빛 아래 새벽하늘을 가르듯 섬광이 검을 따라 번쩍하는 순간, 붉은 선혈이 함께 솟구치면서 큰 몸집의 고양이 한 마리가 목이 잘린 채로 길가에 나가떨어졌다. 이 광경을 숨죽이며 지켜보던 무장행상 일행들조차도 그의 신기에 가까운 칼 솜씨에 두려움과 경이로움으로 감탄의 탄성이 흘러나왔다. 칼에서 뚝뚝 떨어지는 붉은 피와 번쩍이는 칼날의 푸른빛이 달빛에 반사되며 일행들의 온몸을 서늘하게 감싸 왔다.

한동안 짐을 풀고 부산하게 움직이던 이들도 어느 틈엔가 조용히 잠자리에 들었고 이내 밤의 정적 속에 묻혀 버렸다.

최근 갑오농민항쟁 이후 국모살해로 일본에 대한 민심이 극도로 악화되면서 조선의 여러 지방에 흩어 살던 일본인들이 인천으로 몰려들자 인천에 거주하는 일본인 수가 크게 증가하였다. 국제무역으로 많은 부를 축적한 일본은 조선 황실에 막대한 자금을 빌려 주면서 인천개항과 함께 광물개발권과 철도부설권을 따내고 인천의 개항지 외에 부산, 원산 등 여러 항구에서 일본인들이 자유롭게 장사를 할 수 있는 허락까지 받아 낸 터였다.

한가롭던 작은 해변가 마을이 개항지로 결정된 것은 무엇보다 서울과 가장 가까운 곳이라는 지리적인 이점 때문이었다. 개항지로 결정되면서 청국과 일본을 비롯하여 각국 외교관들의 조계지(개항도시의 외국인 거주지)가 인천에 처음으로 개설되었다. 인천의 옛 지명은 미추홀이며 《삼국사기》의 백제본기와 지리지에는 고구려를 세운 주몽의 아들 비류가 지금의 인천 해변에 정착했다고 기록되어 있다.

백제 때는 미추홀, 고구려 때는 매소홀, 신라 때는 소성현, 고려 때는 경원군, 인주, 경원부 등으로 불렸다. 조선 태조 때는 인주, 조선 태종 때는 인천군, 세조 때는 인천도호부, 숙종 때는 인천현과 인천도호부로 불리다가 개항 초기에는 제물포(항구)로 그 지명이 바뀌었다.

조선초기에는 인천항 일대를 성창포(城倉浦)라고도 불렀는데 개항이 되면서 과거에 중심지였던 관교에서 변두리 한적한 포구이던 항구로 그 중심이 옮겨지게 되었다.

각국의 조계지가 자리 잡은 곳은 인천부 다소면 선창리 지역과 다소면 고잔리, 송림리, 그리고 장천리의 일부 지역을 포함하였는데 이 지역을 제물포라 불렀다. 항구 바로 앞에 우뚝 솟아 있는 응봉산에 있는 만국공원 밑으로 청나라 조계지와 일본 조계지가 길 하나를 사이에 두고 서로 마주 보고 형성되었다. 이곳을 중심으로 영국, 미국, 러시아를 비롯한 각국의 공사관들이 가까이 자리하고 있어 이 일대가 외국인들을 위한 치외법권 지대를 구축하고 있었다. 청나라 조계지 건너편에는 당초에 조선인들이 살았으나 일본 조계지가 생기면서 조선인들은 일본인들에 의해 용동과 내동, 답동, 신포동(과거 지명은 탁포, 터진개, 물들어름) 일대로 쫓겨났다.

조계지를 벗어난 해안가 마을인 신포동과 배다리 근처에 물상객주가 하나 둘 문을 열었다. 신포동은 객주들을 중심으로 운영되는 조선인들의 장터가 있는 곳이다. 그 옆으로 낮은 언덕을 끼고 오르면 내동과 용동 그리고 배다리골로 이어지는데, 이 일대에 조선인들이 많이 몰려 살았다. 조선인들이 사는 지역인 용동에는 큰 우물이 하나 있는데 이 지역에 사는 조선인들에게 중요한 식수를 제공하였다. 식수가 넉넉하고 배가 들어오는 바닷가 근처인 신포동에는 물상객주들이 장사 터전을 마련하기 시작했다.

최근에는 일본을 통해서 들어오는 금건(金巾, 영국산 면제품) 같은 광목이 값이 싸고 반질거리는 윤기 덕분에 조선인들에게 인기가 많았다.

요즘 들어 서양과 일본에서 들어오는 신기한 물건들을 보려는 호기심으로 장터에 오는 사람들이 부쩍 늘고 있었다. 커다란 서양 배가 항구에 들어오는 날이면 사람들은 저마다 이번에는 어떤 신기한 물건들이 새로 들어오는지 궁금해서 항구 쪽으로 몰려오곤 했다.

개항으로 서양과의 교류길이 열리자 막혔던 봇물이 한꺼번에 터지듯 서양 문물과 피부색이 다른 서양인들까지 밀려들어 오면서 개항도시의 사람들은 빠르게 변하는 항구도시의 모습에서 천지개벽의 중심에 서 있는 듯 충격을 받았다.

다음 날 아침, 흑선을 타고 들어왔던 무리들이 향한 장소는 바로 일본 조계지 내 중심에 위치한 일본 제58은행 건물이었다. 회색벽돌로 지어진 건물 2층에 있는 넓은 회의실로 안내된 이들 앞에 나타난 사람은 다름 아닌 무라야마 조선 주둔군 사령관이었다.

무라야마는 크지 않은 키에 깡마른 체구의 중년 사내였다. 매의 눈과 매부리코 밑 좌우로 단정하게 손질한 콧수염이 인상적이었고, 얼굴에는 광대뼈가 튀어나온 강인한 인상을 풍기고 있었다. 군복을 입고 군장도를 찬 모습은 모인 청중들과 주위를 압도하고 있었다. 그는 청중들을 향해서 강경한 어조로 자신의 입장을 피력했다.

"여러분은 이제 천황폐하의 은혜로 조선에서 새로운 삶을 시작하게 되는 영광을 누리게 될 것이다. 영광스럽게도 조선의 산업을 새롭게 개조하는 사업의 선봉장이 되는 것이다. 지금 조선은 보부상이라는 행상집단이 조직적으로 활동하고 있는데, 그동안 우리가 파견한 정보원들의 보고에 따르면 이 보부상조직이 조선의 경제를 지탱하는 동맥과 같은 존재이기에 이들을 제거하지 않고는 대일본제국의 조선 진출이 어렵다고 한다. 우리 대일본제국은 조선황실부터 고관귀족과 말단에 있는 주요 관리에 이르기까지 부패한 양반세력을 장악하였기에 조선 조정을 움직이는 것은 어렵지 않다. 그러나 최근 보부상조직이 황국협회라는 것을 만들어 조직적으로 일본에 대항할 움직임을 보이고 있는 상황에서 이들을 막기 위해서 여러분의 협조와 노력이 절실하다. 우리 대일본제국은 이미 조선황실을 압박하여 이들 조직을 와해시킬 계획을 준비하고 있다. 그러나 이들이 순순하게 물러나지는 않을 것으로 보여 여러분이 신속히 이들의 상권을 장악하여 조선의 경제적 기반을 무너뜨려야 한다. 이제 여러분의 소임은 단순한 장사를 넘어 대일본제국을 위한 조선개척의 선구자가 되는 것이다. 우리의 조선 진출을 가로막는 그 누구라도 단호히 제압하여 공을 세우기 바란다."

조용하고 단호한 목소리로 연설을 이어 가던 무라야마는 천천히 청중들을 둘러보다 앞에 앉아 있는 한 사내에게 잠시 눈길을 두었다가 다시 말을 이어 갔다.

"앞으로 여러분을 뒤에서 지원하게 될 무사들을 일본에서 초청하였는데 이 무사들이 여러분과 함께 행동하면서 혹시 모를 조선 상인의 위협과 도발을 제입하도록 적극 도울 것이다. 그리고 마지막으로 우리 일본의 군대가 항상 뒤에서 여러분을 음으로 양으로 지원할 것이다."

장황한 연설이 끝나자마자 옆에 있는 무사를 손으로 가리키며 말했다.

"요시무라 군, 일어나라!"

"예! 장군님."

"이 요시무라를 대장으로 하는 무사들이 호위무사가 되어 여러분을 도울 것이다. 시비하는 자는 제압할 것이며, 저항하는 자는 벨 것이다. 그리하여 우리 대일본제국의 힘과 위엄을 조선인들에게 보여라. 알겠는가? 요시무라!"

"예, 명심하고 또 명심하겠습니다!"

회의장 안에는 한동안 긴장감이 흘렀다. 숨죽인 듯이 경청하는 이들의 얼굴에는 비장함까지 엿보였다. 요시무라를 중심으로 한 일본 검객 가운데서도 유난히 돋보이는 한 사내가 있었다. 짙은 눈썹 아래 예리한 눈은 매의 눈과 같이 날카로웠고 길고 마른 얼굴에는 왼쪽 이마 옆으로 가늘게 칼자국이 나 있었다. 그의 이름은 마츠이로, 일본 명치유신으로 막을 내린 도쿠

가와 이에야스 막부의 유명한 무사가문의 후예로서 지금은 비록 낭인이 되어 떠돌고 있으나 여전히 무술을 연마하고 있으며 싸움에서 패배한 적이 없다는 소문이 있었다.

무라야마의 연설은 이들에게 대일본제국의 황제에 대한 충성심을 불러일으키기에 충분했으며 연설을 듣는 그들의 모습은 결연함과 자신감으로 가득 차 있었다.

이어서 전 농상무성 관료였던 후쿠이 사부로 단장이 단상에 올랐다.

"존경하는 무라야마 조선 주둔 사령관께서 우리 일본의 조선 상업개척단을 격려해 주시고 지원해 주시는 데 대해 재조상인들은 무한한 감사의 말씀을 드립니다. 이제 우리 재조선 일본인 상업개척단은 이러한 일본 정부의 깊은 뜻을 헤아려 이곳 조선에서 역사적인 사업을 시작하고자 합니다. 지금 이곳 인천은 우리 대일본제국과 청국과의 전쟁 당시에 일본군 지원본부가 설치되어 막중한 임무를 수행하던 곳으로 조선의 초기 개항지인 부산과 원산보다 더 중요한 산업과 군사적인 요충지입니다."

사부로는 잠시 말을 멈추고 벽에 걸린 대일본제국의 국기를 바라보며 감격에 어린 듯 눈을 지그시 감았다가 다시 연설을 이어 갔다.

"우리는 이곳 인천에서 조선 내륙지방의 상권개척을 위해 계림장업단을 설립할 예정입니다. 이미 일본에서 사전 준비위원회를 결성하고 개척단 단원들을 선발하여 조선으로 속속 들어오고 있습니다. 우리는 대일본제국의 조선 진출 사업의 선봉에 서서 그 어떤 어려움도 극복하고 조선의 상권장악에 성공할 것입니다. 우리가 조선에서 성공하여 부자가 되는 것이 바로 천황폐하의 은덕에 보은하는 길입니다."

사부로는 대일본제국을 언급하면서 주먹을 불끈 쥐고 흔들며 목소리를 높여 국가에 대한 충성심을 드러냈다.

"우리 뒤에서 대일본제국과 세계 최강의 일본군대가 지원을 다할 것이니 여러분은 과감하게 사업을 추진하시기 바랍니다. 고향을 떠나 이곳 조선에서 새로운 삶을 개척하기 위해 인천까지 온 황국신민 여러분을 적극 환영하는 바입니다. 다시 한 번 천황폐하의 은혜에 감사드리며 만세 삼창을 하겠습니다."

참석한 사람들 모두 열렬한 박수소리와 함께 함성을 쏟아 냈다.

"덴노 헤이까 반자이!(천황폐하 만세!)~~덴노 헤이까 반자이!(천황폐하 만세!)~~"

다음 날 오전 무렵 일단의 일본인들이 무리를 지어 신포시장에 나타났다. 허리에 검을 찬 낭인들이 앞서가는 상인들을 뒤따르며 시장으로 들어오고 있었다. 시장 상인들은 왜상들이 무리를 지어 나타난 것도 그렇고 뒤에는 칼을 찬 무사들이 같이 나타나자 호기심과 두려움으로 이들의 행동을 지켜보고 있었다.

하오리를 입은 일본인들이 좁은 시장길 안으로 들어오자 길 가던 행인들은 지레 겁을 먹고 옆으로 피하거나 일부 행인들은 어깨를 부딪치면 눈을 부라리며 쏘아보는 일본인들에 겁을 먹고 얼른 자리를 뜨기도 했다.

좁은 시장길을 지나가면서 좌판이 방해가 되자 험상궂게 생긴한 일본 상인이 좌판을 걷어차면서 갑자기 소란이 일기 시작했다.

점포에서 일하는 점원인 듯한 사내가 아침부터 재수 없게 왜 남의 좌판을 차는 거냐고 소리치면서 항의를 하자 이 소리를 들은 그 일본 상인이 뒤를 돌아보며 냅다 소리를 질렀다.

"뭐야, 지금 너 나한테 욕한 거냐? 이 조선 놈이 뭐라고 지껄이는 거야?"

일본 상인이 점원인 듯한 사내에게 다가오자 사내가 말했다.

"댁은 뉘신데 남의 가게 물건을 발로 차고 가는 거요?"

"내가 언제 발로 찼다는 거냐? 네놈이 행인의 길을 막으니 좌판을 옆으로 좀 치웠을 뿐인데, 지금 시비를 하자는 거냐?"

"뭐요? 보아하니 일본인들 같은데 조용히 가던 길이나 가시오! 재수 없게, 아침부터 왜놈들이 웬 시비야….""

점원은 중얼거리며 말을 내뱉었다.

"아니, 이 더러운 조선 놈이 감히 욕을 해?"

일본 상인은 다가서며 점원의 어깨를 밀쳤다.

"이 손 치우지 못해? 더럽긴 뭐가 더러운 조선인이야? 당신이 나한테 밥을 줬소, 떡을 줬소? 나하고 무슨 관계가 있다고 더럽네 마네 시비야!"

당황한 점원이 상대의 손을 잡고 강하게 밀치자 일본인이 중심을 잃고 뒤로 넘어졌다. 하필이면 좀 전에 어슬렁거리던 삽살개 한 마리가 싸질러 놓은 개똥 위에 나동그라지는 바람에 옷은 온통 누런 개똥으로 얼룩이 졌다.

이 광경을 뒤에서 보고 있던 무사인 듯한 사내가 재빠르게 싸움에 끼어들면서 점원의 어깨를 칼집으로 가격하는 동시에 발로 점원의 배를 걷어차자 점원이 배를 잡고 나동그라졌다. 넘어지면서 좌판에 이마를 부딪힌 점원은 동여맨 흰 머리띠 위로 피가 흘러내리고 있었다.

그러사 넘어진 점원이 일어나면서 옆에 있던 몽둥이를 들어 자신을 걷어찬 자를 내리쳤다. 그자는 바로 어제 계림장업단 행사장에 있었던 얼굴에 칼자국이 나 있는 일본 무사 마츠이였다. 마츠이는 순간 번개같이 칼을 빼어 점원이 내려치는 몽둥이를 막아 내고는 발로 점원의 복부를 가격했다. 그 순간 점원이 쓰러지자 가슴팍을 발로 강하게 찍으면서 도배(刀背, 칼등)로 점원의 손을 강하게 쳤다.

"악!"

처절한 비명소리가 시장 안에 울려 퍼졌다.

겁에 질린 점원은 얼굴이 하얗게 질려서 놈이 발아래 깔린 채로 오른손에서는 붉은 피를 쏟으며 고통을 참고 있었다. 칼날로 베이지는 않았으나 칼등으로 워낙 세게 내리쳤기 때문에 점원의 손마디 뼈가 부서지고 살이 찢어졌다. 점원은 아무런 항변도 못하고, 엄동설한 북풍에 문풍지 떨듯이 덜덜 떨면서 마츠이의 얼굴만 쳐다보았다. 시장 통 사람들도 두려움에 이들의 싸움을 지켜볼 뿐이었다.

백가객주 대행수 백춘삼의 아들 준마는 객주 문밖에서 사람들이 웅성거리는 소리에 점포 밖으로 고개를 삐죽 내밀었다. 시장

초입에서 웬 일본 사람들과 건어물 객주의 점원이 다투고 있는 것이 보였다. 주위에는 왜상들과 허리에 칼을 차고 있는 무사들이 무리를 이루어 모여 있는 것이 사람들 사이로 보였다. 넘어져 바둥거리고 있는 건어물 객주 점원의 가슴을 일본 무사로 보이는 자가 발로 밟고 있었고, 칼로 점원의 손을 찍어 점원의 손에서는 피가 낭자하게 흐르고 있었다.

순간, 일본 무사가 들고 있는 검의 하얀 속살이 빛을 받아 반짝였고 검에서 뿜어져 나오는 차가운 살기가 검객의 매서운 눈과 하나가 되어 아침 공기를 싸늘하게 식히고 있었다. 평소 친구들과 재미로 무술연습을 해 오던 준마는 진검에서 나오는 시린 듯한 살기가 몸까지 전해지는 것을 느꼈다. 전에 친구들과 대련하면서 목검을 휘두를 때는 전혀 느끼지 못했던 슬픔 같은 뜨거운 불덩어리가 온몸을 감싸며 치밀어 올랐다.

준마는 검을 손에 잡을 때마다 적을 의식한 적이 없었고 땀이 날 때까지 신명이 나서 목검이 가는 대로 휘두를 뿐이었다. 그런데 일본 무사가 들고 있는 검의 차가운 속살을 보는 순간, 저자의 진검이 자기를 향해 찔러 올 것 같은 두려움을 떨치려는 강렬한 몸의 저항을 온몸으로 느꼈다. 마음 깊은 곳에서 서늘한 냉기가 솟아오르고 온몸으로 퍼져 나갔다.

저 일본 상인들을 조선이 언제 초대한 적이나 있었던가 궁금했다. 그들은 초대하지 않은 사람들이었다.

물상객주

보부상 객주와

개항장 조계지

이른 아침부터 닭의 울음소리로 장터의 개장을 알리자 이내 많은 사람들이 저마다 물건들을 머리에 이거나 지게에 지고 나타나기 시작했다. 나지막한 초가지붕을 얹은 주막에는 마당 한 구석에 걸어 놓은 가마솥에서 고깃국이 끓고 있었다. 손님 맞을 준비로 부산하게 움직이는 주모의 바쁜 손놀림이 반쯤 가려진 장막 사이로 보였다.

주막 아래로 난 길을 조금 내려가면 길을 따라 양편으로 손바닥만 한 자리를 차지하고는 저마다 앞에 좌판을 놓고 앉거나 지게를 세워 놓고 손님을 기다리는 행상들이 늘어서 있었다. 여기저기서 물건을 사고파는 흥정소리로 시끌벅적한 장터는 해가 중천에 솟으면서 이내 어깨를 비켜 가야 할 정도로 많은 사람들이 붐비기 시작했다.

용우물에서 물을 가득 채운 물동이를 지게에 매달고는 어물전과 주막을 오가면서 배달하는 상투잡이 물장수들이 사람들 사이를 헤집고 다니고 있고, 어물전 앞에서는 손님을 부르는 호객꾼들의 외침이 골목 안에 소란스럽게 울려 퍼지고 있었다.

"그동안 취급해 오던 조선산 면직물과 잡화물의 장사가 일본과 서양에서 들어온 값싼 제품에 밀려 어려움이 계속되고 있으니 이참에 새로운 품목을 도입해서 팔아 보려고 하는데 차인행수 생각은 어떻소? 그렇다고 조선 물건이 값이 비싼 대신에 서양 물건에 비해 품질이 딱히 좋은 것도 아니고."

백가객주 대행수 백춘삼은 썩 내키지 않는 얼굴로 조선산 면직물을 몇 번씩이나 이리저리 들었다 놓으면서 차인행수 송원적을 쳐다봤다.

"서양에서는 이미 기계를 이용해서 대량으로 물건을 생산하니까 값이 싸질 수밖에요. 무슨 대책을 세우긴 해야 할 것 같습니다."

차인행수가 걱정스런 표정을 지으면서 말을 건넸다.

"얼마 전부터 청나라에서 들여온 채소를 눈여겨보고 있었는데, 이 채소들을 한번 판매해 볼 생각을 하고 있네. 청나라 산동성에서 왔다는 상인들이 조선에 씨를 들여와 재배한 양파, 양배추, 당근, 토마토, 시금치, 우엉, 부추 같은 채소들이 요즘 일본인들을 비롯한 서양인들과 조선의 부유층 사이에 인기가 있다고 하네. 처음 푸성귀전에서 팔 때는 잘 알려지지가 않아서 고생을 하였으나 지금은 제법 소문이 나면서 장사가 잘된다고 들었네."

백춘삼은 점차 경쟁이 치열해지고 있는 면직물과 잡화물품 외에 이제 거래품목을 좀 더 늘려 새로운 물건을 들여올 생각을 하고 있는 중이었다.

"준마야! 오늘 오후에 나하고 청국 조계지에 좀 가자. 담 대행수와 왕 대행수를 좀 만나서 상의할 일이 있으니 어디 가지 말고 점포 일을 돕다가 때가 되면 나와 같이 가야 한다. 알겠느냐? …… 왜 대답이 없어!"

"알았어요."

심드렁하니 대답하는 말본새가 영 마땅치 않은 기색이다. 오늘 오후에 친구들과 오랜만에 창검술 대련을 할 생각이었는데, 꼼짝없이 아버지를 따라나서야 했으니 영 내키질 않고 마음은 콩밭에 가 있었다.

조계지가 생긴 후로 조선인들은 조계지 밖의 탁포와 싸리재 부근의 용동과 내동, 배다리골 쪽으로 많이 옮겨 갔다. 용동에는 큰 우물이 하나 있어서 조선 사람들이 주위에 많이 모여 살았다.

인천의 바닷가 지역은 우물을 파면 바닷물이 섞여 나오는 지역이 많아서 먹을 물이 중요한데 용동의 큰 우물은 깨끗한 민물로 식수로 사용하기 좋아서 주위로 사람들이 마을을 이루고 살게 된 것이다.

특히 해안가 마을인 탁포는 물들어름이라고도 불렸는데 이 지역은 배다리와 함께 배가 들어오는 물길이 있어서 어물전과 미곡전을 비롯하여 많은 물목이 거래되는 장이 서게 되었고 꽤나 큰 조선의 물상객주들이 이곳에 자리를 잡아 장사를 하였다.

이곳 인천은 원래는 조그만 어촌이었는데 조선에서는 서울과 가장 가까운 거리에 있는 항구였다. 원래 부산과 원산이 더 일찍이 개항되었으나 인천이 지리적으로 서울에 더 가까워 청나라와 일본 그리고 각국의 외교관들이 이곳에 모이게 되었다.

물상객주들은 주로 인천의 탁포를 중심으로 문을 열고 있었고 배다리골에서도 일부 물상객주들이 장을 열고 활동하고 있었다. 이들은 어물, 채소, 곡물, 면포, 잡화, 석유 등 다양한 물건을 중개하는 상인들이었다.

객주는 보부상들을 소속 단원으로 두었고 소속 보부상들은 내륙지방으로 물건을 팔러 다녔다. 객주는 물건들을 맡아 보관하였다가 구매자들에게 중개하기도 했다. 주로 표구를 중심으로 객주가 형성되었으며 개항이 되면서 인천과 부산, 원산, 목포 등에서는 큰 규모의 객주가 주로 활동하게 되었다.

보부상들은 여전히 객주들로부터 물건을 받아 산간 오지의 내륙과 장터로 지게에 지거나 봇짐을 메고 다니면서 장사를 하였다.

보부상(褓負商)은 부상(負商)과 보상(褓商)을 합쳐서 부르는 말로 지게에 물건을 지거나 봇짐을 메고 다니며 파는 행상을 말한다. 부상은 주로 부피가 큰 항아리, 소금, 나무, 철제품, 어물, 면직물 등을 취급하였고, 보상은 부피가 작고 값이 비싼 귀금속 장식품과 잡제품을 봇짐에 싸서 행상을 다녔다.

행상은 과거 오래전부터 있었으나 조선조 개국 시에 부상들이 태조를 도운 공으로 목기(木器), 토기(土器), 수철(水鐵), 어물(魚), 소금(鹽) 등 5 종 물목에 대한 판매독점권을 얻어 전국적인 부상조직이 탄생하였다. 이후 봇짐행상인 보상조직이 따로

동하기도 하였으나 조선말에 와서는 부상과 보상을 합친 보부상 조직이 탄생하게 되었다.

보부상은 전국의 각 지역에 임방(任房)을 만들고 민주적인 투표 방식으로 접장을 뽑아 자율적으로 조직을 운영하였다. 보부상은 절목이라는 규칙을 만들어 시행하였는데 세계적으로도 유례가 없는 민주적이고 윤리적인 실천 규약을 포함하고 있었다. 예를 들어 부모에 효도하지 않는 자는 태장에 처하고 벌금을 부과하였으며, 행패를 부리는 자와 거짓말을 한 사람들에게도 벌을 주었는데 이를 어긴 자는 장문법이라는 강력한 집행법을 만들어 처벌하였다.

보부상은 조선의 거대한 관료조직으로부터 스스로를 지켜 나가기 위한 시민조직이었으며 보부상의 정신적인 바탕을 이끈 사람들은 조선개국에 반대한 고려의 충신들과 몰락한 조선의 선비들이었다.

모든 품목을 취급하는 물상객주 외에도 전문적으로 일부 품목만을 다루는 객주도 있었는데 어물만 취급하는 객주를 수산물 객주라고 했다. 이 외에도 약초를 주로 취급하는 약재객주, 곡물객주, 가죽만 취급하는 피물객주, 중국산 품목을 취급하는 만상객주, 청나라 상품을 취급하는 청선객주(淸船客主), 종이를 취급하는 지물객주, 직물을 취급하는 직물객주, 물건의 거래보다는 고객들을 위한 숙식을 제공하는 보행객주, 조리·솔·절구·바가지·방석 등을 파는 무시로객주(無時−客主), 대출 업무를 취급하는 환전객주(換錢客主) 등이 있었다.

임방에 모인 보부상들은 오늘따라 별로 말이 없이 무표정하게 앉아 있었다.

"그동안 우리 보부상조직을 관할해 오던 혜상공국이 황국협회 소속으로 바뀌더니 다시 상무사로 개편된다고 합니다. 일본이 계속해서 보부상조직을 해체하도록 조정에 압력을 넣고 있다고 합니다. 게다가 최근에는 일본의 계림장업단들이 인천에 사무소를 내고 본격적으로 조선의 내륙지방에서 행상을 시작했다는 소문이 있습니다."

접장 백춘삼이 심각한 얼굴로 말문을 열었다.

"무슨 대책이라도 세워야 할 것 같은데 걱정입니다."

"이전부터 이미 일본의 상인들이 조선에서 개별적으로 지방을 다니면서 장사를 한 적은 있었으나 이제 본격적으로 일본 정부가 나서서 행상조직을 만들어 지원한다고 하니 그게 더 걱정이지요."

무시로객주 심태평 행수가 아침부터 낮술을 마셨는지 불그스름한 콧등을 오른손으로 뭉지르면서 말을 이었다.

"그동안 일본은 조선의 조정과 상대하면서 정부 차원의 각종 이권을 가져갔는데 이제는 실제로 일본 본토의 상인들을 투입해서 아예 조선의 상권을 밑바닥부터 다 장악하려는 것 같습니다. 이제 우리 보부상조직만이라도 이러한 일본의 계략을 깨부수어야 합니다. 우리 보부상이 무너지면 조선의 민생경제는 그야말로 다 일본인들의 손으로 넘어가게 될 것입니다."

"맞습니다!"

푸성귀객주의 안중원 행수가 곰방대에 담뱃불을 붙이고 나서

한 모금 깊게 빨아들이고는 '휴' 하고 연기를 길게 내뿜더니 말을 이어 나갔다.

"이제는 계림장업단의 활동이 우리 보부상들에게만 문제가 되는 것이 아니라 조선의 모든 상인들을 말살시키려는 수작인 게죠. 이대로 그냥 두고 보고만 있을 것이 아니라 우리도 하루빨리 무슨 대책이라도 세워야 할 것이 아닙니까?"

인천의 객주회와 수산물객주, 곡물객주, 지물객주 등 인천의 모든 조선 상인의 대표들이 참석을 했지만 무슨 특별한 대책이 나온 건 없었다. 밤늦도록 이어진 회합에서는 달아오른 열기로 금방 무슨 뾰족한 수라도 낼 것처럼 격렬하게 말만 주고받다가, 일단 더 두고 보자는 것으로 끝이 나고 말았다.

조선은 포구를 중심으로 대량의 물건들이 수로를 따라 이동하였는데 이러한 수운중심으로 이루어진 물류유통으로 인해 자연스레 내륙지방의 물류유통은 많이 뒤떨어질 수밖에 없었다.

이들 내륙지역은 30리 길을 따라 개설된 장시를 중심으로 물건들이 유통되었는데 이들 장시를 따라 이동하면서 물건들을 사고파는 보부상들이 그 유통의 중심이었다. 각 지역마다 임방이라는 사무소를 설치하고 각 임방에 소속된 보부상들이 조직적으로 지역상권을 움직이고 있었다.

일본 조계지에 거주하는 일본인들은 원래 개항지에서 100리까지만 장사가 허용되었으나 이들은 이런 규약을 어기고 점차 내륙지역까지 그 활동범위를 확대해 나갔다.

탁포와 싸리재 사이에는 공터가 있어서 준마를 비롯한 젊은 놈들이 때만 되면 모여서 축구며 씨름을 하면서 뒹굴고 놀기엔 딱 좋은 곳이었다. 요즘 준마는 조선의 군사훈련 교재인『무예도보통지』를 보면서 선조들의 무예를 익히는 데 푹 빠져 있었는데, 조선 고유의 본국검을 중심으로 연마하고 있었다.

조선 검술의 기본은 권법이다. 맨손으로 상대를 제압하는 우리 고유의 무술로서 수벽치기라고 한다. 검술의 기본은 단단한 어깨와 허벅지로 굳건히 버틸 수 있는 힘을 지니는 것이었다. 보부상들은 이미 어릴 때부터 물지게를 지거나, 장사를 다니면서 지게를 지다 보니 자연스럽게 허벅지가 단련되어 있었다. 다음으로 숨 쉬는 법을 익혀 마음과 몸이 하나가 되도록 훈련을 했다.

적의 조그만 움직임이나 소리도 느낄 수 있어야 했다. 준마는 조선 검법의 중심인 예도를 연마하면서 마음까지도 침착해지는 것을 느꼈다. 거정세(머리 높이로 검을 들어 내려치는 자세)에 이어 점검세(칼을 가늠하며 상대를 찌르는 자세), 표두세(표범 머리를 치는 듯한 자세), 좌익세(왼편 날개를 치는 자세), 탄복세(배를 헤치고 찌르는 자세) 등으로 연속 동작을 익혀야 했다. 이 검법은 혼자서 여럿을 상대할 경우 유용하게 쓰였다.

조선의 검법은 세를 중심으로 하는데 호흡과 함께 보행법도 중요하다. 발을 끌고 나아가기와 물러나기로 발을 바꾸어 나아가다가 갑자기 옆으로 도는 동작인데, 이에 비해서 일본 검은 치고 찌르기 등으로 단순한 동작을 주로 하여 빠르기와 힘은 있으나 세가 없다.

준마가 복만의 목검을 받으면서 좌로 돌자 이번에는 복만이 우로 돌면서 좌익세로 다시 한 번 준마의 옆구리를 향해 목검을 내리쳤다. 준마가 강하게 튕기면서 막아 내고는 다시 금계독립세(닭이 상대를 공격할 때처럼 한쪽 다리를 들어 올리는 자세)의 자세로 호흡을 가다듬고 좌요격세(왼쪽 어깨 위로 검을 들어 사선으로 내려치는 자세)로 빠르게 공격했다. 복만이 목검으로 막다가 힘없이 밀리면서 준마의 목검이 복만의 옆구리를 스치고 지나갔다. 조금만 더 강하게 베었다면 복만의 옆구리가 크게 다칠 뻔하였다.

"복만아, 너 왜 그렇게 힘이 없어! 좀 더 빠르게 공격해 봐!"

복만은 요즘 기가 죽어 있고 힘이 없어 보였다.

"응, 알았어. 얏!"

복만이 자세를 가다듬고 다시 공격을 시작했다. 몇 번의 목검이 부딪히기를 반복하다가 준마가 소리쳤다.

"오늘은 고만하자. 복만이 너 지금 무슨 고민 있구나? 도무지 집중을 못하고 있잖아! 내일 다시 하자."

"응, 알았어. 미안해. 요즘 좀 몸과 마음이 편찮아서 그런가 봐."

'복만이 오늘 주인집에서 또 무슨 언짢은 소리를 듣고 온 것이다.'

준마는 속으로 생각하며 기운이 없어 보이는 복만을 장터로 데리고 갔다.

장터로 가는 길옆으로 해안 가까운 곳에는 외국에서 배로 실어온 물건들을 쌓아 둔 야적장이 보이고 한편에는 외국으로 보낼 물건들이 쌓여 있었다. 야적장에서는 허리를 잔뜩 꾸부린 채로 짐을 어깨에 지고 부지런히 야적장과 배를 오가며 짐을 나르는 짐꾼들의 모습이 보였다. 땀에 젖고 때에 전 바지저고리를 입은 짐꾼들은 배가 들어오는 날이면 어김없이 같은 모습으로 부두 앞에 나타나 일감이 떨어지기를 기다렸다.

"여기 국밥 좀 말아 주세요!"

준마, 복만, 길재, 정택, 석태, 이 다섯이 늘 모이는 놈들이고 가끔은 임방의 공원인 대길이 시간 날 때마다 같이 어울리곤 했다.

한동안 준마도 객주 일을 돕느라 친구들을 만나지 못했다가 오랜만에 모여 무술연습을 하자고 했는데 복만이 저리도 힘이 없어 보이니 다들 같이 맥이 풀려서 흥이 나질 않았다.

이렇게 무술을 배우자고 해서 시작한 것이 벌써 수년이 지났다. 이제 어렴풋이 조선의 무예라는 것이 무엇인지 알기 시작했다. 사실 무술연습을 하자고 처음 말을 꺼낸 것은 바로 준마였다. 부친의 방 한구석에 쌓여 있던 책들을 들추다가『무예도보통지』라는 책을 우연히 본 것이다. 그 책 안에 있는 병법과 검법 그림들을 보고는 신기한 듯이 자랑을 한 것이 계기가 되어 이제는 다들 무술연마에 빠지게 된 것이다.

부친은 조상이 무신이었다는 말을 준마에게 자랑스럽게 이야기한 적은 있으나 무술을 배우라거나 검법에 대해서는 한마디도 하지 않았다. 도리어 무술연습을 한다고 목검을 들고 나가는 것을 못마땅하게 생각하였다. 이제 검법을 배워 어디에 쓸 것이냐며 차라리 장사를 잘 배워 상인으로 성공하는 것이 낫다고 핀잔을 주곤 했다.

복만은 부친이 성 진사 댁 외거노비로 성 진사 집 옆 담에 붙여 지은 토담집에 살고 있었다. 복만의 부모는 타고난 재주도 없는 터라 성 진사 댁 노비를 주어진 운명으로 여기고 살고 있었다.

길재는 부친이 생원인 몰락한 양반집에서 태어났다. 집안이 부유하지는 않았으나 농사를 지어 그럭저럭 밥은 굶지 않고 지낼 만하였다. 어릴 적부터 부친으로부터 글을 배우고 서당에서도 계속 글을 익혀서《소학》이며《논어》등 사서삼경을 열심히 공부한 탓에 글솜씨가 뛰어났다. 체격은 크지 않았으나 항상 생각이 깊고 신중한 성격이어서 친구들끼리 다툼이 있으면 항상 나서서 조곤조곤 말로 풀어서 화해를 시키는 재주가 있었다.

정택은 부친이 보부상으로 백가객주에서 물건을 떼어 행상을 하며 장사를 하였고, 석태는 평범한 상민 집안으로 얼마 안 되는 밭뙈기에 농사를 지어 생활하고 있었다.

석태와 정택은 체격이 우람했고, 준마는 적당히 큰 키에 체격이 단단하고 몸이 날렵했다. 무술 대련을 하면 항상 민첩하게 상대를 제압하곤 했는데 타고난 무인의 혈통을 이어받은 듯했다.

"길재, 너 요즘 장가간다는 소문이 있더라. 문학골에 사는 예쁜 처자라고 하던데 누구냐?"

정택이 짓궂게 농을 건넸다.

"아, 집에서 장가가라고 은근히 독촉을 하긴 하는데 요즘 세상에 신부가 될 여성을 보지도 않고 장가를 간다는 게 말이 되냐? 세상이 변하고 있는데 집안 어른들의 고리타분한 생각 때문에 답답할 지경이다. 난 이미 내가 좋아하는 처자를 직접 고르겠다고 선언을 했어."

"그래, 좋은 생각이긴 한데, 네가 그럴 만한 배짱이 있을지 걱정이다. 풋!"

정택이 비아냥거리며 농을 던지자 입안 가득히 넣고 씹던 국밥의 쌀 알갱이들이 튕겨 나왔다.

갑오개혁으로 단발령이 내려지자 제일 먼저 상투를 싹둑 자르고 나타난 길재를 보고는 다들 경악하였다. 부친은 빗자루를 들고는 길재의 머리통을 후려치며 이성을 잃은 듯이 매질을 하였다. 무릎을 꿇고 앉아 있는 길재를 양반의 체통을 다 잊은 듯이 소리를 지르며 두들겼다.

마치 조상의 혼이 빠져나가고 집안이 다 박살 난 것처럼 절망하였다. 집안 어른들은 가문에 먹칠을 한 놈이 나타났다고 들고 일어났고 아예 가문에서 이름자를 빼내야 한다고 법석이었다. 잘못하면 문중에서도 쫓겨날 지경에 이르자 모친이 집안의 대를 이을 장손인데 어찌 그럴 수가 있느냐고 울며불며 매달리는 바람에 겨우 쫓겨나는 것은 면했으나, 요즘 집안에서는 길재에게 경계의 눈초리를 늦추지 않고 있었다. 얻어맞아 머리에 난 밤송이 같은 혹이 겨우 가라앉고 나서도 달포가 지났을 때서야 소동은 그런대로 가라앉았다.

부친이 생각한 결론은 길재를 하루빨리 장가를 보내는 것이었다. 장가를 가게 되면 아무래도 가정을 돌봐야 하고 가장으로서의 책임감도 생기게 되어 경솔한 행동을 못할 것이라는 생각에서였다.

계림장업단

계림장업단

일본 무장행상집단

오늘은 계림장업단의 창립식이 있는 날이다. 창립식은 일본 계류지에 있는 3층의 서양식 호텔인 대불호텔의 연회장에서 거행되었다. 연회에는 각국 조계지의 공사와 외교관들, 그리고 일본과 조선상단의 대행수들이 침석하였는데, 백가객주의 대행수와 청국의 동순태 상단 등 몇 명의 청국 상인들도 초대되었다.

인천에 최초로 설립된 호텔인 대불호텔은 일본인 사업가가 투자하여 건축한 서양식 호텔이었다. 붉은색 석조 건물로 파리의 고풍스러운 고급건물을 그대로 옮겨 놓은 듯 외관과 실내는 호화롭게 꾸며져 있었다.

식전에 귀빈실에서 마주한 무라야마 사령관과 후쿠이 사부로는 커피를 마시면서 간단한 담소를 나누었다. 무라야마 사령관은 커피 잔을 천천히 내려놓으면서 사부로에게 말을 건넸다.

"최근 대일본제국이 청국과의 전쟁에서 승리한 이후 조선의 민심이 일본에 대해 별로 좋지 않은 것 같습니다."

사부로가 어깨를 약간 움츠린 듯한 자세로 말을 받았다.

"민비의 죽음과 단발령 등으로 일본에 대한 조선 사람들의 민심이 악화되고 있는 것은 사실입니다."

무라야마는 사부로의 얘기가 끝나자마자 단호하게 명령조로 말했다.

"그동안 조선에서 개별적으로 장사를 하던 본국의 상인들이 여러 잡음을 일으키고 다닌다는 정보가 올라오고 있습니다. 계림장업단의 창립을 계기로 이들을 일본에서 새로 들어오는 단원들과 합쳐서 조직화시켜 조선 상권을 보다 확실하게 장악하도록 해야 할 것입니다."

"예, 잘 알고 있습니다! 무라야마 대장님."

"후쿠이 단장도 알다시피 지금 본국의 상황이 상당히 복잡하게 돌아가고 있습니다. 조선을 어떤 방식으로 끌고 가느냐에 대한 논의가 비밀리에 진행되고 있지요."

"예, 알고 있습니다."

"첫째는 조선을 병합하여 조선인들을 일본의 제2 신민으로 만드는 방법입니다. 다른 하나는 영국의 인도 식민지화 정책을 참고하여 합병을 하는 대신에 동인도회사 같은 회사를 만들어 본국의 식량이나 자원공급처로 삼는 식민지화 전략이 있습니다. 인도의 인구가 많아 합병은 어려워서 영국은 식민지화 정책으로 가고 있습니다. 조선은 우리 일본보다 인구가 적으니까 차라리

합병하는 것이 대일본제국으로서도 유리할 것입니다. 지금 계림장업단의 성과를 봐서 동인도회사와 같은 자원보급기지로 만드는 방법도 하나의 대안이 될 수 있을 것입니다. 그래서 지금 후쿠이 단장의 역할이 대단히 중요한 것입니다, 아시겠습니까?”

“예, 잘 알고 있습니다. 고맙습니다, 대장님.”

연회가 시작되자 후쿠이 사부로 단장이 단상에 올라 주위를 둘러보며 연회의 시작을 알리는 인사말을 했다.

“에~ 오늘 각국의 공사님들과 인천 지역의 유지들을 모시고 이렇게 귀한 자리를 갖게 되어 영광입니다. 조선은 우리 대일본제국과는 거리도 가깝고 오랜 역사를 통해서 교류해 온 친구의 나라입니다. 우리 모두 조선의 발전이 세계의 번영에 도움이 된다는 점을 잘 알고 있습니다. 여기 모이신 각국의 귀빈들께서도 이러한 우리의 노력에 공감하고 이해해 주실 것으로 믿고 있습니다. 조선의 경제번영을 돕기 위해 우리 대일본제국은 항상 예의주시해 왔으며 이제 실질적인 조선 백성들의 실생활을 개선하고자 오늘 이렇게 일본의 상인들이 모여 계림장업단이라는 단체를 결성하게 되었습니다. 계림장업단은 순수한 상업단체로서 조선의 유통을 개선하고 조선 백성들의 생활 개선에 많은 기여를 할 것임을 확신하는 바입니다.”

계림장업단의 단장인 후쿠이 사부로는 엄숙한 표정으로 일본과 조선의 상호 협력을 강조하는 연설을 이어 나갔다.

준마는 어색한 듯 구석에서 서양음료를 들고 있는데 건너편에서 한 여성이 계속 이쪽을 바라보고 있는 것이 보였다. 화려한 장식이 달린 기모노를 입고 머리 위에는 꽃 장식을 한 그녀는 전형적인 일본 귀족 여성의 모습을 하고 있었다. 고개를 얼른 돌리고 모른 척하려는데 이 여인이 어느새 큰 쟁반에 음료와 다과를 얹어 이쪽으로 오고 있었다.

"행수님, 이 다과 좀 드시지요."

"예, 감사합니다."

붉게 물든 얼굴을 감추고 손을 내밀어 탄산음료를 집어 들었다. 눈이 마주치자 그녀는 생긋이 웃어 보였다. 답례로 고개를 숙였다 들며 가늘게 "고맙습니다." 하고 기어들어 가는 목소리로 인사를 건넸다.

허구한 날 진흙구덩이 속에서 친구들과 뒹굴고 장사할 때는 때가 절은 바지저고리를 아무렇게나 걸치고 다니던 준마도 오늘은 한복 위에 흰 두루마기를 걸쳐 입고 멋을 내고 왔다. 여러 나라에서 온 사람들이 입고 온 다양한 복장으로 연회장은 조용한 서양음악과 함께 엄숙하고도 화려한 분위기를 자아내고 있었다.

연회가 무르익어 갈 때쯤 먼발치에서 준마를 부르는 소리가 들렸다.

"준마 오라버니!"

갑자기 자기 이름이 들리자 깜짝 놀란 준마는 소리가 나는 쪽을 향해 고개를 돌렸다. 웬 여성이 손을 흔들며 반가워하는데 자세히 보니 동순태 상단의 진홍이었다. 안 그래도 아는 사람도 별로 없어 주눅이 들어 한쪽 구석에서 연신 차와 주스만 들이켜고 있는데, 여기서 진홍이를 보니 반갑기 그지없었다. 같이 손을 흔들어 답례를 하였다.

진홍은 어릴 때부터 백가객주 대행수인 아버지가 담걸생 대행수를 만날 때 같이 동행을 하였는데 이때 항상 담 대행수를 따라 나온 진홍을 잘 알고 지내던 터였다.

붉은색의 중국 전통의상인 치파오를 입고 서양구두를 신은 진홍의 자태는 그동안 보아 왔던 모습과는 전혀 다른 분위기를 보여 주고 있었다. 한껏 멋을 내어 올린 머리 모양이며 붉은 연지를 입술에 바르고 곱게 화장한 얼굴은 샹들리에 조명 불빛을 받아 아름다운 여인의 미모가 더욱 돋보였다.

우아한 몸짓으로 천천히 준마를 향해 걸어오는데 그 자태와 품위가 중국 전통가문의 후예임을 그대로 보여 주는 것 같았다. 항상 오라버니라고 부르며 준마를 잘 따르곤 했는데 어느새 어엿한 여성으로 성장하였다.

"아니 이게 누구신가, 진홍이 아니야? 잘 몰라보겠어. 화장한 얼굴은 처음 보네. 완전 미인인데!"

점포에서 바지저고리를 아무렇게나 걸치고 다니던 진홍의 모습과는 전혀 딴판이었다.

"언제 왔어 오라버니?"

"응, 좀 전에 왔어. 갑자기 부친이 같이 가자고 해서 왔는데, 분위기가 나한테는 잘 안 맞는 것 같아. 좀 있다가 눈치 봐서 나가려고."

"그래? 그럼 좀 있다가 우리 둘이 몰래 빠져나가자. 나도 오래 있으면 지루할 것 같아서. 좀 있다가 올 테니, 그때 같이 나가

자. 알았지?"

"응, 그렇게 해."

얼떨결에 대답을 하고는 이리저리 사방을 둘러보았다. 잔잔한
서양음악이 흘러나오는데 이상하게 준마는 장례식장에 온 것 같
은 착각을 느끼고 있었다. 고개를 돌리다가 문득 저 멀리서 아
까 그 일본 여성이 자기를 쳐다보고 있는 것을 보고는 눈인사를
하고 이내 고개를 돌리고 말았다. 지루한 시간이 30여 분이나
더 지나자 이제 이 자리를 어서 빨리 떠나고 싶어졌다.

연회장 안은 주로 일본의 상인들과 무사로 보이는 자들이 대
부분이었는데 그중에서도 일본 상인으로 보이는 한 젊은 사내
가 아까부터 준마를 주시하고 있었다. 준마도 그자가 자기를 쳐
다보고 있는 것에 호기심을 느끼는 동시에 의아스럽게 생각하고
있었다.

준마가 연회장 한쪽에 마련된 음료 코너로 가서 음료를 따르
려고 하는데 음료수 병을 들고 있던 좀 전의 그 사내가 준마의
컵에 오렌지 주스를 따라 주었다. 준마가 깜짝 놀라면서 직접
따르겠다고 해도 그 사내는 웃으면서 준마의 컵에 주스를 채워
주었다.

"저는 일본의 상인으로 이름이 하리모토라고 합니다. 반갑습
니다."

"아 예, 저는 조선의 백가객주의 백준마라고 합니다."

일본 상인은 더듬거리는 말투로 자기소개를 하는데 조선말을
약간은 하는 듯했다. 준마는 이자가 왜 자신한테 자기소개를 하

는지 궁금하면서도, 나이도 비슷해 보이는 데다 인상도 그다지 나빠 보이지 않았다.

"조선은 처음이고 장사 경험도 많지 않아서 앞으로 잘 좀 부탁합니다."

겸손하게 고개를 숙이며 조용히 인사를 하는데 준마도 이자가 그렇게 밉상으로 보이진 않았다.

"예, 다음에 다시 뵙지요. 감사합니다."

하리모토와의 가벼운 만남이 끝나고도 한참을 지루한 시간이 계속 이어지면서 30분 정도가 더 지났을 무렵에 진홍이 옆으로 와서 옆구리를 쿡 찔렀다.

"지금 나가자."

그러면서 한쪽 팔을 슬며시 당기는데 준마는 못 이기는 척하면서 뒷걸음질을 치다가 슬쩍 문을 열고 나와 진홍이 이끄는 대로 곧바로 1층으로 내려가 연회장 건물을 빠져나왔다.

깨끗한 서양식 화장실과 화려한 내부 장식으로 치장한 건물의 분위기가 엄숙하기까지 하여 준마는 몸에 맞지 않는 옷을 입은 것처럼 불편하기만 하였다. 어색한 장소에서 입맛에 잘 맞지도 않는 음식에 음료수만 들이켜느니 시원한 공기를 마시면서 이렇게 걷는 것이 차라리 마음도 편하고 좋았다.

조선의 경제발전을 돕는다고 하는데 일본이 조선을 위해 무엇을 해 준다는 것인지 도무지 이해되지 않는 말을 들으며 그 자리에 계속 있으려니 답답하기 짝이 없었다.

진홍은 연신 좋아서 맑은 표정으로 준마에게 말을 걸며 신나는 모습이었다. 밤하늘에 별은 총총히 떠 있고 저 멀리로 어렴풋이 바다가 보였다. 달빛에 비친 바다는 물비늘이 사방으로 반짝거리고 가벼운 파도가 낭화(浪花, 파도 위로 하얗게 일어나는 물방울 꽃)를 만들어 연신 해안가로 밀어내고 있었다. 시가지에 줄지어 늘어선 건물에서 나오는 불빛으로 화려한 밤의 풍경을 빚어내고 있었다.

앞서가는 준마를 따라가던 진홍이 슬며시 준마 곁으로 다가와 팔짱을 꼈다. 팔에 닿은 성숙한 진홍의 젖가슴이 준마의 가슴으로 느껴지고 진홍의 향기로운 체취가 바다 내음 위로 섞여 밀려오는데 서로 보지 않아도 달에 비친 진홍과 준마의 얼굴은 점점 홍조를 띠어 갔다.

조계지를 벗어나면서 멀리 아래로 해안가가 보이는 숲속으로 난 길옆에 앉아 준마와 진홍은 서로 손을 잡고 밤하늘의 별을 쳐다보았다. 준마가 몸을 돌려 진홍의 입술에 가볍게 입맞춤을 했다. 진홍의 입술이 준마의 입술을 뜨겁게 맞으며 준마를 끌어안았다.

창립식을 마친 후 후쿠이 사부로는 인천주재 일본영사관으로부터 정식 상업허가를 받아내었다. 1차로 등록된 인원은 219명이었고 일본에서 모집된 단원들이 계속해서 조선으로 들어오고 있었다. 내년에는 2,000명의 단원이 조선으로 더 들어올 예정이라고 하였다.

후쿠이 사부로는 요시무라에게 계림장업단 소속 상인들과 무사들을 한 조로 짜서 소단위 행상조직을 구성하고 이를 전국적인 조직으로 만들도록 지시했다. 다음으로 요시무라는 헌병대와 협력하여 필요한 지원을 요청하도록 명령체계를 일원화하였다.

계림장업단은 인천을 총본부로 삼고 본부산하에 서울, 부산, 대구, 원산을 지부(支部)로 두었다. 평양에 제1대구, 개성에 제2대구, 강경에 제3대구, 목포에 제4대구를 만들었고, 진남포에 소구를 각각 개설하여 조선의 보부상조직과 상응하는 세력을 갖추었다.

인천, 부산, 목포, 서울, 개성, 원산, 의주, 예산, 박천, 안동 등 대부분의 주요 장터에서 계림장업단 소속의 상인들이 지역별로 품목을 선정하여 낭인조직과 한 조를 이루어 조선의 내륙장터로 침투하기 시작했다. 안전을 위해 무사를 포함해서 약 30여 명 정도를 한 조로 구성해서 활동하도록 했다.

계림장업단은 단원들에게 상품 매매를 중개하기도 하였고, 조선 장시에서의 행상에 필요한 여권을 발부하기도 하였다. 또 통신계를 두어 우편물을 직접 발송하기, 환 징수와 송금 및 수화물 수송 등의 사무를 취급하는 한편, 조선 전국의 경제동향과 곡물의 경작 상황은 물론, 조선인의 동향 등을 정탐하고 수집해서 일본영사관에 보고하는 등 조선 장악을 위한 첨병 역할을 수행하였다.

다음 날 오후 연회에서 만났던 일본 상인 하리모토가 백가객주를 찾아왔다. 마침 준마도 오전에 바깥일을 마치고 백가객주로 돌아오는 길이었다. 준마는 부친인 백춘삼 대행수와 차인행수인 송원적에게 하리모토를 소개하였다.

하리모토는 시종 고개를 숙이고 겸손한 태도로 인사를 했다. 춘삼은 준마더러 손님을 안으로 모시고 들어오게 했다.

"안으로 드시지요. 오셨으니 얘기도 좀 나누시고 차라도 한잔 하고 가세요."

차를 들면서 하리모토 지로는 자기가 조선으로 오게 된 얘기를 털어놓았다.

"저희 집안은 과거 조선인 가문이었습니다. 선대 조상이 100년 전 조선의 바닷가 가까운 마을에서 일본인들에 의해 납치되었는데 한동안 막부 가문의 종으로 살다가 면천이 되어 지금은 평민이 되었습니다, 하리모토(張本)라는 성도 실은 조선의 성을 이어받은 것입니다. 모친은 규슈지역의 일본인인데 부친과 혼인하여 아들 둘을 낳았습니다. 저의 이름은 하리모토 지로라고 하고, 형은 하리모토 다로라고 하는데 형은 지금은 일본 규슈의 나가사키에서 모친을 모시고 살고 있습니다. 조선에서 장사를 할 상인을 모집한다고 해서 지원을 하고 싶어서 모친께 상의드렸더니 저희 고조부가 조선에서 건너왔다는 사실을 알려 주었습니다. 고조부의 고향인 조선에서 한번 장사를 해 보는 것도 좋을 것이라고 했습니다. 그래서 기꺼이 지원해서 조선으로 오게 되었습니다. 모친이 일본에서 음식점을 하고 계시지만 저는 장사를 해 본 경험이 별로 없습니다. 여기 오기 전에 나가사키에서 잠시 서양 물건을 거래하는 상점에서 일을 배우긴 했습니다만 아직 많이 부족합니다. 조선에서 장사를 하려면 조선의 물정과 장사에 대해 알아야 하는데 백가객주와 거래를 하면서 장사에 대해 배우고 싶습니다."

춘삼은 일본인 상인의 얼굴을 유심히 바라보면서 어딘가 조선인 얼굴과 매우 닮았다고 느꼈다. 같은 동양인으로 일본인과 조선인은 생김새는 비슷하지만 느낌이 어딘지 다르다고 생각해 왔던 그였다.

"장사라는 것이 어느 나라나 다 마찬가지로 이문을 남길 수 있는 물목을 찾아내는 것이 가장 중요하겠지요. 서로 필요한 물목을 계산해 보고 사고팔 수 있다면 거래도 가능하겠지요."

"예, 저는 지금 서양에서 일본으로 들어온 물목 중 약품과 기타 생활용품들을 조선으로 들여왔습니다. 제가 내일 그 물건들을 한번 보여드리겠습니다."

"그럽시다. 우리도 장사가 될 만한 물건이면 거래를 하도록 하지요."

요즘 조선은 일본으로부터 도자기, 유황, 약품, 석유, 면직물, 화장품, 기타 황아물을 들여오고, 일본으로는 인삼, 우피, 미곡, 문구류 등을 수출하였다. 백가객주의 입장에서는 금계랍(말라리아 치료제로 정식명칭은 키니네) 등 의약품과 석유, 기타 황아물의 수입이 필요하던 참이었다.

하리모토를 통하면 다양한 서양 물품을 수입해서 팔 수 있고, 무엇보다 서양과 일본의 신제품에 대한 중요한 정보를 얻을 수 있을 것이었다.

준마는 하리모토가 조선의 후손이라는 것을 알고는 과거와 현재를 이어 주는 막연한 끈이 이어져 오는 것 같은 알 수 없는 연민의 정 같은 감정이 일어났다. 사실 하리모토의 조상을 알 수도 없고 누구인지도 모르는데, 이자에 대해 솟아나는 이 감정은 무엇인가? 그의 입에서 나온 조선, 후손, 납치, 포로라는 말들은 혈육과 같이 지극히 가까운 것 같으면서도, 한편으로는 까마득히 먼 것 같은 생경한 느낌으로 다가왔다.

동지와 적이 한 몸 안에서 동거하는 듯한 묘한 감정이 솟아났다.

검투

　계림장업단 단원들이 조선의 내륙지방에 속속 진출하면서 장터에서는 보부상과의 암투가 점점 심해지고 있었다. 값싼 무명을 앞세워 지방의 장시를 장악하거나 고객에게 강매를 하는 일이 도처에서 발생하고, 심지어 무사들이 나서서 고객을 칼로 협박하는가 하면 보부상 간판을 뗄 것을 요구하기도 하였다.

　송파나루는 강원도와 충청도, 경기도의 물목들이 보부상 행상들과 선박을 통해 들어오는 길목으로 종로 육의전보다 거래가 더 활발하였다.

　해가 서서히 넘어가면서 장터 사람들도 대부분 빠져나가고 남아 있던 장사꾼들도 짐을 정리하고 있을 때였다. 장터에서 갑자기 소란이 일면서 사람들이 웅성거리기 시작했다.

계림장업단의 한 단원이 조선 상인과 면직물을 거래하면서 일본산 목면을 영국산 금건으로 속여서 팔았다는 것이다. 금건의 1필당 가격을 4할이 넘게 바가지를 씌운 것이었다.

송파 임방 소속의 보부상이 거칠게 항의하는 과정에서 호위하던 계림장업단 소속 무사들이 보부상 단원을 심하게 구타하는 일이 벌어졌다.

"상도의라고는 없는 놈이구나. 물건을 속여 팔지 말아야지. 이건 장사의 기본인데 어떻게 거짓말로 속여 팔 수가 있냐 말이다. 이 날강도 같은 놈아!"

보부상 전수태가 계림장업단 단원에게 소리치며 항의했다.

"이미 거래는 끝났는데, 무슨 소리야. 네 놈이 싼 것을 찾으니까 그 물건을 주었을 뿐이다. 영국산 금건이면 그 값에 어림도 없지. 네놈이 영국산 금건이냐고 묻길래 난 아무 소리도 안 했고 웃기만 했을 뿐이다. 네놈이 그렇게 알고 산 것이 내 잘못이냐? 이놈아! 네뉴이 그 물건이 좋다고 만져 보고 산 것이 아니냐?"

일본 상인은 속은 네놈이 바보지 이제 와서 무르는 게 어디 있냐고 절대 그럴 수 없다고 고함을 쳤다.

몇 번의 고성이 오가다가 결국 두 사람이 멱살잡이를 하고 싸움판이 벌어졌다. 보부상 전수태가 놈의 전대를 뺏으려고 하자 일본 상인이 전수태의 얼굴을 주먹으로 가격하고 발로 급소를 강하게 쳤다. 사색이 되어 주저앉은 전수태는 아래춤을 붙들고는 몸을 부르르 떨면서 땅바닥을 뒹굴었다. 잠시 후 몸을 추스른 전수태가 일어나 물미장(지게를 받치는 막대기로 용장이라고도 한다)으로 놈의 머리를 후려쳤다. 일본 상인이 머리를 정통으로 맞아 머리 한쪽에서 피가 흘렀다. 그 순간 어디서 나타났는지 일본 무사들 여러 명이 물미장을 낚아채고는 전수태의 옆구리를 발로 차 쓰러뜨렸다. 주위의 보부상 단원들의 만류에도 이들 계림장업단 무사들은 폭행을 멈추지 않았고 결국 일인무사가 휘두른 물미장에 맞아 팔이 부러지는 중상을 입고 전수태가 쓰러지는 사건이 발생했다.

다음 날 송파 임방의 접장 이득만이 단원 몇 명을 계림장업단의 사무소로 보내 사과와 보상을 요구하였다. 계림장업단은 사과는 고사하고 도리어 찾아갔던 송파 임방의 단원들에게 욕을 하고 심지어 단원들을 칼로 위협하며 쫓아 버렸다.

계림장업단은 조선 전국의 장시에서 객주를 설립할 목적으로 주요 점포자리를 양도하도록 조선 상인들에게 위협을 가하거나 심지어 싼값으로 탈취하는 일까지 자행하였다. 계림장업단의 행패는 조선의 장터 도처에서 일어나고 있었고 이러한 소문은 소리 없이 퍼져 나가고 있었다.

동이 트자 장꾼들이 지게에 물건들을 잔뜩 지고 신포장으로 하나둘씩 나타나기 시작했다. 장꾼들은 각자가 늘 정해진 자리에서 장사를 해 왔다. 일부는 기둥을 세우고 장막을 쳐서 물건을 깔아 놓기도 하고 지게를 세워 놓고 팔기도 하였다. 보통 한 장터에는 40여 개의 장막이 설치되었고 큰 장터에는 이보다 갑절이 더 많은 장막이 쳐지기도 해서 장터는 사람들로 흥청거렸다.

"아니 이게 어찌 된 일이여! 누가 우리 자리에 자리를 깔고 있는 게야?"

웬 낯선 사람들이 이미 장막을 친 채 자리를 잡고 물건들을 늘어놓고 있었다.

"아니 당신들 지금 여기서 뭐 하는 거야? 여긴 우리가 수십 년 동안 터를 잡고 장사를 하고 있는 곳인데, 누구 맘대로 여기에 장을 펴고 있는 것이냐?"

"우리는 계림장업단 소속 단원이다. 이 땅은 관에서 허가를 받아 정식으로 매입하여 사용하게 되었다. 이제부터는 우리가 여기를 관리하게 되었으니 여기서 떠나라!"

"아니 이게 무슨 자다가 봉창 뜯는 소리야? 너희가 뭔데 조선 땅을 마음대로 사고팔고 한다는 거야? 우리는 그런 얘기 들은 적도 없으니 잔말 말고 어서 자리를 떠라!"

하필 정택도 오늘 그릇이며 항아리들을 잔뜩 지고 왔는데 자리가 없어진 것이었다.

"우리도 여기서 오랫동안 세금을 내고 채장을 받아 정당하게 장사를 하고 있는데 이게 무슨 말도 안 되는 짓거리야. 야, 이 왜놈들아, 여기가 어딘데 너희들 마음대로 휘젓고 장사를 하고 다니는 게냐? 여기서 나가지 않으면 가만두지 않겠다. 어서 꺼지지 않고 뭐해, 혼이 나야 나갈 테냐, 이놈들아!"

"뭣이라고? 우리는 조선 조정과 우리 일본 정부가 합의한 조약에 의해 조선에서 장사를 하도록 허가를 받아서 하는 거다. 그러니 너희 보부상조직도 이젠 우리 장사에 시비를 걸거나 방해하지 않는 게 좋을 거다!"

"뭐야? 이놈이 찢어진 입이라고 어디서 말을 함부로 내뱉는 게야! 조약 같은 소리하고 있네. 남의 나라에 와서 장사를 하려면 염치와 체면이 있어야 할 터인즉, 어디서 남의 나라에 와서 포악질이냐!"

"아니, 이 무식한 조선놈이 뭐라고 떠드는 것이야? 우리 대일본제국이 미개한 조선을 얼마나 도와주고 있는데, 은혜도 모르는 놈들 같으니."

"이 개뼈다귀 같은 놈이 어디 터진 입이라고 함부로 떠들어!. 우리 조선이 언제 너희보고 도와달라고 했냐? 틈만 나면 조선 해안가를 습격해서 노략질이나 하던 왜적놈들이 이제 조금 살만하니까 눈에 뵈는 게 없느냐 이놈들아."

"이 건방진 조선놈이 어디서 우리한테 눈을 부라리고 대들어!"

왜상이 정택에게 주먹을 올려붙였다. 갑작스런 놈의 공격에 얼굴을 맞은 정택이 지게 위로 넘어지면서 항아리며 그릇들이 박살이 났다.

"아니 이놈이, 사람을 쳐!"

정택도 지지 않고 솥뚜껑 같은 손바닥으로 따귀를 올려붙이자 놈은 그대로 뒤로 벌렁 나가빠졌다.

놈이 일어나더니 다시 정택의 얼굴을 가격하고 정택도 지지 않고 맞받아쳤다. 몇 번을 땅바닥에서 뒹굴며 싸우다가 씩씩거리며 노려보던 놈이 갑자기 허리춤에서 칼을 꺼내 들었다. 그러고는 순식간에 정택을 향해 칼을 휘둘렀고 정택이 순간적으로 몸을 피했다. 칼은 가볍게 정택의 어깨를 스쳐 베었다. 붉은 피가 옷 저고리로 베어 들었다. 정택은 칼을 피한 후 바로 놈의 멱살을 잡고는 번쩍 들어 내동댕이쳤다. 놈이 나동그라지자, 이번엔 정택이 놈의 가슴에 올라타고는 사정없이 두들겨 팼고 입술이 터졌는지 놈의 입언저리로 피가 흘러나왔다.

"박~까야로!(이 바보새끼!)"

어디선가 날카로운 고함이 들리면서 멀찌감치 떨어져서 지켜보던 검은 옷을 입은 무사가 재빠르게 달려오더니 정택을 발로차며 밀어냈다. 정택이 무사의 발길에 차이면서 옆으로 나동그라졌다.

"이놈 봐라, 넌 또 누구냐? 어디서 굴러먹다 온 왜놈이냐!"

정택이 일어나면서 놈의 멱살을 잡으려는 순간 사내는 발을빼면서 칼을 빼려고 했다.

"야, 이놈아 어디서 칼을 빼려고 해, 이놈아!"

정택이 놈의 허리춤을 잽싸게 잡아 내동댕이쳤다. 그러자 이번에는 놈이 쓰러졌다 일어나면서 정택의 가슴을 두 손을 뻗어밀치며 가격하자 정택이 뒤로 넘어졌다. 정택은 일어나 주먹을쥐고 놈의 면상을 내리치는데, 옆으로 날쌔게 피하는 놈도 무술을 익혔는지 쉽사리 걸려들지 않았다.

둘이 호흡을 가다듬으며 몇 번의 주먹과 거친 몸싸움을 벌였으나 서로 만만치 않은 상대임을 알고는 쉽사리 접근해서 싸우기가 쉽질 않았다. 이미 주위에는 구경꾼들이 모여들고 보부상단원들과 일본 상인들 그리고 청국 사람들까지 모여서 싸움을지켜보고 있었다. 이 구경꾼들 중에는 일인무사들이 함께 섞여 싸움을 지켜보고 있었다. 개중에는 일본의 첩자인 듯한 사내의 모습도 보였다.

이미 싸움판이 커져서 이젠 돌이킬 수 없는 사태에 이르게 되었다. 놈이 큰 소리로 외쳤다.

"야, 이 조선놈아 네가 덩치 좀 크다고 완력을 자랑하고 싶은 모양인데 닷새 후 여기서 만나 한번 정정당당하게 겨루어 보자. 어떠냐, 사내답게 무술로 결판을 내자. 무서우면 지금 도망가도 된다!"

정택은 놈이 도저히 물러설 수 없는 대결을 청해 오고 있음을 알았다. 이대로 물러나면 조선 보부상단에 먹칠이 될 것이 뻔했다.

"좋다. 이 왜놈 제대로 한번 겨뤄 보자!"

정택은 지지 않고 놈의 결투 신청을 받아들였다.

정택도 그동안 준마와 복만, 석태, 길재 들과 어울려 무술을 연마해 왔기 때문에 칼이며 창은 꽤나 잘 쓰는 무인이었다. 『무예도보통지』를 보고 조선의 무예인 본국검을 연마하기도 하였고, 일본의 『오륜서』에 나오는 무술을 함께 공부하기도 하였다. 무술에는 어느 정도 자신이 있었다.

그러나 친구 석태, 길재, 복만은 생각이 달랐다. 준마가 오면 상의를 해서 결정하자고 만류하였으나 정택은 끝까지 고집을 세우며 듣지 않았다. 무엇보다 일본 낭인들은 검술을 직업으로 삼고 싸우는 사무라이로 실전 감각으로 무장이 돼 있었다. 그리고 정택이 아무리 무술에 능하다 해도 실제로 진검으로 사람을 죽여 본 적은 없었다. 다들 준마가 올 때까지 연기하자고 말렸으나 막무가내인 정택을 말릴 수가 없었다.

"정택아, 네가 다치거나 하면 우리 그 꼴 못 본다. 제발 흥분을 가라앉히고 냉정하게 생각하자. 그리고 준마가 올 때까지 대책을 세운 후에 해도 늦지 않아."

울면서 만류를 해도 도무지 듣지 않는 정택을 어찌할 수 없었다.

"내가 지금 여기서 물러나면 저 왜놈들 앞에 무릎을 꿇는 거야. 조선 무인의 후손으로서 당당히 그놈과 싸워 이겨서 보부상의 결기와 힘을 보여 줘야 돼. 그렇지 않으면 저 왜놈들은 앞으로 우릴 계속 우습게 보고 무시하게 될 거야."

보부상의 장터를 강제로 빼앗고 단원을 매타작을 해서 중상을 입힌 놈들을 징치를 해야 하는데 그럴 수도 없다. 보부상의 장문법을 그들에게 시행할 수 없는 것이 안타까울 뿐이다.

"그러니 절대 물러설 수 없다. 우리 보부상조직과 동패들에게 행패를 부린 자들은 어디든 쫓아가서 당한 것을 갚는 것이 보부상의 불문율이다. 내 저놈들을 응징해서 보부상의 계율이 얼마나 무서운지를 보여 줘야 해!"

일본은 갑오개혁 후 조선 조정의 각 부서에 고문을 두고 간섭을 하기 시작했다. 욕심나는 땅은 싼값을 쳐주고 반강제적으로 갈취했다. 임자가 없는 토지는 일본인들 명의로 차지하여 수년 후 조선 땅의 4할 이상이 일본의 소유로 넘어갔다.

제대로 전쟁을 해서 진 것도 아니고 그냥 조용히 국토가 일본으로 넘어가고 있었다. 여전히 조선 조정은 말만 하고 있었다. 병자호란 때 40여 일간을 말만 하고 시간을 보내다 성을 나와 항복했다. 성을 나와 삼전도에서 머리를 9번씩이나 땅에다 박아 피가 나도록 용서를 빌고 끝났다.

그리고 세월은 가고 다시 살아났다. 이번에도 그럴 줄 알았다. 싸우는 둥 마는 둥 적당히 가만히 있으면 언젠가는 다시 돌려주겠지 생각했다. 그러나 이번의 적은 달랐다. 아예 하늘과 땅과 나무 한 그루까지 그리고 거기에 숨 쉬고 있는 모든 것들을 자기 것으로 만들려고 했다. 땅에 숨 쉬는 모든 것들의 마음과 생각까지 자기들 것으로 만들려고 했다.

닷새 후 물상객주촌 앞 공터에는 사람들이 구름처럼 모여들었다. 보부상과 계림장업단의 검투가 벌어진다는 소식은 온 시내에 퍼져 나갔고, 이 싸움을 구경 온 사람들로 조계지 바깥의 탁포는 물론이고 내리와 싸리재까지 사람들로 가득 메워졌다.

정오가 되고 정택과 일본 무사는 광장에 마주 보고 섰다.

"싸우기 전에 통성명이나 하자. 그래야 네놈의 비석에 이름자라도 적을 것이 아니냐? 내 이름은 조선의 보부상 정택이다."

"나는 일본 나가사키현의 지겐류 무사 마츠이다. 오늘 죽을 놈은 내가 아니라 바로 네놈이다. 오늘 죽을 각오는 되어 있느냐? 지금이라도 용서를 구하고 사죄하면 너를 살려 줄 것이다. 그러니 늦기 전에 사과하고 물러나거라!"

"이놈이 싸움도 하기 전에 웬 돼먹지도 않은 각설을 이리 늘어놓는 것이냐. 두려우면 네놈이나 이 자리를 뜨거라. 어디 갈 데가 없어서 남의 나라에 와서 흉악한 패악질을 하고 다니는 것이냐? 이놈, 조선에 네놈 묏자리라도 장만해 놓은 것이냐? 자, 잔말 그만하고 들어오너라."

정택이 검을 꺼내 상대를 겨눴다.

마츠이는 허리에 장검과 단검을 차고 나왔다. 마츠이는 지겐류파의 검객으로 장검으로 순식간에 공격하여 상대를 베는 것으로 유명하였다. 상대에 대한 정보도 없고 실전이라고는 처음 해보는 정택이었다. 검을 들고 마주 선 두 사내의 예리한 칼날 위에 강렬한 햇빛이 번쩍하면서 반사되었다.

마츠이는 서서히 앞으로 나오면서 쌍수도를 어깨 위로 들어올려 바로 강하게 정택을 내려쳤다. 정택이 놈의 검을 받아 밀면서 강하게 튕겨 내자 쨍하고 날카로운 쇳소리가 크게 울렸다. 몇 번을 가볍게 받아치고 뒤로 물러나기를 반복하였다. 정택도 물러나지 않고 가볍게 칼을 받으면서 옆으로 돌면서 좌요격세(左腰擊勢, 오른쪽에서 왼쪽으로 목덜미를 옆으로 후려치듯 베는 자세)로 공격하다 후일자세(後一刺勢, 왼발로 몸을 밀면서 오른발이 땅을 구르는 순간 뒤로 돌아 상대의 목부분을 찌르는 자세)로 돌고 다시 우요격세(右腰擊勢, 왼쪽에서 오른쪽 목을 씻어 베는 자세로 이때는 왼발을 구르며 오른발을 들어 치는 자세)로 공격하면서 검을 빠르게 움직였다. 장교분수세(長蛟噴水勢, 좌측 수평 공격을 막은 뒤, 크게 들어가 하단을 베는 검법)로 놈의 하단을 향해 찔러 나가자 놈은 강하게 받아치면서 잠시 뒤로 물러났다.

정택은 마츠이의 검을 막으면서 상대가 강한 힘을 가지고 있다는 것을 느꼈다. 몇 합이 지나고 어느 덧 다시 조용히 마주 보는 자세를 취했다. 마츠이가 검을 높이 쳐들자 칼날이 빛을 받아 번쩍 반사되는 순간 마츠이는 순식간에 몸을 날리면서 1장이

나 뛰어올랐다. 장검을 앞세우고 팔을 길게 뻗고는 힘껏 내리치는데 그 기세가 전광석화처럼 빠르고 강했다.

수많은 전쟁에서 싸운 경험이 있는 마츠이는 상대를 꿰뚫어보고 있었다. 조금 전 정택이 막아냈던 칼의 힘이 배가된 듯 칼이 정택의 가슴을 향해 들어오고 있었다. 빠르게 검을 막으면서 몸을 뒤로 빼면서 버티었지만 상대의 칼은 이미 정택의 손을 베고 있었다.

손가락 깊은 혈맥에서 붉은 피가 한 자나 치솟아 올랐다.

"앗!"

순간적으로 햇빛을 정면으로 받으면서 서 있었고 마츠이의 검이 햇빛에 부서지면서 섬광이 번쩍이는 것을 느끼는 순간이었다.

'아! 방심했다.'

손가락이 잘리진 않았어도 이미 혈맥이 잘려 제대로 힘을 쓸 수가 없었다. 부상에도 불구하고 정택도 지지 않고 두 손으로 검을 쥔 채로 몸을 오른쪽으로 돌면서 놈의 옆구리를 내리쳤다. 그러자 놈이 정택의 검을 막으면서 재빠르게 정택 가까이로 들어와 정택을 발길질로 넘어뜨렸다. 중심을 잃고 쓰러진 정택이 다시 일어났다.

"이제 항복해라. 그러면 목숨은 살려 준다. 용서를 빌어라!"

서서히 다시 일어난 정택은 놈의 앞에 꼿꼿이 다시 마주 보고 섰다. 손가락 마디에서 피가 조금씩 흘러내리고 있었다. 정택은 다시 두 손으로 검을 들어 좌익세(左翼勢, 오른쪽 어깨 위로 들어 좌익으로 내려치려는 자세)의 자세를 잡으면서 놈을 주시했다.

"이놈아, 무슨 용서 같은 소리냐? 남의 집에 와서 강도질을 한 놈이 도리어 주인더러 용서를 빌라고? 이 도적놈아 어서 오너라!"

마츠이는 다시 천천히 검을 고쳐 잡아 위로 세웠다. 거정세(擧鼎勢, 솥을 드는 자세)였다. 놈은 정택이 다친 손으로 인해 점차 세력이 약해지는 것을 느끼고 있었다. 그리고 다시 강하게 앞으로 밀면서 내리치는데 정택이 옆으로 피하면서 몸을 돌리자 이번에는 칼로 정택의 검을 튕기면서 밀어내고 순식간에 정택의 가슴팍으로 파고들었다. 순간 마츠이는 단도를 꺼내어 정택의 가슴에 내리꽂았다. 그러자 정택은 가슴에서 선혈을 쏟으며 그 자리에 주저앉았다. 순간 마츠이는 장검을 크게 휘둘러 정택의 목을 베었다. 정택의 목에서 피가 솟구쳤다. 머리를 잠시 세웠으나 이내 머리가 꺾이며 옆으로 쓰러졌다. 순식간에 온몸은 피로 물들었고 가쁜 숨을 몰아쉬며 안타까운 듯이 두 눈을 부릅뜬 채로 바닥에 떨어진 칼을 바라보고 있었다.

마츠이는 정택이 쓰러져 숨을 헐떡이다 점차 숨소리가 잦아드는 것을 확인한 후 칼을 거두었다. 주위에 서 있던 계림장업단의 단원들이 함성을 지르면서 마츠이를 외쳤다.

"마츠이 대장 만세!"

주위의 보부상 단원들의 탄식과 한숨이 쏟아졌다. 한쪽에선 사람들이 흐느끼고 청국 상인들도 안타까움에 비통의 한숨을 지었다. 외국인들도 일본의 검술과 계림장업단 조직에 대한 두려움에 겁에 질린 표정이었다.

백준마는 부친을 따라 원행길에 나섰다가 정택의 결투 소식을 듣고 이를 말리고자 급하게 집으로 돌아왔으나 이미 싸움은 끝나고 정택은 가슴에 선혈이 낭자한 채로 숨진 뒤였다. 준마는 주저앉아 정택을 끌어안고 치를 떨며 오열했다.

준마와 석태, 복만, 길재, 대길 등 친구들과 가족 모두 정택의 시신 옆에 주저앉아 눈물을 떨구었고, 동몽청 사람들과 장터의 상인들까지도 비통한 표정으로 함께 슬퍼했다.

준마는 이미 정택의 패배를 예감하고 있었다. 덩치가 큰 정택은 검투에서는 절대적으로 불리한 조건이었다. 단칼에 상대의 숨통을 끊는 마츠이의 필살검을 정택이 당해 내지 못할 것을 예견하였던 것이다. 검투에서 덩치가 큰 것은 결코 장점이 못 되었다. 적당한 키에 민첩하고 빠른 직감으로 상대를 제압해야 하는데 정택은 마츠이의 도발에 감정적으로 말려든 것이다.

어릴 적 동몽청에서 함께 공부하고 무술을 익힐 때 준마는 정택과 피의 맹세를 한 적이 있었다. 준마, 정택, 석태, 길재, 복만은 죽을 때까지 서로 돕고 의리를 지킬 것을 약속하였다. 그리고 그 증표로 각자의 이름을 목판에 새기고 각자 가지고 있었는데 그 증표가 정택의 허리춤에서 나오자 준마와 친구들은 몸을 떨면서 오열하였다. 증표에는 "붕우동생사고락"이 둥글게 새겨져 있고 가운데에 각자의 이름인 준마, 정택, 길재, 석태, 복만을 넣어서 똑같이 만들어 각자 보관하였다.

내리를 한참 벗어난 숲속에 난 좁은 길을 따라 내려가면 바다가 보이는 길옆에 공터가 있었다. 정택과 자주 모여 올라오던 곳이었다. 장례를 끝내고 오면서 준마, 복만, 석태, 길재가 바다를 바라보며 우두커니 앉아 있었다.

"다 내 탓이야. 정택이 나설 때 막아야 했는데, 그냥 정택이 하는 걸 두고 보고 있었어!"

길재가 울음 섞인 목소리로 조그맣게 내뱉었다.

"상대가 누군지도 모르면서 설마 정택이 질 거라고는 생각지도 못했어."

복만이 한숨을 지었다.

멀리 섬들 사이로 해가 피를 흘리듯이 하늘을 붉게 물들였다. 바다를 바라보는 눈에는 처연하게 눈물이 머금어져 있었다. 장터에서 처음 보았던 놈의 검에서 느껴졌던 살의가 준마의 몸속 깊은 곳에서 다시 솟아오르고 있었다. 뜨거우면서도 차가운 냉정함이 같이 몸속을 드나들고 있었다.

'친구야, 잘 가라.'

저 멀리 솟아 있는 초승달에 정택이 걸쳐 앉아 있는 것처럼 느껴졌다.

'달에서 행복하게 잘 살아라.'

정택의 원혼을 달래기 위해서라도 어떻게든 복수는 해야 했다. 계림장업단은 앞으로 보부상들을 더욱 깔보고 짓누르려고 할 것이다. 이미 원로 보부상들은 나이도 많아 적극적으로 계림장업단에 맞서기도 어렵고 이제 젊은 보부상들이 나서서 이들을 막아야 했다.

어릴 적부터 같은 동네에서 자란 제일 친한 친구 정택의 죽음에 백준마는 비통함과 억울함으로 가슴은 무너져 내리고 있었다.

두 달 후 계림장업단의 사무실에 나타난 준마는 마츠이를 찾았다. 마츠이는 어디론가 장사를 하러 떠났다는 말뿐이었고 볼 수가 없었다.

"나는 마츠이가 죽인 보부상인 정택의 친구, 준마다. 부상당한 사람을 죽일 필요까지는 없었는데 그렇게 숨을 끊어 놓는 것은 야비한 짓이다. 게다가 너희 계림장업단이 우리 보부상 지역에 와서 행패를 부리면서 먼저 싸움을 걸었다. 이제 너희 계림장업단이 보부상 간판까지 내리라고 행패를 부리는데 더 이상 우리도 너희를 그냥 두지 않을 것이다. 이것은 너희에게 주는 경고다."

계림장업단 사무실을 방문한 지 얼마 후 한 사내가 보부상 상단 임방으로 찾아왔다. 마츠이가 인천으로 돌아왔는데 보부상이 찾아와 결투를 신청한 것을 알고 기꺼이 응할 것이라는 전갈을 가지고 온 것이었다. 열흘 뒤 계림장업단에서 마츠이가 나올 것이니, 보부상단에서 누가 나올지 이름을 대라는 것이었다. 준마가 앞으로 나서며 큰 소리로 말을 받았다.

"백가객주의 준마 행수가 직접 나선다고 전해라."

이미 엎질러진 물이다. 아들이라고 하지만 이제는 장성해서 제 의지대로 결정한 일을 이제 와서 말릴 수도 없었다. 새벽 일찍 일어나 좌정한 백춘삼은 방 한쪽에 놓여 있는 오래된 서랍장을 열고 그 속에서 길게 말아 놓은 검은 보따리를 하나 꺼냈다. 보따리를 풀자 손잡이 부분에 화려한 용무늬 장식을 한 검이 한 자루 들어 있었다.

100여 년 전 정조대왕이 창설한 장용영에서 조선의 전통무예를 연구하여 조선의 검법을 체계적으로 정리하여 조선군대를 훈련시킨 군관 백동수 선대의 장검이었다.

"준마야, 오늘 너에게 줄 것이 하나 있다. 이제는 장성한 너를 이 아비도 말릴 수가 없구나. 네가 하는 일이 아무리 옳다고 해도 부모의 심정은 자식이 위험한 일을 겪는 것은 못 볼 일이다. 그러나 이제 어쩔 수 없구나. 여기 이 검을 받거라. 선대 가문에 내려오는 보검이다. 일본 계림장업단의 무사와 검투를 하기로 하였다는 얘기 들었다. 이제 조선과 일본 민족의 대결이 되었다고 우리 물상객주들을 포함한 모든 객주들이 다 주시하고 있다고 하는구나. 이 보검을 남은 시간 동안 손에 익혀 단련해 보거라. 이왕 대결을 할 바에는 꼭 이기거라. 그리해서 조선인의 기백을 보여 주거라."

준마는 부친을 보면서 불효를 하는 것 같아 마음 한구석이 아려 왔다.

그날 밤 마당 뒤편에서 부친이 준 검을 꺼내 달빛을 향해 높이 들었다. 준마는 검의 손잡이를 가볍게 쥐고 좌우로 휘둘러 보았다. 발뒤꿈치를 들고 발가락 앞부분에 몸의 중심을 두고 가볍게 몸을 앞으로 내뻗고 뒤로 가볍게 회전해 보았다. 손을 높이 들어 올리는 자세인 거정세로 위를 살하고, 왼다리와 오른손으로 평대세를 취하며 앞을 향하여 베어 치고, 가운데로 살하여 퇴보군란세를 취하며 연속 동작으로 몸을 가볍게 움직여 보았다. 검과 몸이 하나가 되는 느낌이 왔다.

"명검이다! 내 몸에 이렇게 맞는 검은 본 적이 없다."

조상의 혼이 칼끝을 통해서 전해져 오는 것이 느껴졌다.

"조선의 혼이여, 단군 이래 제사장의 후손인 백의민족인 우리 조선인들을 위기에서 구해 주시옵소서! 내 비록 일개 상인으로 일본인 무사와 대적을 하게 되었으나 이미 모든 조선의 상인들과 백성들이 기대를 갖고 지켜보는 대결이 되었습니다. 지금 조선인의 기백을 일본인들에게 보여 주지 못하면 영혼도 힘도 없는 민족으로 영원히 멸시를 받게 될 것입니다."

오늘은 보부상단의 준마와 계림장업단의 마츠이가 혈투를 벌이는 날이다. 검투가 벌어지는 청국 조계지와 일본 조계지 사이 공터에 아침부터 하나둘 나타나기 시작한 사람들은 이제 온 거리를 다 메우고 산 위쪽까지 구름처럼 모여들었다.

마츠이는 일본 무사들을 대표하는 지휘관이고 준마는 보부상 상인의 대표로서 조선과 일본의 무술을 대표하는 결투가 되었다. 소문은 꼬리를 물고 이어지고 퍼져 나갔다.

'일본 최고의 검객과 조선의 검객이 나라의 체면을 걸고 대결을 한다.'

일본 무사는 상인으로 가장한 일본 제일의 무사로 조선의 기를 꺾어 놓으라는 일본천황의 밀명으로 조선에 파견된 자라는 등 별의별 소문이 자자하였다.

드디어 검투의 날이 밝았다. 밤새 모친은 집 뒤에 촛불을 켜 놓고 자식이 제발 무탈하게 돌아오기를 빌었다. 아침에 준마는 부친께 문안인사를 드리기 위해 안방으로 들었다.

부친은 아침 일찍부터 일어나 정좌를 하고 있었고 모친은 부친 옆에 묵묵히 앉아 있었다. 준마가 큰절로 인사를 드리고 자리에 앉자, 방 안에는 잠시 무거운 침묵이 흘렀다. 가슴을 저미는 모친의 숨소리에서 묻어 나오는 옅은 한숨 소리가 앉아 있는 이들의 마음속에 아련하게 스며들었다.

"준마야, 이 전갑을 안에 걸치고 가거라!"

한지로 만든, 가슴을 보호하는 조그만 갑옷이었다. 조선은 한지를 이용한 다양한 물건을 생산했는데 장롱이나 갑옷도 이 한지로 만들었다.

"괜찮습니다. 그냥 제 편한 옷으로 입고 가겠습니다."

"아니다, 내 말대로 하거라. 무게도 가볍고 안에 걸쳐도 움직이는 데 불편함이 없을 것이다. 내가 듣기에는 상대가 일본 지겐류의 류파로 빠르게 찌르는 것이 특기라고 들었다. 그러니 첫 번째 공격은 무조건 피하도록 해라. 그 이후부터는 네가 배운 대로 하도록 해라. 이 아비도 이미 네가 결심한 싸움이니 말리진 못할 것으로 알고 있다. 그러나 이 싸움이 이미 조선과 일본의 자존심이 걸린 검투의 양상으로 벌어지고 있으니 조선 무인들의 명예를 위해서도 승리하도록 해라. 마음을 조용히 가라앉히고 심검(心劍)으로 하늘의 기운을 모으도록 집중하거라."

"예, 아버님, 다녀오겠습니다!"

메이지유신 때 활약한 지겐류는 바쿠후를 지키기 위해 싸우는 신선조를 물리친 무사들이다. 정면 베기를 내세우며 일격필살로 상대들을 죽였다. 이들은 하루에 통나무 치기만 만 번을 할 정도로 강한 힘을 길렀고, 이런 힘으로 빠르게 상대를 공격했다.

이렇게 탄생한 지겐류는 그 후 일본의 메이지유신 탄생기에 더욱 유명해졌다. 사쓰마가 에도 바쿠후를 무너뜨리고 새로운 일본을 만들기 위한 대열의 선봉에 서면서, 바쿠후를 지키려는 무사들인 신선조와 수많은 싸움을 해야 했다. 단지 정면 베기 한 기술만으로 일격필살하여 상대를 죽이는 지겐류에 어찌나 혼이 났는지 신선조의 국장 곤도 이사미는 "지겐류의 첫 일격은 일단 피하고 봐라."라는 지시를 내릴 정도였다고 한다. 이들이 검을 휘두르는 힘이나 속도가 강하고 빨라서 피하기도 쉽지 않거니와 막더라도 상대가 베이거나 칼이 두 동강이 날 정도였다.

지겐류의 창시자 도고 시케타다는 싸움에 나선 무사에게 다음과 같이 명령했다.

"첫 공격을 의심하지 말고 삼천지옥(三千地獄)까지 베라. 그러고는 첫 일격에 모든 것을 담아 적을 죽여라. 그렇지 못한다면 죽음으로써 적을 죽여라."

메이지유신 당시 지겐류는 바쿠후를 타도하는 데 앞장서서 수많은 전투를 치렀다. 이들의 공헌을 무시할 수 없었던 일본의 메이지유신 정부는 조선에 계림장업단을 지원하는 임무를 주고 이들을 조선으로 파견하였다.

이미 한낮의 해가 하늘 높이 솟아 있었다. 많은 인파가 구름처럼 검투장에 몰려들었다. 한쪽에는 조선 사람들이 긴장한 표정으로 서 있고 다른 편에는 일본 사람들, 그리고 한쪽으로는 청국 사람들과 서양인들이 빙 둘러싸고 있었다.

뒤편에는 일본군들이 멀리서 대기 중이었다. 건너편 쪽으로는 청국병들이 대기하고 있었다. 순검청에서 나온 순검들은 애써 모른 척하며 곁눈질로 이 싸움을 보고 있었다.

"나는 조선의 보부상 백준마다!"

"나는 일본 지겐류의 무사 마츠이다! 네가 친구의 복수를 하겠다고 내게 도전을 했다는 놈이구나? 그 용기가 가상하다. 하지만 그 용기도 오늘이 마지막이다. 너 같은 장사치가 어찌 검술을 알겠으며, 네 친구의 복수를 한다고 감히 내게 도전을 해 오다니 그 만용이 얼마나 헛된 것인지를 오늘 깨닫게 해 주겠다."

"웬 말이 많구나. 네가 일본의 알아주는 검객이라고 들었다. 나 같은 장사치가 너 같은 검객을 꺾는다면 넌 아마 일본의 수치가 될 것이다! 자, 이제 시작해 보자. 나도 일본의 검술과 한 번쯤 겨뤄 보고 싶었다."

마츠이는 비웃듯 가볍게 미소를 짓더니 장검을 서서히 들어 올렸다. 준마는 조용히 서서 자세를 낮추며 앞으로 검을 겨누었다. 가보로 물려준 검의 무게가 가볍게 느껴지고 몸에 편하게 와 닿았다. 준마는 놈의 눈빛을 예의 주시하고 있있다.

'첫 번째 공격은 자세로 보아 바로 찌르기로 치고 들어올 자세다. 가보인 장검은 명검 중에 명검으로 쉽게 부러질 검이 아니다. 그러나 첫 공격을 같이 맞받아치면 힘으로 밀고 들어올 기세다. 힘으로는 준마도 밀리지는 않지만 일단 일합은 피할 것이다.'

생각을 정리하고 있던 참에 놈은 바로 손을 길게 뻗으면서 펄쩍 뛰는가 싶더니 머리 치기로 전광석화처럼 빠르게 공격해 들

어왔다. 몸을 슬쩍 돌려 피하는데 그 공격속도가 생각했던 것
이상으로 민첩하게 찌르며 들어와 긴장하지 않을 수 없었다.

다시 한 번 검을 마주 부딪쳤다. 강하고 맑은 쇳소리가 나면서
불꽃이 튀었다. 손으로 느껴지는 상대의 검이 강하고 무거운 듯
하나 손에 잡은 명검이 몸과 하나가 된 듯이 편하고 가벼웠다.

'놈은 지금 가슴속에 단검을 품고 있다. 검을 잘못 휘두르다
상대가 피하게 되면 순식간에 접근을 하면서 단검을 뽑아 찌를
것이다. 기회가 올 때까지 적당한 거리를 유지하는 것이 지금으
로서는 최선이다.'

첫 공격이 실패로 끝나자 마츠이는 당황한 표정이 역력했다.
장사꾼이라고 가볍게 볼 상대가 아니었던 것이다.

'이자는 분명 무술을 제대로 익힌 자가 분명하다. 수많은 전
투를 치르는 동안 내 공격을 막아 낸 자가 거의 없었다. 거기다
이자는 묵직하고 강한 힘으로 내 칼을 받아 내고 있는 것이 아닌
가? 이런 자는 일본에서도 보기 드문 검객이다.'

"이제 보니 네놈이 무술을 꽤나 익힌 모양이구나? 제법 내 칼
을 잘 받아치는 것을 보니 나도 오랜만에 한번 겨뤄 볼 상대를
만난 것 같아 좋구나!"

'조선에도 검을 제대로 검을 쓰는 자가 있다니!'

내심 놀라지 않을 수가 없었다. 일본 검술은 세계 최강이라고
자부하고 있었다. 그런데 다 망해 가는 조선에서 그것도 일개
장사치가 이런 검술을 구사하다니 내심 놀라지 않을 수 없었던
것이다. 그러나 마츠이는 이미 실전 경험이 풍부한 검객이었다.

놀라는 기색 없이 여유 있게 계속 검을 들어 치기를 반복하며 준마를 밀어붙이고 있었다.

놈의 검법은 의외로 단순했다. 경신법(輕身法)의 빠른 보법으로 좌우로 돌면서 놈을 현란하게 만들었다. 때로는 능파미보(凌波美步)로 놈과 일정 거리를 두면서 좌우 앞뒤로 움직이면서 적의 공격을 피하면서 놈의 검을 강하게 튕겨 나갔다.

시간이 가면서 오히려 초조해지는 쪽은 마츠이였다. 수많은 구경꾼이 보는 데서 일본 최고의 검객이라고 자부하는 무사로서 조선의 일개 장사치 하나 처리하지 못하고 시간을 오래 끌게 되자 초조감이 밀려오기 시작했다.

"자, 이제 제대로 내 검을 받아 보거라!"

다시 한 번 호흡을 가다듬은 마츠이는 길게 숨을 들이켜면서 조용히 준마를 응시했다. 그러다 갑자기 검을 길게 쭉 뻗으며 몸을 앞으로 날리며 들어왔다.

천근추(千斤墜)로 공중으로 치솟아 오르며 몸의 무게를 실어 빠르게 아래로 내리쳐 준마의 머리를 두 동강 내려고 했다. 궁신탄영(弓身彈影)으로 준마는 몸을 활처럼 휘면서 그 탄력으로 순식간에 몸을 옆으로 슬쩍 돌리고는 놈의 검을 튕기면서 강하게 밀어젖혔다. 순간 마츠이의 검이 옆으로 튕겨지면서 준마의 가슴을 스치면서 베어 나갔다. 동시에 준마도 몸을 솟구치면서 좌익세로 검을 휘둘러 찔러 넣으며 마츠이의 팔목을 베어 나갔다.

마츠이는 순간적으로 준마를 향해 몸을 날리면서 허리에서 재빠르게 단검을 뽑아 준마의 가슴을 향해 찔렀다. 순간 이형환위

(移形換位)로 빠르게 몸을 날려 재빠르게 뒤로 돌면서 손을 뻗어 마츠이의 목부분으로 검을 빠르게 휘둘렀다. 순간 검이 마츠이의 목을 치면서 피가 솟구쳤다.

일순간 마츠이는 "억" 하는 비명소리와 함께 몸이 흔들리기 시작했다. 준마도 역시 칼에 베인 가슴에서 피가 흘러내려 옷을 붉게 물들이고 있었다. 마츠이가 목이 깊게 베인 채로 준마를 쳐다보면서 주저앉았다. 일시에 함성이 울려 퍼졌다.

"준마가 이겼다. 조선 만세! 보부상 만세! 조선 만세!"

마츠이를 응원하러 나왔던 일본인 무리들이 당황하였다.

"아! 일본 최고의 무사가 조선의 일개 보부상에게 당하다니!"

일부 일본군이 총을 잡아 드는 것이 보였다. 그러자 반대편의 청국군 역시 총을 들어 보였다.

계림장업단의 쓰치다 단장이 소리쳤다.

"이 싸움은 조선의 보부상이 이겼다. 싸움의 승패를 정중히 인정할 것이고 더 이상 문제 삼지 않을 것이다!"

며칠 후 장터 입구를 강제로 차지하고 장사를 해 왔던 계림장업단이 임시로 세운 점포와 천막을 모두 철수하자 쫓겨났던 장터 사람들이 다시 들어오기 시작했다.

계림장업단의 무사들을 지휘하는 대장인 요시무라는 일본 최고의 무사인 마츠이가 조선의 일개 보부상에게 패하자 호위무사들의 책임자로서 체면이 말이 아니었다. 일본에서 그 수많은 전투를 치르면서 단련된 일본의 사무라이들은 세계 최강의 검술이라고 자부해 왔다. 그리고 마츠이는 사무라이를 대표하는 최고의 검객이었다. 그런 그가 패했다는 것이 실감이 나지 않았다.

전쟁에서는 이기기도 하고 질 수도 있다. 군대의 전투 경험과 조직력, 전략 물자와 장수의 지도력과 병사들의 사기, 병법과 정신상태 그리고 지도자의 순간적인 판단으로 승패가 갈리기도 한다. 그러나 일대일 대결은 검을 다루는 검객의 실력이 가장 중요하다. 마츠이는 이미 일본에서도 수많은 검투에서 검증된 검객이었다.

조선에도 무술이 있었단 말인가? 조선의 병사들을 훈련시키는 교본인『무예도보통지』를 전에 한 번 본 적이 있다. 그러나 이 교본의 내용은 그다지 특별한 것이 없었다. 그렇다면 그자는 일개 상인이었지만 검객으로서도 타고난 무인의 기질을 가진 자가 틀림없었다. 우리가 조선의 검법을 너무 쉽게 생각했던 것이다. 임진왜란 때 이순신 장군에게 일본은 바다에서 대패하지 않았던가?

지금 조선은 겉으로는 미개하게 보일지라도 숨은 저력이 있을 거라는 생각이 한동안 머릿속을 떠나질 않았다. 조선 조정에 있는 대부분의 대신들은 이미 자존심이나 국가관이라고는 없었는데 일개 상인조직인 보부상이 이렇게 지조가 있을 줄은 몰랐다. 무서운 건 조선의 대신들이 아니라 밑바닥에 있는 백성들이라는 생각이 스쳐 지나갔다.

인천 감옥

김구와 보부상 준마

인천 감옥

옥문이 열리면서 간수가 한 사내를 안으로 밀어 넣었다.

"오늘부터 너희들과 같이 지낼 죄수이니 그리들 알고 잘 지내라."

퉁명스럽게 한마디 던지고는 옥문을 걸어 잠그고 돌아갔다.

11월이라 아직은 가을의 끝자락에 걸쳐 있어서 감옥소 뒤편 산 쪽으로 보이는 숲에는 가지를 앙상하게 드러낸 나무들이 누런 낙엽들을 매달고 있었다. 오래된 소나무들이 터줏대감 마냥 넓게 자리 잡고 있어서인지 녹색의 솔잎들이 산등성이를 초록색으로 풍성하게 덮고 있었다. 여름내 더위에 잔뜩 찌들었던 비릿한 땀 냄새와 송장 썩은 냄새 같은 악취가 코를 찔렀고, 나무로 겹겹이 이은 벽과 곰삭은 돗자리 바닥은 온통 빈대를 잡은 핏자국으로 얼룩져 있었다.

준마는 주위를 두리번거리며 처음 보는 사내들에게 가볍게 허리를 숙여 인사를 했다.

"초면에 실례하겠습니다. 앞으로 잘 부탁합니다!"

고개를 들어 보니 맞은편 벽에 기대어 앉아 있는 한 사내가 준마를 향해 이리 오라고 손짓을 하며 자기 옆으로 와서 앉기를 권했다. 준마보다는 나이가 몇 살이나 더 들어 보이는 사내였다.

무뚝뚝하고 우직해 보이는 사내는 준마에게 넌지시 말을 건넸다.

"나는 김창수라고 하오. 해주에서 이쪽으로 이감되었소. 여기 수감된 지 수개월 되었지요. 무슨 죄목으로 여기 온지는 모르겠으나 있는 동안 서로 편하게 지내 봅시다."

사내는 준마를 호기심 어린 눈으로 바라보며 얘기를 건넸다. 오늘 처음 수감된 젊은이에게 굳이 그 이유를 캐묻는 것도 적당치 않은 것 같아 사내는 더 이상 묻지 않고 그냥 조용히 내버려 두기로 했다. 준마는 말도 하기 싫은 듯 한동안 넋을 놓고는 그렇게 한참을 앉아 있다가 쪼그려 앉은 채로 잠이 들었다.

늦은 오후 무렵 사내는 옥졸이 갖다 준 음식을 받아 들고는 준마 곁으로 와서 앉았다. 그러고는 같이 먹자고 권하는데 준마는 고맙다고 하면서 사양하였다. 밥이라야 보리밥에 나물 두어 가지에 멀건 된장국물이 다였지만 감옥 안에서는 그 정도만 해도 제법 괜찮은 끼니였다. 죄수들은 자기가 먹는 음식은 스스로 해결해야 했는데 집에 돈이 없는 대부분의 죄수들은 일을 해서 밥값을 충당해야 했고, 일부는 외부에서 옥바라지하는 사람이나 가족이 보내 주는 음식으로 해결하였다.

식사를 마치고 오랫동안 서로 말없이 한동안 서먹하게 앉아 있다가 어색함을 깨려고 김창수가 먼저 입을 열었다.

"내 이름은 김창수라 합니다. 올해 초에 일본 놈 하나를 때려 죽이고 해주 감옥에 들어갔다가 3개월 전에 이곳 인천 감옥으로 이송되어 왔습니다. 간수들 말로는 올해 내가 사형을 받게 될지도 모른다고 하는데 어차피 사람은 한 번은 죽는 거니까 전혀 개의치 않습니다. 언제 죽을지는 모르겠으나 이렇게 한 방에서 만난 것도 인연인 듯하니 두려워하지 말고 동포끼리 잘 지내도록 합시다."

"저는 인천 보부상단 백가객주의 백준마라고 합니다. 제 친구가 일본 낭인에게 죽임을 당했기에 제가 그 복수를 위해 결투를 하였고 그때 상대방을 죽였습니다. 정정당당하게 검으로 결투했는데 일본 헌병들이 조계법에 따라 자국 국민을 죽인 죄로 체포를 하고는 저를 감옥에 넣었습니다. 재판을 해 봐야겠지만 제 친구가 죽었을 때는 일본 헌병들까지 나서서 두둔하고 그자는 풀려났었지요. 이제 완전히 왜놈이 판치는 그런 세상이 오는 것 같습니다."

김창수는 골격이 크고 건장한 사내였는데 잘생긴 외모는 아니었으나 당당하고 기품이 있어 보였다. 초췌하고 주눅이 든 감방 안의 다른 죄수들과는 달리 꼿꼿한 자세로 앉아 있는 모습에서 범상치 않은 인물임을 알 수 있었다.

차하포에서 일본군 중위 쓰치다 조스케를 살해한 혐의라고 했는데 일인들은 계림장업단 소속의 일개 상인이었다고 주장했다.

1896년 1월 아침에 김창수는 해주의 한 주막에서 식사를 주문하고 앉아 있는데 한 사내가 주막으로 들어왔다. 얼굴 오른쪽 눈 위에는 칼자국이 희미하게 있었는데 언뜻 보아도 범상치 않은 사람임을 알 수가 있었다. 일인 같은데 조선 사람의 옷을 입고 있었다. 자리에 앉으면서 허리를 잠깐 숙이는데 걸쳐 입은 옷 허리춤에는 장검과 단검을 차고 있었다. 눈매와 앉은 자세로 보아 장사꾼이나 민간인은 아니고 무사이거나 조선을 염탐하러 들어온 첩자인 듯하였다. 들어오자마자 음식을 주문하고는 빨리 가져오라고 주모에게 다그치는데, 주모가 먼저 주문하고 기다리던 김창수를 제쳐 놓고는 음식을 그자에게 먼저 갖다 주었다.

"주모, 어째서 내가 먼저 음식을 주문했는데 그자에게 먼저 음식을 내는 것이오?"

"으음."

"안 그래도 지금 국모를 살해한 일본 자객들을 못 찾아서 온 나라가 시끄러운데 저 일본인이 뭔데 그렇게 쩔쩔매는 거요? 저자의 허리에 찬 칼을 보아하니 상인은 아닌 듯하고 내 한번 물어봐야겠습니다! 여보시오, 일인 양반, 내 말 좀 물어봅시다. 당신 지금 어디서 오는 길이오? 혹시 한양의 경복궁에 간 적은 없었소? 지난 을미사변 때 일인 무리들이 우리 국모를 살해한 사실을 당신은 잘 알지 않소? 누가 그런 천인공노할 짓을 한 것인지 당신을 잘 알 듯싶은데, 얘기나 들어 봅시다."

식사를 먼저 받아서 먹고 있던 쓰치다는 눈이 옆으로 치켜 올라가면서 거칠게 말을 내뱉었다.

"이런 조선놈이 무슨 소릴 하는 거야. 왜 갑자기 민비가 죽은 일을 일면식도 없는 나한테 묻는 것이냐? 나는 그 일과는 아무 상관도 없는 사람이다."

"그런데 당신은 장사하는 사람같이 보이지 않는데 뭘 하는 사람이오?"

"내가 장사를 하든 뭘 하든 왜 너한테 그런 걸 말해야 되느냐? 민비는 내가 죽이지 않았다. 내가 죽였어도 하찮은 네놈한테 발설이라도 할 것 같으냐?"

김창수는 상대가 언성을 높이고 버럭 화를 내면서 험상궂게 노려보자 맞받아서 고개를 뒤로 젖히고는 고함을 쳤다.

"왜 이리 언성을 높이는 게냐? 아무래도 네놈이 뭔가 찔리는 것이 있는 모양이구나!"

"네놈같이 무식한 놈하고 더 이상 언쟁하고 싶지 않고 내 할 일이 바빠 그냥 가야겠다."

"잠깐, 네놈이 상인이라면 네가 가진 물건들을 좀 봐야겠다. 무슨 물건을 파는지?"

"너에겐 팔 생각도 없다. 길을 비켜라! 이 무식한 조선놈아, 민비가 도대체 뭐가 그렇게 훌륭하다고 그렇게 난리를 치는 게냐. 그래도 우리 일본이 너희 조선을 개화시키기 위해 많은 지원을 하고 있는데 그것을 알고는 있는 것이냐? 제 나라 돌아가는 꼴도 모르는 너희 무지렁이들을 위해 우리가 조선을 돕고 있다는 걸 알고나 말해라."

김창수도 같이 역정을 내고 큰소리로 응했다.

"아니 이놈이 물건 좀 보자는데 물목을 좀 보여 주면 될 것을 그리하지는 않고 도리어 엉뚱한 말로 감언이설하네. 우리 조선이 언제 너희 일본에 뭘 도와달라고 한 적이 있었느냐, 아니면 너희를 진정으로 초청한 적이 있었더냐? 네놈들이 스스로 와서 난리를 치는 게지. 너희가 언제 조선을 걱정한 적이 있었으며, 과거를 돌아보아도 임진왜란과 정유재란을 일으켜 그렇게 조선을 괴롭히고, 얼마 전까지도 걸핏하면 조선의 해안으로 쳐들어와 조선인들을 잡아가고 괴롭히던 놈들이 이제 와서 무슨 농으로 조선을 보호한다고 남의 땅에 들어와 온갖 포악질이냐, 이놈아! 조선이 정치를 어떻게 하는지는 우리 조선인의 문제이니, 너희가 궁에 들어가 국모를 살해하는 일은 어떤 구실로도 변명이 되지 않는 것이다. 너희 일본 천황은 조선인들에게 사죄하고 모든 일본 군대는 하루빨리 조선을 떠나야 할 것이다."

"이 무식한 조선놈이 감히 대일본제국의 천황폐하를 함부로 입에 올리다니 더 두고 볼 수가 없구나!"

쓰치다는 자리를 박차고 일어나면서 허리춤으로 손을 옮겨 칼을 뽑으려고 하였다. 순간 김창수는 번개같이 몸을 날려 녀석의 목을 잡고 힘껏 밀어젖혔다. 쓰치다는 순간적으로 일격을 당해 뒤로 나가떨어졌다. 쓰치다는 바로 일어나자마자 검을 뽑아 들었다. 그러고는 검을 들어 내리치고 다시 좌에서 우로 크게 휘두르며 공격하였다. 김창수는 빠르게 몸을 뒤로 날려 피하면서 옆의 의자를 들어 놈의 면상에 집어 던졌다. 쓰치다가 잠시 고개를 돌려 피하는 순간 재빠르게 마당의 장작을 주워서 놈의 머리를 후려쳤다. 일격을 크게 당한 놈이 비틀대자 다시 한 번 발로 가격을 했는데 그 충격으로 놈은 몸을 앞으로 웅크리면서 쓰러졌다. 그러고는 크게 몸을 한 번 떨다가 이내 움직임이 없이 잠잠해졌다.

지금 장안에 들리는 소문에는 일본 자객들이 미우라 공사의 지휘하에 민간인과 상인들로 위장한 군인들 수십 명이 경복궁 안으로 들어가 중전을 욕보이고 시신을 불에 태워 죽였다는 것이다. 어떻게 조선의 국모가 왕궁 안에서 일본 자객들에게 능욕을 당하고 화형을 당할 수가 있단 말인가?

김창수는 도피할 생각이 없었다. 어차피 조선의 국모를 죽인 자객을 죽인 것은 떳떳한 일이었고 피할 일도 아니었다.

'내가 한 일이 죄가 된다면 차라리 당당히 맞서다 죽을 것이다.'

해주의 한 객주에서 김창수(훗날 김구로 개명)는 1896년 2월 하순에 순순히 체포되어 5월에 해주 감영의 감옥에 수감되었다. 얼마 지나지 않아 8월경에는 다시 인천 감옥으로 이송되어 수감되었다.

김창수는 이 사건으로 외국인 살해죄로 이듬해 사형을 언도받았다. 인천 감옥에 수감된 후에도 일본 헌병대는 죄 없는 민간인을 살해한 것은 국제법 위반이니 하루빨리 처형을 해야 한다고 계속 항의하고 있었다. 일본 정부는 명치유신 이후 서양에 대해 문호를 개방하고 서양의 문물을 적극 받아들이면서 무역을 통해서 경제강국으로 성장하였다. 외교적으로도 정치력을 발휘하여 국제사회에서 영향력을 계속 키워 나가고 있었다.

특히 전 세계에 탐방사절단을 파견하는 것은 물론이고 조선에도 수많은 밀정들을 보내 조선의 사정을 수시로 염탐하고 있었다. 밀정을 파견하는 데는 상인으로 위장하는 것이 가장 손쉬운 방법이었다. 1896년 2월 일본에서는 조선 상권을 장악하기 위한 선발대로 계림장업단이 결성되었는데 사전 조사관으로 위장하여 쓰치다를 파견하였던 것이다.

쓰치다 중위는 이미 오래전에 상인으로 위장하여 조선에 잠입하여 조선의 내륙지방을 다니면서 염탐을 계속해 왔다. 조선의 경제상황과 거래되는 물목들 그리고 조선의 민심과 정치동향을 낱낱이 파악하여 일본 정부에 보고해 왔었다. 민간인으로 위장하기 위해서 이번에 정식으로 설립되는 계림장업단 소속의 상인으로 등록하였다. 이미 조선의 남쪽 지역은 대부분 조사하여 보고를 마쳤으며, 이제 남은 지역인 조선의 북부 지역인 평양과 의주, 황해도 지역을 계속 다니면서 자료를 수집할 계획이었다.

쓰치다는 조선말에도 능하였으나 상인으로 다닐 때에는 항상 조선인을 한 명 데리고 다니면서 짐을 들게 하거나 잔심부름을 시켰다. 내륙 곳곳을 몰래 다니다 보니 군대의 지원을 받을 수는 없고 항상 본인이 스스로를 지켜야 했다. 원래 무사가문 출신으로 쓰치다는 뛰어난 검술을 쓰는 군인이었다.

오늘도 객주에서 아침을 먹고 조선인 일꾼과 함께 평양과 해주 지방으로 떠날 참이었다. 이제 마지막 염탐 활동을 마치면 헌병사령부로 바로 복귀할 것이다. 올해 계림장업단은 인천에서 정식으로 인천상업회를 설립하여 조선의 보부상조직을 무너뜨리고 서울의 시전과 육의전들을 점차 장악해 간다는 전략이 수립되었다. 이 중에서 가장 주된 경쟁상대는 전국적인 조직을 갖추고 있는 보부상이었다.

김창수의 말투는 조용하면서도 단호했다.

"지금 조선의 운명은 풍전등화와도 같습니다. 청나라는 이미 일본과 서양 각국들이 개항을 핑계로 군대를 주둔시켜 멸망하기 직전에 있습니다. 일본은 우리 조선을 호시탐탐 노리고 식민지화하려고 계획을 짜고 있습니다. 청일전쟁에서 청나라가 패한 뒤 조선 조정은 일본의 간섭으로 자유롭게 할 수 있는 것이 아무것도 없는 지경에 이르렀습니다. 이제 조선의 백성들이라도 일어나 각자 한 명씩만 일본놈들을 죽이면 함부로 조선을 넘보지 못할 것입니다."

준마는 김창수와 감옥내 한 방에서 지내면서 조선을 둘러싼 외국 세력과 일본, 청나라 등에 관한 얘기를 들었다. 하루 종일 김창수와 얼굴을 마주 대하고 얘기를 하면서 나라에 대해 걱정하는 그의 애국지심을 읽을 수가 있었다.

"창수 형님한테 공부도 배우고 서양에 대해서도 많은 지식을 배우고 있습니다. 정말 애국자이십니다."

"조선이 이렇게 힘을 못 쓰고 망한 이유는 바로 돈이 없기 때문이고, 조정의 대신들이 썩어서 부패하고 애국심이 없기 때문이지. 지금 조선의 경제는 다 무너져 버렸고 온 백성들이 다 굶어 죽는 판이네. 그나마 보부상 같은 상인들이 전국적으로 활동하면서 경제를 지탱하고 있는데 그게 바로 조선을 위한 애국의 길이네. 준마와 같은 상인이 얼른 많은 돈을 벌어 일본이며 서양에 빚지고 있는 부채를 갚아야 제대로 나라가 돌아가게 될 것이네."

준마의 모친은 거의 매일을 감옥으로 와서 고기며 생선, 전 등 푸짐하게 준비해 온 음식을 넣어 주고 있었다. 인천의 보부상 상단을 움직이는 객주의 아들이라 먹는 것은 걱정이 없었고 임방에서도 조정에 줄을 넣어 준마를 석방시키려고 노력하고 있었다.

한편 김창수의 모친은 감리서 아래 물상객주촌에서 일을 거들면서 김창수의 옥바라지를 하고 있었다. 오늘도 물상객주촌에 일을 나가기 전 잠시 근처에 있는 내리교회(1885년 미국의 북감리교회 소속 아펜젤러 부부가 인천 중구 내리에 설립한 한국 최초의 개신교회)에 들러 김창수가 석방되기를 기도하고 있었다.

"오늘도 일찍 나오셨습니다. 아드님 건강은 괜찮은지요?"

아침 예배에 참석하는 김 집사가 여사를 보면서 반겼다. 곽낙원 여사는 자식의 옥바라지를 위해 항상 같은 시간에 예배당 앞마당을 들어섰다.

김창수의 옥바라지를 위해 저녁 늦게까지 이일 저일 닥치는 대로 하다가 피곤한 몸을 이끌고 좁은 골방으로 돌아와 지쳐 잠이 들어도 오직 자식 걱정에 정신 하나로 버티고 있었다. 혹시라도 일이 일찍 끝나면 교회당으로 와서 밤늦게까지 기도하고, 새벽이면 일찍 일어나 내리교회를 찾아 기적을 일으켜 달라고 계속 기도했다. 아침에 밥을 지어 좁은 길을 따라 부지런히 걸어서 감리서 감옥을 들러 밥을 전하고 아들이 밥을 먹은 것을 확인하고는 다시 부지런히 언덕길을 내려와 객주촌 일터로 향했다.

어미보다 아들이 먼저 죽을 거라고는 생각해 본 적이 없었다. 대신해서 죽을 수만 있다면 기꺼이 죽을 수도 있을 것이다. 해주에서 여기 인천까지 내려와 사형집행일 전까지라도 아들 곁에서 뒷바라지를 하고 싶었다.

사형집행일 새벽에 내리교회를 찾은 곽낙원 여사는 죽음을 맞이하는 아들 김창수에게 하나님의 축복의 은사를 내려주기를 빌고 또 빌었다.

'전능하신 하느님 아버지, 오늘 김창수의 사형집행이 있는 날입니다. 제가 자식을 잘못 키운 것입니까? 내 아들 김창수가 죽을 만큼 세상에 큰 잘못을 한 것입니까? 죄가 있다면 자식을 죽도록 내버려 둔 이 어미에게 있사오니 저를 데려가시고 제발 김창수를 죽게 하지 마시옵소서. 창수는 자기 한 몸 편하자고 폭거를 하는 사람이 아닙니다. 세상 사는 이치를 바르게 생각하고 올바른 행실을 행하는 데 힘써 온 아이입니다. 이제 곧 날이 밝아 옵니다. 자식이 죽어 가는 것을 보는 부모의 마음은 천 갈래 만 갈래로 찢어지는 고통을 받사오며 이보다 더한 지옥은 없을 것입니다. 주께 비옵니다. 지옥이 있다면 저를 데려가시고 창수를 죽음에서 구해 주소서. 우리 주 하느님 아버지께 다시 한 번 비옵니다. 창수를 구명하여 주시기를 비옵니다!'

눈물을 떨구면서 곽낙원 여사는 하느님께 빌고 또 빌었다.

모든 것이 절망적이었다. 이제 곧 감리서에서 멀리 떨어져 있지 않은 우각동 형장으로 사형수를 끌고 가서 오후에 교수형을 집행한다고 어제 간수한테서 들었다. 간수는 마음의 준비를 단단히 하시고 전할 말이 있으면 전해 주겠다고 했다.

밤새 뜬눈으로 기도하고 이제 마지막으로 하느님께 창수를 지옥불로 들어가지 않게 해 주시기를 기도했다. 내리교회의 담임목사인 존스 목사(한국 이름 조원시)와 김기범 집사(조선인 최초의 목사), 강 집사, 길재가 옆에서 눈물의 기도를 올리고 있었다. 주위의 모든 신도들도 이제 몇 시간 남지 않은 창수의 교수형을 막아 달라고 기도하고 지옥으로 가지 않도록 통곡하는데 교회당은 눈물과 소망의 기도로 메아리치고 있었다.

오전에 떨어지지 않는 발을 끌면서 자식을 위해 마지막 밥이나 먹이려고 감옥에 도착했다. 새벽 일찍 일어나 눈물을 삼키면서 정성스럽게 준비해 온 밥을 전해 달라고 간수에게 부탁했다. 이미 황성신문에는 1987년 8월 26일 김창수의 처형에 대한 날짜가 기사로 나오기까지 했다.

곽낙원 여사는 이미 자식의 생명을 구할 수 없음을 알았다. 아무 말 없이 쳐다보고 감옥 문을 나왔다. 형장까지 끌려가는 자식을 끝까지 따라갈 것이다. 저녁노을이 떼를 지어 붉게 쏟아져 내리고 하늘에는 새떼들이 높이 날아오르고 있었다.

아침이 밝아 오면서 엷은 안개가 하늘을 잠시 덮더니 이내 해가 먼 바다 위로 붉게 솟아오르고 무지개가 나타났다. 하늘에서 천사가 내려오듯이 모든 것이 평안했다. 절망 속에서도 마음은 편안했다. 이미 예정된 고통의 시간이 다가오는데도 오히려 마음이 편한 것은 모든 것을 체념하고 우연히 입에서 흘러나온 "주님의 뜻대로 하옵소서."라는 큰 외침이 끝난 직후였다.

간밤에 나타난 전조는 무엇이었던가. 꿈속에서 하늘에서 천사가 내려오고 있었다. 천사의 한 손에는 십자가가 들려 있고 머리 위에는 커다란 별이 떠 있는데 천사가 웃음을 지으며 작은 십자가를 곽낙원 여사를 향해 흔들자 무수한 별이 쏟아지며 갑자기 온 세상이 밝아지더니 그중 큰 별 하나가 가슴속으로 들어오는 순간 잠이 깨었다. 무슨 전조인가.

멀리 보이는 바다 끝자락에서 붉은 해가 서서히 솟아오르는 것이 보였다. 작은 섬들이 유난히도 푸르고 뚜렷하게 보이고 하늘은 구름 한 점 없이 맑았다.

곽낙원 여사의 기도가 하늘에 닿은 것인가. 사형 전날 입직 승지가 김창수의 의거를 알고 고종임금께 김창수의 형 집행을 중지해 줄 것을 간청하였다. 고종 임금은 보고를 받은 즉시 김창수의 형 집행을 보류할 것을 명하였다. 그러나 명을 전달하기에는 이미 늦은 시각이었다. 입직승지는 난감한 표정을 지으며 한숨을 지었다. '이를 어찌 하면 좋을 것인가'

이때 옆에 있던 이용익 대감이 불현 듯 생각난 듯이 고종임금께 아뢰었다.

"전하 얼마 전 시험 통화를 하였던 전어통이 인천에도 연결되어 있사옵니다. 한번 시도해 보심이 좋을 듯하옵니다."

불과 3일 전 개통된 전어통(전화기를 전어통, 덕률풍, 어화통 등으로 불렀다)이 인천 감리서까지 연결되어 있었던 것이다. 시험 삼아 처음으로 전화를 시도해 보자고 했는데 감리서와 통화가 이루어졌다. 인천 감리서의 감옥장은 김창수의 형 집행 준비를 지시하고 자리로 돌아왔는데 때마침 새로 설치한 전어통에서 전화벨이 울리는 것이었다. 신기하기도 하거니와 누가 이렇게 아침부터 전어통을 사용하나 싶기도 하고, 마치 오래전부터 기다린 것처럼 전어통을 힘차게 잡아 들었다.

"여보세요, 여기는 인천 감리서입니다."

"게~~지지직~~이냐?"

소리는 잘 안 들리고 잡음만 들렸다.

"예? 게라구요? 지금은 게가 많이 안 잡힐 때입니다!"

아니 도대체 누가 아침부터 꽃게 얘기를 하는 건지 참 이상하다 생각되었다.

"여기, 경운궁 함녕전이란 말일세!"

이번에는 목소리가 뚜렷하게 들렸다. 처음에는 설마 임금이 여기까지 전화를 할 것이라고는 생각지도 못했다. 아! 전어통이 바로 경복궁 함녕전과 연결되어 있다는 기술자들의 말이 생각났다. 아, 정말 고종 임금님이셨다.

"전하!"

꽈당!

"갑자기 웬 소리냐?"

"예, 전어통에 머리를 박았나이다, 전하!"

"참 괴이한 일이 다 있구나."

감옥장은 전어통을 두 손으로 받들고는 엎드려 네 번이나 절을 올렸다.

"전하, 망극하옵니다."

평생 임금의 용안을 본 적도 없고 목소리 또한 들어 본 적이 없는 감옥장은 감개가 무량하여 온몸이 떨리고 있었다.

"오늘 사형을 집행하는 죄수 중에서 김창수라는 청년이 있다고 들었는데 사실인가?"

"예, 오늘 김창수의 사형집행이 있습니다. 전하! 차질 없이 진행되도록 준비하고 있사옵니다."

"감옥장은 내가 하는 말을 잘 들을 지어다! 지금 즉시 김창수 청년의 사형을 지지~~직~~하도록 명하네."

"예? 빨리 집행하기를 명하셨습니까, 전하?"

소리가 잘 들리지 않았다. 전화라 조금만 잡음이 있어도 들리질 않았다.

"거기 간수들 모두 나가 있게. 전하의 어명이 도무지 들리질 않네."

서두르라고는 하는 것 같은데 좀 정확히 들어 볼 필요가 있었다.

"예, 차질 없이 시행하려고 합니다. 전하, 걱정 마시옵소서!"

전어통 앞에서 절까지 하면서 전어통을 두 손으로 받았다.

"아니! 그. 만. 두. 라. 고. 했네!"

"예? 그만두라 하셨습니까, 전하?"

"그래, 교수형을 중지하고 보류하게."

"중지라고 하셨나이까, 전하?"

"그렇다네, 김. 창. 수. 형 집행을 중지!"

찌익 찌익

잡음과 함께 분명히 들렸다.

"김창수의 교수형을 중지하라는 어명이십니까?"

"그렇다, 어명이니 즉시 중지하도록 하라!"

"예, 명 받들겠습니다, 전하! 즉시 중지하도록 하겠습니다."

꽝!

"성은이 망극하옵니다, 전하!"

감독장은 즉시 주사를 불렀다

"거기 누구 없느냐?"

'아니 내가 직접 가야지.'

관모를 머리에 얹을 사이도 없이 발바닥에 불이 나게 죄수 호송을 준비하는 간수를 향해 달려갔다.

"여봐라, 간수!"

"중지! 중지!"

소리를 지르며 창수를 묶어 호송하려는 간수를 붙잡았다. 달려가는 감옥장의 마음은 한편으로 이렇게 반가울 수가 없었다.

사실 어제부터 감옥 안은 김창수의 사형집행 시간이 막상 다가오자 간수들이나 심지어 죄수들까지도 안타까움으로 침통한 분위기에 휩싸였다. 김창수는 보기 드문 조선의 애국자였다. 우리 손으로 조선의 이런 애국 청년을 죽이다니 죄스러운 마음으로 침통하기까지 했던 것이다.

옥중의 준마는 아침에 포승줄에 묶여 옥문을 나서는 김창수를 보면서 가슴이 미어지는 것 같았다. 세상을 향한 눈을 뜨게 해 준 스승이요 형님 같은 창수였다. 안타깝고 답답한 마음으로 쳐다볼 뿐이었다.

그러다 갑자기 김창수에 대한 형 집행 정지 소식이 들려오자 준마는 물론이고, 친구인 길재, 석태, 복만, 대길 모두 환호하였다. 그리고 내리교회 신도와 선교사들까지도 모두 하느님이 기적을 행하셨다고 모두 모여 축복의 기도를 올렸다. 이런 기적을 행하신 주 예수님, 감사합니다. 주님의 영광, 영원히…!

얼마 전부터 내리교회에 출석을 하던 길재는 하느님의 기적이 일어났다고 흥분해서 소리치면서 두 손을 모아 감사의 기도를 올렸다. 도저히 하느님이 역사하지 않고는 일어날 수 없는 기적이 일어난 것이었다. 사형집행일에 임금께서 직접 나서서 죄인을 구명하셨다니 이런 기적이 어떻게 인간의 힘으로 할 수 있는 일인가 싶었다. 김창수의 형 집행이 중지되고 난 후, 감옥에 수감된 지 6개월 만에 준마는 풀려나게 되었다.

오늘은 물상객주들이 준마의 출감을 축하하기 위해 주선한 조촐한 모임이 있는 날이다.

"준마 행수, 수고했습니다. 우리 조선의 객주들을 위해 애쓰다 이렇게 고초를 겪은 데 대해 우리 모두 감사의 말씀을 드립니다. 그래 어디 몸 상한 곳은 없습니까?"

"예, 여러 객주 행수님들 감사합니다. 여러 행수님들이 걱정해 주시고 저의 석방을 위해서 조정에 탄원서까지 올려 주셔서 무탈하게 잘 있다가 나왔습니다."

술잔이 오가면서 무시로객주의 심태평 행수가 술이 좀 올랐는지 노래를 한 자락 하면서 흥을 돋우었다.

보부상 노래인 십이령 고갯길 노래를 부르는데 과거 경북 봉화에서 행상을 하며 길을 오르내리던 시절이 생각나는 모양인지 가락에 운율을 넣어 선질꾼 노래를 구성지게 뽑는다.

미역 소금 어물 지고 춘양장을 언제 가노,

가노 가노 언제 가노 열두 고개 언제 가노,

시그라기 우는 고개 이 고개를 언제 가노,

반평생을 넘던 고개 이 고개를 넘는구나,

꼬불꼬불 열두 고개 조물주도 야속하다~

"참, 준마 행수. 감옥에서 김창수라는 의인과 같이 있었다고 하던데, 그래 그 사람을 만나서 얘기도 좀 해 봤습니까?"

"예, 같은 방에 있었습니다. 김창수 선생은 제가 생각한 이상으로 훌륭한 지식인이었고 조선을 아끼는 분이었습니다. 국모를 죽인 일본인에게 복수를 하고자 살인을 하였으니 결코 사사로운 이익을 위하여 그런 것이 아니었습니다. 제가 그분께 서양의 문물과 조선의 역사에 대해 가르침을 받았습니다."

"참, 그런데 모친이 객주촌에서 허드렛일을 하며 김창수 선생의 옥바라지를 하고 있다고 들었습니다."

"아, 얼마 전에는 우리 객주에서 한동안 일을 한 적이 있었지요."

얼굴이 술로 벌겋게 달아오른 푸성귀 객전의 안중원 행수가 막걸리 잔을 들이켜다 멈추고 대답했다.

"예, 모친 되시는 곽낙원 여사께서 음식을 감옥으로 보내 주셔서 저도 가끔 다른 죄수들과 함께 먹곤 했습니다. 의인의 모친이 고생이 많은 것 같습니다."

심태평 행수가 노래가 끝나고 숙연한 표정으로 미안한 듯이 말을 건넸다.

"참, 오늘 이렇게 오랜만에 객주님들 모인 자리에서 한 말씀 올리겠습니다. 우리가 아무리 장사를 하여 생업을 이어 가고 있지만 우리도 엄연히 조선의 백성이 아니겠습니까? 또 우리 보부상들의 절목에 보면 나라에 대한 충성과 효를 다할 것을 제일 먼저 강조하고 있지요. 해서 건의를 하나 드리고자 합니다. 사람의 만나고 헤어짐은 다 인연으로 해서 이어진다고 했습니다. 이런 의인이 우리 객주촌에서 멀지 않은 내리 감옥에 있는데 우리가 모른 척하는 것도 도리가 아닌 성싶어서 드리는 말씀입니다. 제가 일단 500원을 내놓겠습니다. 그러니 우리 객주들이 작은 돈이라도 성의껏 거두어 곽낙원 여사께서 김창수 선생의 옥바라지에 쓰도록 돕는 게 어떻겠습니까?"

"좋은 생각입니다. 우리가 그냥 모른 척한다면 보부상의 도리를 포기하는 것이지요. 나도 거들겠습니다."

안중원이 큰 소리로 화답했다. 이어서 심태평이 구체적인 액수를 정하고 매월 모으자고 의견을 냈다. 김창수가 감옥에 있는 동안 매월 5원을 기준으로 내되 각자 형편에 따라 알아서 더 내기로 하였다.

길재는 틈틈이 교회를 다니면서 서양 문물과 학문에 대해 배우기 시작했다. 이제는 아예 서당에 나오는 것을 그만두고 내리교회 앞에 새로 설립된 영화학당에서 신문물을 배우기 시작했다. 길재는 학생들에게 한문을 가르치는 교사 일까지 맡게 되었다.

준마는 바로 김창수의 모친을 찾아갔다.

"저는 김창수 형님과 같은 감옥에 있던 백가객주의 백준마라고 합니다. 감옥 안에서 창수 형님으로부터 많은 것을 배우고 형님을 존경하게 되었습니다. 저를 잘 보살펴 주셨지요. 객주촌에서 일을 하면서 형님 옥바라지를 하신다고 들었습니다. 그동안 고생 많으셨습니다. 지금부터는 우리 물상객주들이 돕기로 했으니 모친께서는 창수 형님 옥바라지에만 신경을 쓰시면 어떻겠습니까?"

"고맙습니다. 준마 행수님, 창수한테서 말씀 많이 들었습니다. 창수와 함께 있었다니 고생 많으셨습니다. 이렇게 도움까지 주시니 고맙기 그지없습니다."

이렇게 여러 물상객주들이 힘을 합쳐서 김창수의 옥바라지를 돕기로 하면서 곽낙원 여사는 아들의 옥바라지에만 전념할 수 있게 되었다.

나라란 무엇인가. 왜 나라가 있어야 하는가. 이제까지는 조선이라는 나라에 대해 걱정도, 장래에 대한 생각도 가져 본 적이 없던 준마였다.

서서히 여름이 지나가고 있었다. 감옥에서 온종일 갇혀 있어야 하는 수감생활을 겪으면서 준마는 이미 마구잡이로 설치던 애송이 청년이 아니라 스스로도 생각이 많이 깊어졌고 앞으로의 삶에 대한 어떤 목표 같은 것이 자리 잡기 시작했다. 특히 감옥에서 김창수를 만난 후로 준마는 완전히 딴사람이 되었다.

"지금 세계는 사람이 수작업으로 물건을 만들던 방식에서 벗어나 기계를 만들어 물건들을 대량 생산하고 있다네. 게다가 증기기관으로 움직이는 선박으로 큰 배를 만들어 먼 바다까지 운송을 할 수가 있다 하네. 이것이 모두 상인의 도전정신에서 시작된 것이지. 위험을 두려워하지 않는 모험정신이 바로 새로운 세상을 만드는 원동력이 된 것이지. 세상을 움직이는 그 중심에는 돈이 있고, 그 돈을 벌어 세상이 돌아가게 만드는 사람들이 바로 상인들이지. 이 평범한 진리를 우리 조선은 몰랐던 것이네. 상인에게 있어 상재라 함은 과거나 지금이나 정확한 분석력과 과감한 결단력으로 낯선 곳을 찾아가 교환할 물목을 찾아내고 필요하다면 합리적으로 현지인들을 설득하는 능력이라고 생각하네. 상인에게는 귀를 기울여 듣고 관찰하고 평가할 수 있는 능력, 시장을 파악할 수 있는 전체적인 지식이 중요하다네. 그리고 이러한 지식을 바탕으로 스스로 체득한 경험과 직관으로 거래의 기회를 찾아내야 하는 것이고 이것이 곧 상재라고 할 것이네."

준마는 김창수가 직접 장사를 하지 않고 있음에도 장사에 대한 놀라울 정도의 혜안을 가지고 있다는 사실에 감탄했다. 김창수의 세상을 꿰뚫어보는 지식과 생각에 준마가 무한한 존경과 경외심을 갖게 된 것은 그가 조선의 역사를 통해서 보부상과 같은 상인들의 역할을 설명할 때 절정에 이르렀다.

"준마는 우리 조상 중에 상업을 천시하는 것은 나라를 망치는 것이고 장사를 나라 운영의 중요한 업으로 양성해야 한다고 주장한 선비가 있다는 것을 아시는가?"

"아니요, 모르겠습니다. 조선은 장사를 천하게 여겨 억제해야 하는 업으로 여겼다는 것만 들어 알고 있습니다."

"그렇겠지. 사실 뜻있는 선비들 중에는 이미 장사의 중요성을 깨닫고 임금께 주장한 분들이 많이 있었다네. 이른바 실학파라고 하는 분들이지. 지금이야 나라에서 임금이 나서서 직접 상업을 장려하는 세상이 되었지만 성리학이 정치의 중심이었던 과거에는 드러내놓고 주장하는 선비가 드물었고, 잘못하다가는 일가가 폐족당할 수 있기 때문에 적극적으로 공론화되지 못하고 묻혀 버리고 말았지. 마침 요즘 내가 읽고 있는 책들이 조선의 실학자들인 북학파의 학문이어서 실학을 공부하고 있었네. 들어 보시게."

"우리 조선 백성이라면 누구나 존경하는 율곡 이이 선생은 사대부들이 하는 일 없이 오만 방자하게 생활하며 백성들에게 피해가 되는 일을 꾸짖고 계도하기 위해서 황해도 해주 석담 마을에 내려가 직접 장사를 하면서 마을 주민들과 생계를 함께하셨지. 말년에 관직과 봉록을 사양하고 대장간에서 풀무질을 하여 농기구를 만들어 팔았었지. 물자의 수요와 공급을 안정시키기 위해서 보부상의 필요성과 지원을 주장하셨네."

김창수는 어디서 구했는지 낡아서 곧 찢어질 것처럼 다 헤진 서책을 구석에 놓인 작은 보자기 속에서 끄집어내어 보이면서 말을 계속했다.

"또 한 분의 선각자이신 토정 이지함 선생은 목은 이색의 6대 손으로 최초로 드러내 놓고 장사에 종사한 양반 상인이었네. 이지함 선생은 현감을 사직하고 어물과 소금 장사를 하는 부상들과 함께 장사를 하였네. 마을이 흉년을 당했을 때는 큰 장사를 벌려서 많은 이득을 얻으면 굶주린 백성들에게 나눠 주었는데, 토정은 장사로 재물을 쌓으려는 욕심은 없었고 청빈한 생활을 하였기에 토정의 식구들은 항상 가난하게 살았다고 하네. 『오주연문장전산고』를 저술한 오주 이규경 선생도 실학의 중요성을 주장하고 과학과 상업을 통한 부국강병과 해외통상을 주장하셨지."

"이규경 선생은 정조대왕 때 『무예도보통지』를 편찬한 이덕무 선생의 후손이 아닌지요?"

"아, 그렇지. 맞네, 준마가 그걸 어찌 아는가?"

"예, 제가 감옥에 오기 전에 친구들과 조선의 검술을 공부하고 때만 되면 모여서 연습을 했습니다. 부친이 보시던 책을 제가 몰래 들고 나가 친구들과 같이 무예를 익히고 있었습니다."

"아, 그랬구먼. 그 책은 이덕무, 박제가, 그리고 무인 백동수가 저술한 것으로 조선의 무예를 집대성한 책으로 알고 있네."

"저의 선대 조상이 바로 백동수 어른이십니다. 부친이신 백춘삼 대행수께서 말씀하시길, 정조 임금이 승하하신 후 백동수 선대께서는 기린협(강원도 인제 방태산 근처의 계곡이 깊고 험한 산속)으로 들어가셔서 아예 바깥세상과 단절하셨다고 합니다. 최근에야 제가 부친이 간직하고 있던『무예도보통지』를 우연히 찾아서 읽는 것을 보시고서는 백동수 선대에 대해 말씀을 해 주셨습니다."

"아, 그런가. 우리 준마 동생이 바로 무인가문의 후예셨구먼! 아무튼 반갑네, 준마 아우! 자, 이런 과거 얘기는 좀 지루하니까 다음에 또 계속하기로 하세."

"예, 이미 상공업의 중요성에 대해서 주장하신 분들이 그렇게 많이 있는 줄은 몰랐습니다."

"권력만 쫓는 정치인들이 앞장서서 사리사욕을 챙기느라 충신들을 아예 정치에서 몰아냈으니 오늘날 조선이 이렇게 수모를 당하고 있는 것이지."

김창수를 만나면서 마음과 몸의 깊은 곳에서 알 수 없는 변화가 일어나고 있었다. 그동안 장사꾼의 아들로 태어나 고객을 상대하면서 이문을 얻는 상인의 길, 그것이 삶의 전부였다. 민족이니 나라니 하는 말들은 조금도 관심거리가 아니었다. 어차피 한양의 조정대신들과 왕으로부터 무슨 기대 같은 것은 아예 없었고 보이지 않는 존재였다. 조정은 조정, 백성은 백성, 그리고 상인은 상인의 일로 족하다고 생각하였다. 조정과 관아는 장사에 방해가 되지 않도록 요령껏 피하고 나머지는 장사만 잘하면 그것으로 다 되었다.

그런데 김창수를 만나고부터는 내가 나라의 주인이고 왕이 있든 없든 내 것을 지켜야 한다는 생각이 꼬리를 물고 이어졌다. 왜상과 무사들을 만나면서 마음속에 적이라는 생각이 자리를 잡게 되면서 지키기 위해 적과 싸워야 한다는 신념이 몸 안에 무겁게 자리 잡기 시작했다.

어느 날부터 칼을 잡는 순간 검의 아픔과 울림이 손끝으로 전해 왔다. 검을 꺼내 하늘을 향해 들면 햇빛을 받아 번쩍이는 칼날에서 뻗어 나오는 살의가 준마의 몸속으로 숨어드는 것을 느꼈다.

나를 지키고 또 무언가를 지키기 위해서는 검을 들어야 하고 쳐들어오는 적을 막아야 했다. 먼 바다 건너로부터 밀려오는 밀물처럼 마음속 깊은 곳에서 무언가 용솟음 같은 것이 치밀어 오르고 있었다.

그 적은 스스로 조선에 들어왔다. 우리 조선이 한 번도 오라고 초청하지도 않았었다. 그래서 그 적이 더 두려웠다. 그런 적의 숨은 뜻을 모르기 때문이었다.

탈옥

보부상 행상 길

"방금 뭐라 그랬나? 사형수 김창수의 형 집행을 취소했다니, 그게 무슨 얘기야?"

"예, 고종 임금이 형 집행을 취소하라고 했답니다."

후쿠이 사부로는 놀란 표정으로 요시무라를 쳐다보며 고함을 쳤다.

"아니 그럼 조선 조정이 외국인보호를 위한 영사조약을 무시했다는 것이 아닌가? 지금부터 감리서를 잘 감시하도록 하게, 김창수를 어떻게 처리하는지 잘 지켜보란 말이다."

일단 감형 조치가 되었다고는 하나 일본 공사의 계속되는 항의와 위협으로 언제 보복이 있을지는 모르는 일이었다.

감옥은 난방이 되질 않아서 매섭게 몰아치는 칼바람과 추위를 얇은 벽을 통해 그대로 받아들이고 있었다. 죄수 하나가 지난밤에 얼어 죽은 채로 발견되어 간수들이 죽은 시체를 거적에 싸서 들고 나가느라 아침이 몹시 분주하였다.

유난히도 춥고 매서웠던 겨울이 서서히 지나가고 있었다. 준마는 틈나는 대로 김창수를 보기 위해 면회를 갔다. 간수에게 틈틈이 찔러주는 엽전이 큰 효과가 있어서 준마와 김창수가 만나는 동안에는 같이 앉아 세상일에 대해 침을 튀겨 가며 얘기하곤 했다.

준마가 넣어 준 담요며 이불 가지들이 겨울을 나는 데 큰 도움이 되었다. 김창수는 겨울을 나면서 많이 수척해진 것 같았다.

'이대로 더 있다가는 필시 병이 나서 죽을 것이야.'

아침이 무서웠다. 김창수는 초저녁에 깊은 잠에 들면 희미한 무의식 속으로 빠져들면서 내가 죽었는지 살았는지 모르는 아늑한 심연으로 빨려 들어갔다. 그러다 아침 새벽녘에 눈이 떠지면서 내가 살아 있음을 느끼는 순간 바로 살을 에는 추위가 온몸을 감싸면서 사지가 덜덜 떨리는 극심한 고통이 밀물처럼 밀려왔다. 온몸이 떨리면서 이가 맞부딪쳐 깨지지나 않을까 걱정이 되었다. 김창수는 요즘은 가끔 오던 준마가 한동안 보이지 않자 준마의 모습이 그리워지기까지 했다.

사형이 중지된 후 찾아오던 많은 방문객들의 발길도 끊겼다. 모친은 매일 아침마다 직접 만든 사식을 넣어 주었다. 빈 밥그릇을 깨끗하게 비워 보내면서 이 빈 그릇이 모친께 드리는 위안이며 내가 죽지 않고 무사히 살아 있음을 알리는 인사라는 것을 잘 알고 있었다. 그렇게 긴 겨울을 하루하루 여윈 몸은 잘 버티고 있었다.

매서운 겨울을 얼어 죽지 않고 잘 넘기고 어느덧 3월을 맞으면서 점점 따뜻한 봄기운이 완연히 올라오고 있었다. 가늘게 평옥의 창살로 넘어 들어오는 햇살은 봄의 소식을 생생하게 피부로 전해 주었다. 김창수는 언제 죽을지 모른다는 절박감도 이제는 다 떨쳐 버렸다. 언제든 죽음이 오면 운명으로 받아들일 것이다. 창살 너머로 들어오는 따뜻한 해를 얼굴로 맞으며 자신의 명줄이 쉽게 끊기지는 않을 거라는 느낌이 머릿속을 스쳐 지나갔다.

감옥 주위를 둘러싸고 있는 숲에서 나는 향긋한 들풀 냄새가 갈라진 감옥 창살 틈새로 흘러들어와 생경스럽게 온몸을 씻어 내 주었다. 이 기분은 도대체 뭘까, 나는 사형수인데…….

"김창수, 면회다!"

"형님, 잘 지내셨습니까? 고생 많으시지요? 지난 달포 동안은 새로 시작한 사업 때문에 정신없이 바빠서 면회를 못 왔습니다. 그간 많이 수척해지셨습니다."

"아닐세, 이렇게 동생이 찾아주니 얼마나 고마운지 모르겠네. 내 모친도 얼마 전 다녀가셨는데, 이제 다시 오지 말라고 했네. 아우님도 장사 일에 바쁜데 자주 올 것 없네."

마음은 그렇지 않은데 말은 그렇게 하고 있었다.

"아닙니다. 그럴 수 없습니다. 제가 형님으로 모시기로 했는데 자주 찾아뵈어야지요. 이대로 그냥 더 계시다가는 몸에 병이라도 얻으실 것 같습니다. 무슨 수를 내야 합니다."

재판에서는 결국 민간인 살인죄로 사형이 언도되었다. 김창수를 사형시키지 않으면 군대를 파견하여 민간인 살해에 대한 보상을 청구할 것이라는 일본 공사의 협박이 계속되고 있었다.

"지금 인천의 헌병사령부와 계림장업단 놈들은 형님이 병이라도 나서 제 풀에 죽어 나가길 바라는 놈들 아닙니까? 지금 수시로 인천 감옥 앞을 순찰 돌면서 감시를 한답니다. 밥이나 물에 독이라도 넣진 않을지, 무슨 짓이라도 할까 두렵습니다."

"그래도 조선이라는 나라의 법이 있고 여기는 조선땅인데 그렇게까진 하진 못할 것이네."

"조만간 다시 오겠습니다. 몸조리 잘하세요."

준마는 작별 인사를 하면서 김창수와 굳게 잡은 손안에 작게 접은 종이 하나를 간수가 눈치채지 못하도록 슬쩍 건넸다. 다음 날은 김창수의 부친이 감옥으로 면회를 왔다. 한동안 김창수를 쳐다보던 부친이 말했다.

"네가 하는 일은 다 조선을 위한 일임을 알고 있다. 무엇을 하든 나는 네가 하는 일을 믿고 도울 것이다."

자식이 감옥에 갇혀 고생하는 모습을 보면서 부친은 애써 눈물을 보이지 않으려고 지그시 눈을 감았다.

"아버님, 소자가 부모님을 편하게 모시지 못하고 이렇게 불효를 하게 되었습니다. 저는 이미 조선을 위해 제 한목숨을 내놓은 지 오래입니다. 남은 일생도 여전히 부모님께 걱정을 끼칠 생각을 하니 마음이 무겁기 짝이 없습니다."

"창수야, 네 마음을 다 알고 있으니 네가 하고자 하는 일을 우리 걱정은 하지 말고 네 생각대로 하거라. 우리는 그런 너를 장하게 여길지언정 어떤 원망도 하지 않을 것이다."

면회시간이 끝나고 일어나면서 부친은 김창수의 손을 꼭 잡았다. 창수도 한참을 잡은 손을 놓지 않고 작별의 인사를 고했다.

저녁 무렵 간수가 주먹밥을 바가지에 담아 죄수들에게 돌리고 있었다. 간수는 김창수에게 여느 주먹밥보다 조금 큰 듯 보이는 주먹밥을 하나 내밀며 눈을 마주친다.

3월이라 하지만 겨울이 긴 꼬리를 남기고 있어 아침저녁으로는 여전히 추위가 남아 있었다. 감옥 안은 저녁을 먹은 후로는 조용하고 적막하기까지 하였다. 밤이 깊어 가며 하늘도 구름에 덮여서 달빛을 가리고 있고 사방이 어두운데 아직도 남아 있는 늦은 추위에 싸늘한 냉기가 감옥 안을 휘감듯이 돌면서 죄수들의 지친 몸을 더욱 움츠리게 하였다.

사경(새벽 1시~3시 사이)에 들면서 온 주위가 다 죽은 듯이 잠들고, 저마한이 추위에 쌓여 더욱 얼어붙은 듯 조용하다. 저 멀리 동네에서 간간이 들려오던 개 짖는 소리조차 사라진 칠흑의 어둠 속에서 복면을 한 건장한 사내 여러 명이 감옥 뒤편 담장 밑으로 모여들었다. 깊은 새벽 감옥의 야간 순찰을 맡은 간수는 축 늘어져서 일찌감치 깊은 잠에 곯아떨어져 있었다. 김창수는 준마가 면회 오면서 주고 간 돈을, 술과 아편을 사 먹으라고 간수에게 슬쩍 집어 주었다.

김창수는 초저녁부터 담요를 뒤집어쓰고 죽은 듯이 자고 있었다. 밤이 깊어지고 사방이 고요하게 잠들어 있을 때 김창수가 조용히 몸을 일으켰다. 주위를 천천히 둘러본 후, 몸을 숙여 거적 밑에 숨겨 두었던 삼지창을 꺼내어 바닥을 뜯어내기 시작했다. 구들장을 들어내고 흙을 파내기 시작하자 이내 바닥 밑으로 구멍이 보였다. 자그맣고 귀엽게 생긴 두더지 한 마리가 놀라서 죽어라 도망을 쳤다. 한참을 파낸 구멍 밑으로 기어 내려가니 바로 감방 밖이었다. 감방 밖으로 나간 김창수는 술과 아편에 취해 곯아떨어진 간수 허리춤에서 열쇠를 꺼내어 잽싸게 옆방의 문을 열었다. 그러고는 엎드려 자고 있는 조덕근과 양백석을 흔들어 깨웠다. 두 사람은 깜짝 놀라며 소리를 지르려는데 김창수가 잽싸게 손으로 입을 막았다.

"빨리 일어나게, 탈출할 생각이 있으면 지금 나가야 하네."

김창수의 다급한 말소리에 지체할 시간이 없음을 느낀 두 사람은 얼른 일어나 뒤를 따라나섰다. 감옥의 마지막 칸은 독방이었고 감옥을 지키는 순검이 때에 맞춰 순찰을 도는데 오늘 따라 모든 사위가 조용하였다.

일단 감옥을 나와 뒤로 돌아가니 높은 감리서 담이 가로막고 있었다. 담 뒤로는 산언덕이 있고 주위는 숲으로 둘러싸여 있었다. 일단 조가와 양가를 차례로 한 사람씩 다리를 들어 담장 위로 밀어 올렸다. 그때 갑자기 뒤에서 인기척이 나서 화들짝 놀라 뒤를 돌아보니 황가와 강가 두 사람이 어느새 뒤에 따라붙어 와 있었다. 하릴없이 김창수는 다시 이 두 사람을 모두 담장 위로 밀어 올렸다. 일단 모두 담장을 무사히 넘어갔으나 정작 김창수 자신은 누가 뒤에서 들어 올려 줄 사람이 없었다.

한참을 망설이면서 이리저리 궁리를 하고 있는데 좀 전에 담을 넘어간 두 사람이 무엇을 밟았는지 소리를 내면서 순검에게 발각이 되었다. 탈옥수를 쫓는다고 순검들이 다 출동을 하는 바람에 순식간에 감옥은 아수라장이 되었다. 침착하게 마당으로 나와서 주위를 살피던 김창수는 순검들이 바깥으로 모두 출동하여 도리어 감리서 정문은 아무도 신경을 쓰지 않는 것을 알고 대담하게 정문으로 나가기로 마음을 먹었다. 담장을 넘기 위해 준비했던 긴 막대기를 손에 단단히 잡고 태연하게 정문으로 걸어나갔다. 누군가 자신을 알아보고 제지를 할 경우에는 막대기로 해치워서라도 탈출을 할 작정이었다.

김창수가 운이 좋은 것인가 아니면 하늘이 돕는 것인가. 순검들이 우왕좌왕하는 가운데 누구 하나 눈여겨보거나 제지하는 사람이 없었다. 감리서 정문을 대범하게 통과한 김창수는 그대로 옆 걸음을 치다가 이내 담을 돌아 뒤쪽으로 쏜살같이 뛰어 올라갔다. 뒤쪽 언덕을 오르자 눈에 띄는 소나무 위에 붉은 천 하나가 걸려 있는 것이 보였다. 그쪽을 향해 잽싸게 달렸다. 그러자 숲에서 누군가 일어서서 손을 흔들며 신호를 보냈다. 복면으로 얼굴을 가린 3명의 사내가 이미 오래전부터 숲속에서 김창수를 기다리고 있었다.

김창수는 이들을 따라 아무 말 없이 숲속으로 따라 걸어 들어갔다. 한참을 걷다 보니 낮은 산등성이 주위의 나무들과 숲이 눈에 들어오면서 멀리 해안가가 보이기 시작했다. 일본의 헌병 부대가 출동하기 전에 얼른 이곳을 탈출해야 했다. 자칫 시간을 끌다가는 꼼짝없이 다시 잡혀가고 말 것이다. 이번에 잡히는 날에는 탈옥한 중죄인이 되어 바로 처형될 것이 뻔했다.

지금 이 부근은 일본 조계지가 있는 곳이다. 최소한 이 근처는 빨리 벗어나야 했다. 청국 조계지와 일본 조계지는 공원에서 바닷가를 향해 나 있는 길을 사이에 두고 경계를 이루고 있는데 오른쪽은 청국 조계지이고 왼쪽은 일본 조계지이다. 산을 뒤로 돌아 넘어서 일단은 감리서 근처를 벗어나야 했다. 해가 뜨기 전에 인천을 벗어나거나 아니면 조선인들이 사는 곳으로 가야 했다. 나뭇잎 밟히는 소리도 죽여 가며 적막이 흐르는 언덕길을 조용히 오르는데 어디서 나타났는지 갑자기 일단의 무리들이 앞을 가로막았다. 이들이 움직이는 몸짓을 보아 낭인들 같았다.

김창수에게 어떻게든 보복을 하지 않으면 앞으로 조선 상인들이 일본 상인들을 만만하게 볼 것이다. 그러니 반드시 김창수를 죽여야 했다.

"헌병대가 직접 나서서 민간인인 김창수를 죽이면 조선 조정과의 마찰이 예상되니 이번 일은 계림장업단이 알아서 처리해 주길 바라오!"

무라야마 대장은 후쿠이 사부로에게 낮은 목소리로 부탁이자 명령조로 상부의 지시사항을 전달했다.

"예, 알겠습니다."

계림장업단 단장 후쿠이 사부로는 즉시 계림장업단 임원회의를 소집하고 김창수가 수감되어 있는 인천 감옥을 철저히 감시하도록 미리 지시해 두었던 것이다.

일단 이곳을 벗어나야 했다. 앞을 가로막은 자들은 오래전부터 인천 감옥 주위를 감시해 온 듯했다. 앞을 막은 낭인들은 모두 4명이었고, 검은 복면의 사내들 3명과 김창수까지 이쪽도 총 4명이었다. 한 낭인이 두 손으로 검을 앞으로 모으고 위에서 아래로 베기로 공격해 왔다. 검은 복면을 한 사내 가운데 하나가 먼저 김창수 일행을 뒤로 물리고 앞에 서서 장검으로 그들과 대적했다.

"쨍!"

날카로운 검날이 부딪히면서 검투가 벌어졌다. 이어서 복면 사내 2명이 더 합세하여 길을 막아선 낭인들과 검투가 시작되었다. 낭인들의 칼 솜씨 또한 예사롭지 않았다. 계속되는 싸움에서 승부가 좀처럼 날 것 같지 않았다. 낭인들이 강하게 찌르면 튕겨서 막고, 우측을 찌르면 낭인들은 순식간에 밀면서 다시 공격했다.

"얏!"

"휙!"

시간을 더 끌어 날이 밝아 오면 모든 것이 수포로 돌아가게 되었다. 지금 탈출을 서두르지 않으면 헌병들이 시가지 전체를 막고 추적해 올 것이다. 어찌 되었든 오늘 날이 밝기 전에 여기를 빠져나가야 했다. 복면을 한 사내가 김창수에게 조용히 귀엣말로 속삭였다.

"여길 혼자 빠져나가세요. 감옥 뒤편의 언덕을 넘어 오른쪽으로 돌아 내려오다 보면 숲속으로 조그만 산길이 해안가로 나 있습니다. 계속 내려오다 보면 탁포인데 조선인들이 많이 살고 있고 해안가 주위에 물상객주촌이 있습니다. 거기서 쪽지에 적힌 장소를 찾아가시면 누군가 기다리고 있을 겁니다. 여기는 저희가 막을 터이니 어서 빨리 달아나세요."

일인 자객들도 복면을 한 사내들의 칼 솜씨가 만만치 않을 것을 보고는 쉽사리 나서지 못하고 있었다. 아무래도 해가 뜰 때까지 복면 사내들을 잡아 두려고 시간을 버는 것 같았다. 더 이상 시간을 끌다가는 일본 헌병들에게 들키고 말 것이다. 어떻게든 결판을 내고 여기를 뚫고 나가야 했다.

이때 뒤편 언덕의 나무 뒤에서 한 사내가 순식간에 표창을 날렸다. 갑자기 날아든 표창이 일본 자객의 목에 와 박혔다. 맨 선두에 서 있던 낭인이 앞으로 쓰러지고 곧이어 계속 표창이 날아들면서 두 번째 낭인이 쓰러졌다. 이때를 기다렸다는 듯이 복면의 사내들이 칼을 휘두르며 상대를 제압하자 이미 전의를 상실한 낭인들은 뒤로 도망치며 표창에 다친 자객을 부축하고 뒤로 물러나면서 뒷걸음을 했다. 이때를 놓치지 않고 복면 사내들은 일제히 옆으로 나 있는 숲속으로 빠져나가 어둠 속으로 멀리 사라져 갔다. 일본 자객들은 헌병의 지원을 받고 있다 하더라도 조선의 관할하에 있는 감옥이고, 함부로 총이라도 쏘면서 난투라도 벌이는 날에는 도리어 청나라와 서양에 꼬투리를 잡혀 외교적으로 낭패를 볼 수 있었기에 쫓기를 포기하였다.

다음 날 묘시(오전 5시~7시 사이)가 좀 지나면서 아침 동이 트기 바로 전 백가객주의 문을 두드리는 한 사내가 있었다. 이윽고 문이 열리면서 사내는 조용히 문안으로 사라졌다.

백가객주는 상단을 꾸려 오랜만에 행상을 떠날 차비로 새벽부터 분주히 움직였다. 이번에 청에서 들여온 면직물과 남포등(석유램프), 자기황, 성냥, 금계랍(키니네, 말라리아 치료제) 등 수입 물목을 갖고 지방을 돌면서 새로운 거래선을 찾기 위해 삼남지방까지 돌아볼 작정으로 원행 길을 떠났다. 이번 행상은 일단 서울로 가서 시전과 난전의 물목이며 시세를 알아본 후에 삼남지방으로 내려가기로 하였다.

물들어름(탁포)과 용동큰우물을 지나 일행은 신흥동(화개동) 마루턱에 올랐다. 이곳은 꽤나 높은 고지대인데 사람이 많이 살지 않고 화장터와 공동묘지가 있는 곳으로 일행은 이곳에서 잠시 쉬면서 인천항을 한동안 내려다보았다.

인천항은 외국인들이 서울로 가는 길목이어서 크고 작은 배들이 쉴 새 없이 드나들고 있었고 배에서 내리는 물건들을 옮기느라 많은 인부들이 어깨에 짐을 지고 오가는 모습이 보였다. 이 바다도 아마 수개월은 볼 수 없을 것 같았다.

싸리재를 넘어 내려와 배다리골을 지나면서 인천을 빠져나온 준마 일행은 서서히 서울을 향해 발걸음을 떼었다. 일행은 가급적이면 사람들 눈에 잘 띄지 않는 좁은 길을 택해서 걸음을 재촉하여 서두르니 해가 중천에 뜨기 전에 이미 인천을 벗어나기 시작했다.

학익동, 문학동을 지나 부평 만월산을 넘어 양화진 나루에 도착하였다. 아침 새벽에 출발한 일행은 해가 중천을 넘어 해가 질 무렵에 남대문을 지나 늦은 저녁이 되어서야 송파에 도착했다. 양화진에서 배를 빌려 내려가기보다는 차라리 내륙을 거쳐 육로로 가기로 했다.

송파는 삼남으로부터 몰목이 올라오는 교통의 중심지로 여기서부터 강원도, 충청도, 경상도로 물건들이 부지런히 오간다. 강을 따라 배에 실려 송파로 올라온 물목들은 여기서 다시 서울로 보내지게 된다. 송파로 왔다가 다시 삼남으로 흩어져 내려가는 상단들의 모습이 보였다. 송파에는 면직물과 미곡을 거래하는 백가객주의 점포가 있었다. 오랜만에 점포에 들른 준마는 점포에 달린 사랑방에 짐을 풀었다. 삼전도 아래로는 큰 마방과 도축장이 있어 사람들의 왕래가 끊이지 않는 곳이다. 그 옆으로 장군골은 조선시대 무인들이 집단으로 모여 살던 곳이었다.

준마와 김창수는 보부상 상단에 끼여 계속 남쪽으로 내려갔다. 광주를 벗어나 안성을 지나 예산 공주 쪽으로 내려갔다. 여기서 다시 전라도 쪽으로 방향을 바꿔 보성까지 내려갈 작정이었다. 서해안 해안이나 강 포구는 이미 일본 헌병이나 계림장업단 낭인들이 지키고 있을 것이다. 계림장업단에도 조선의 주요 장터나 지방에 객주나 점포를 여는 자가 꽤 많았다.

안성은 조선 3대 시장으로 경상, 전라, 충청의 물화가 모이는 교통의 요지이자 물류중심지였다.《허생전》에 나오는 허생이 서울의 제일 부자 변 씨에게서 1만 냥을 빌려 과일을 매점매석하여 큰돈을 번 곳이 바로 안성장이었다. 한양에 없는 것이 안성장에는 있다고 할 정도로 안성장은 조선의 큰 시장이었다.

안성 임방의 접장 임기혁은 백가객주와는 그동안 꾸준히 거래를 해 오고 있는 터라 일행을 반갑게 맞아 주었다.

"어이구, 백가객주 준마 행수 아니십니까?"

"예, 임 대행수님, 오랜만입니다. 남쪽으로 내려가는 길에 얼굴도 뵐 겸 들렀습니다."

가지고 온 몇 가지 물건을 넘기고 바로 길을 떠나려 했으나 임 행수가 길을 막으며 하루 쉬어 가기를 청하니 차마 그대로 내치고 떠날 수가 없었다.

"그래, 부친 백 대행수께서는 잘 지내시는지요? 준마 동무는 참으로 오랜만에 뵙는구려. 인천에 계림장업단이라는 일본의 행상조직이 생겼다고 들었는데 요즘 여기도 왜상들이 나타나더니 낭인들을 앞세워 횡포를 일삼고 있습니다. 왜상들이 면직물을 터무니없는 값으로 시장에 풀어놓는 바람에 조선의 면직물 생산은 다 망하게 생겼습니다. 왜상들은 일본 정부로부터 무이자로 자금을 지원받고 있다고 합니다. 게다가 낭인들을 앞세워 조금이라도 저들의 비위를 거스르면 여지없이 보복을 하는데, 심지어 지난달에는 낭인들의 칼에 죽은 보부상까지 있었지요. 삽다리를 넘다가 습격을 당했는데, 딱 잡아떼고는 있지만 분명 칼을 쓰는 검술과 검의 생김새로 보아 낭인들이 분명했답니다. 낮에 장터에서 고객과 흥정을 하고 있었는데 중간에 끼어들어 싼값으로 회유하면서 장사를 방해하는 왜상들과 심한 다툼이 있었는데, 일을 마치고 집으로 돌아가다가 변을 당했답니다. 지금 임방에서도 자객들을 잡으려고 추적을 하고 있는데 일본 헌병들까지 나서서 관아의 조사 활동을 막고 있다고 합니다."

"관아에서는 무슨 조치가 없었습니까?"

준마가 물었다.

"조치는 무슨 조치입니까? 도리어 눈치를 보느라 시간만 질질 끌고 있지 뭡니까!"

임기혁 행수가 목에 핏대를 올리고 불만을 쏟아냈다.

"이제 조선의 관아가 일본의 헌병들 눈치까지 볼 정도가 되었으니 나라 꼴이 말이 아닌 듯합니다. 청일전쟁 이후 청나라 상인들이 속속 귀국하니 이젠 아예 왜상들이 제 세상 만난 듯 설치고 있습니다. 이대로 가다가는 조선의 상권이 아예 왜상들에게 다 넘어갈 지경입니다."

임 행수가 준마의 대답에 다시 응했다.

"우리도 사발통문이라도 돌려 궁 앞에서 계림장업단의 횡포를 막아 달라는 시위라도 한번 해야 할 듯합니다."

"안 그래도 주요 장시마다 계림장업단 상인들과 다툼이 벌어지고 있습니다. 조만간 올라가는 대로 의논을 해 보겠습니다."

임 행수는 준마 일행을 유명한 안성의 소고기 구이와 전 등으로 정성껏 대접하였다.

다음 날 아침 일찍이 임 행수와 작별을 고하고 다시 남으로 길을 잡아 서둘러 떠났다. 예산에 당도하자 예덕상무사가 있는 예산의 조가객주에 들렸다. 반갑게 맞아 주는 조덕원 대행수로부터 극진히 대접을 받고 며칠 쉬어 가라는 행수의 환대에 감사할 따름이었다.

이미 일본 공사는 조선 왕을 위협해서 탈옥한 김창수를 잡도록 추포령이 내려져 있는 상태이고 고을마다 방이 붙어 있었다. 다행히 준마는 수배자 명단에 없어서 움직이는 동안 필요한 음식이며 필요한 물건들을 구하는 데 어려움이 없었다.

김창수는 준마와 같이 보부상단을 따라 이동하는 동안 지켜본 보부상단의 상부상조하는 단합된 모습에 놀라운 뿐이었다. 허리에는 항상 채장을 지니고 다니는데 채장 뒤편에는 4계명이 새겨져 있었다. 물망언(勿妄言, 헛된 말로 속이지 말라), 물도적(勿盜賊, 도둑질하지 말라), 물패행(勿悖行, 장시에서 행패를 부리지 말라), 물음란(勿淫亂, 여자 보부상이나 여성들을 함부로 대하지 말라). 이 계명을 어기면 장문법으로 죄를 묻는데 나라 법보다 더 엄중하였다.

조선의 조정은 다 썩어서 나라가 일본으로 넘어가게 됐어도 사대부나 양반이라는 벼슬아치들은 부패하여 나라 걱정은 조금도 하지 않고 개인의 영달에만 관심이 있는데 도리어 일개 장꾼들이 상도의를 실천하고 나라를 걱정하고 스스로 계율을 정하여 절도 있는 생활을 지켜 나가는 것을 보고 놀랄 따름이었다.

예산 조가객주 대행수인 조덕원은 준마 일행에게 김창수의 애국적인 행동과 기개에 탄복하여 적잖은 돈을 노자에 쓰라고 주었다.

다음 날 부지런히 길을 잡아 공주에 도착하였다. 공주 약령시에 들러 중국에서 가져온 환약과 약재를 넘겨주고 눈에 보이는 대로 홍삼을 구입하였다. 조선시대 180년간이나 지속되던 공주 약령시는 쇠락의 길을 걷다가 갑오경장 이후 임방에서 약령시를 부흥시키고자 단원들과 함께 힘을 쏟고 있었다. 공주 시장은 왜 상들이 서양의 금계랍 등 신약재를 들여와 팔고 있는데 조선에서 나는 약재에는 물량이 크게 못 미치고 있어서 그런지 조선 상인들과의 다툼은 좀 덜한 듯이 보였다.

공주 임방의 신임 접장인 안길상 객주에서 하룻밤을 묵은 후 다시 길을 잡아 충남 은진의 강경시장까지 가기로 하였다. 하루 더 묵고 가라는 안 행수의 손길을 간신히 뿌리치고 다시 길을 재촉했다.

강경은 금강의 지류가 합류하여 서해로 연결되는 육로와 수로가 교차하는 평야지대로서 백제시대부터 많은 인구가 살고 있었다. 수상교통을 바탕으로 고려중기 무렵에도 제주에서 미역·고구마·좁쌀을 실은 배들이 드나들었고, 중국의 무역선들도 비단·소금 등을 싣고 무역로를 텄다. 금강이 흐르고 충청도와 전라북도를 연결하는 중부지역의 중심지였기 때문에 강경포에는 시장이 크게 발달했다.

1600년 말엽에 열린 강경천 주변에 하시장이 개설되었고, 1800년 말에 들어와서 대시장으로 크게 성장하였다. 1870년에 강경포 시장은 평양·대구의 시장과 함께 조선 3대 시장으로 불릴 만큼 큰 장이었다. 강경은 조선말기까지 원산·마산과 함께 대표적인 어물(魚物)의 집산지였다. 고군산 어장을 비롯한 서해 어장의 수산물이 이곳에 모였고, 중국산 소금을 수입하여 조기 등 어류를 염장·가공하는 중심지로 매우 번창하였다.

군산항 개항 초기인 1890년대에는 군산항 수입화물의 대부분이 강경시장을 통하여 출하되었으며 당시의 상권은 청주, 공주, 전주까지를 포함하는 충청도와 전라북도 및 경기도 남부에 이르도록 광대하였다. 군산은 또한 일본이 조선의 쌀을 실어 내가던 쌀을 매집하는 거점이었다.

강경시장에 도착하자 시장 안은 삭힌 젓갈 냄새와 생선 비린내로 가득하였다. 포구에는 크고 작은 상선이며 운반선이 정박해 있고, 가까운 곳에 자리 잡은 객주가를 중심으로 사람들이 분주하게 들락거렸다. 강경객주 오만석은 여전히 상인들 틈에서 소리를 지르고 흥정을 하느라 백준마가 코앞에 온 것도 모르고 있었다. 한참을 지난 후에야 사람들이 뜸해지자 그제야 준마 일행을 알아보고는 하던 일을 멈추고 깜짝 놀라 급히 걸음을 옮겨 왔다.

"아니, 백 행수! 이 먼 곳을 온다는 기별도 없이 언제 오셨는가? 하! 정말 반갑구먼. 오랜만이네, 준마 행수. 대행수께서는 여전히 잘 지내십니까?"

"예, 대행수께서는 요즘은 원거리 행상은 하지 않고 제가 대신해서 다니고 있습니다. 인천 객주 일도 많이 바쁘셔서 요즘은 자리를 비우기도 어렵습니다."

"자, 이리들 오시오. 보아하니 특별히 장사할 물목은 가지고 오지 않은 것 같은데, 기왕 오셨으니 술이나 한잔씩하고 좀 묵었다 가시는 게 어떻겠는가?"

"아닙니다. 기실, 요즘 전국 장시에 나타나 조선의 상권을 약탈해 가는 왜상들의 움직임도 살필 겸 해서 남쪽으로 길을 잡아 목포까지 내려갈 작정입니다. 가는 길에 목포객주 행수를 만나 보고 기회가 되면 해남까지 다녀올 생각입니다."

"그런가? 어쨌든 잘 오셨네. 이곳도 왜상들이 미곡이며 곡물 들을 매집하고 면직물을 들여와서 팔고 있네."

이미 이곳 강경도 왜상들이 값싼 면직물을 들여와 미곡으로 교환해 일본으로 실어내고 있었다. 조선이 외국에서 수입하는 물목 중에 가장 많은 양을 차지하는 것이 면직물인데 이 중에 일 본에서 들여오는 것이 가장 많았다.

"요즘 이곳에 곧 철도를 놓는다면서 일본인들이 와서 측량을 시작했네. 온 김에 서양 약 중에 금계랍이나 성냥 같은 물품이 좀 있으면 놓고 가시게나. 요즘 이 물건들이 부족해서 난리네."

"에, 그렇다면 제가 좀 가지고 온 것이 있습니다."

"그런데 요즘 왜상들이 왜 이렇게 갑자기 강경포구에 나타나 는 것인지 모르겠구먼."

"이곳뿐만이 아닙니다. 이미 전국에 계림장업단 소속 왜상들 이 조선의 지방 곳곳을 다니면서 동태를 살피고 있습니다. 조만 간 보부상 간판을 떼어내도록 조정에 압력을 넣고 있답니다. 보 부상에만 특혜를 주어 자기들을 차별하고 있다면서 보부상조직 을 해체하라고 압력을 넣고 있답니다."

"아니, 지들이 일본 정부로부터 갖은 지원을 다 받아 가면서 장사를 하는데도 그런 억지를 쓴단 말인가? 아, 그리고 전에 우 리가 인천에서 만났던 최봉준 행수나 이승훈 행수도 다들 잘 지내시는가? 만나 뵌 지도 오래됐구먼. 그래 가끔 그 행수님들은 보는가?"

"예. 두 분은 인천에 지점을 가지고 있어서 가끔 인천에 올 때마다 뵙고 있습니다."

"전에 보니 이승훈 행수는 계몽사업에 관심이 많은 것 같고, 최봉준 행수는 시베리아에서 조선인들을 지원한다고 들었는데, 다들 잘 어떻게 지내는지 궁금하구먼. 두 행수님들 나라 사랑하는 마음에 내가 몸 둘 바를 몰랐었네. 나도 도울 일이 있으면 돕겠네."

강경객주 오만석의 대접으로 일행은 자리를 풀고 앉아 생선요리와 돼지고기로 포식을 하였다. 오랜만에 만난 보부상들은 저녁이 늦도록 밀린 회포를 풀면서 세상 돌아가는 얘기에 시간 가는 줄 모르고 어느덧 술 한 독을 다 비우고서야 잠자리에 들었다.

다들 세상모르게 잠에 곯아떨어질 즈음에 갑자기 방문이 열리고 오만석이 방문을 들어서며 준마와 일행을 급히 흔들어 깨웠다.

"준마 행수, 어서 일어나 짐을 챙겨야 하네. 지금 일본 계림장업단과 낭인들 그리고 헌병들까지 합세해서 우리 객주로 쳐들어오는 중이라고 하는구먼. 어제 시장에서 준마 행수와 얘기를 나누는 것을 근처를 지나가던 왜상이 본 것 같네. 이자가 계림장업단 인천본부에 있을 때 준마 행수를 만난 적이 있었던지 뒤늦게 준마 행수를 알아보고 계림장업단 사무실에 연락을 한 모양이야. 밤중에 인근 일본 주둔지에 연락을 하고 계림장업단 소속 낭인들을 소집했다고 하네. 오늘 아침에 집결을 해서 우리가 있는 곳으로 쳐들어온다는 정보인데, 마침 강경 임방의 공원이 건너편 계림장업단의 왜상들이 저녁 늦게 부산히 움직이는 것을 보고는 나한테 밤에 연락을 해 왔네. 아마도 준마 행수가 강경에 나타난 것도 그렇고, 같이 다니는 일행을 예사롭게 보지 않고 수상쩍게 본 것 같구먼. 아무래도 아침에 그들이 출동하기 전에 여기를 뜨는 게 좋을 듯하네."

"예, 알겠습니다. 우리가 떠난 후에 행수께서 큰 화를 입지 않을까 걱정입니다."

"그런 걱정은 안 해도 되네. 저들도 일단 확증은 없고 추측으로 일단 쳐들어오는 것 같으니 염려 마시게. 뒤는 내가 알아서 잘 처리할 것이니 무사히 목적지까지 가기 바라네. 만약 저들이 확신을 가지고 움직였다면 아마 어제 저녁이나 밤에 우리를 덮쳤을 것이네. 자, 여기 행로에 요기할 음식을 좀 챙겼으니 가시면서 들게."

"고맙습니다."

준마 일행은 동이 트기 전에 짐을 챙겨 객주 뒤편에 있는 쪽문 밖의 좁은 길을 따라 급히 강경을 떠났다.

계림장업단의 낭인들이 강경객주를 덮쳤을 때는 이미 준마 일행이 자리를 뜨고도 한참이 지난 아침 무렵이었다. 강경객주 오만석은 계림장업단과 낭인들이 몰려오자 보부상 임방의 단원들을 데리고 나타나 객전 앞을 막아서며, "이놈들이 아예 장사를 방해하려고 나대는구나!" 하고 대갈하였다.

"장사를 하려면 상도의가 있어야지 아침 마수부터 이렇게 남의 장사를 방해하다니 너희 계림장업단은 상도의도 없는 자들이냐? 그리고 우리 보부상들은 전국 어디를 다니면서 원행 길도 종종 하는 법인데 여기에는 다른 지역의 상인들은 오면 안 되는 법이라도 있더란 말이냐? 너희가 누구를 찾는지는 모르겠다만, 그건 나라가 알아서 할 일이고 너희 상인들이 왜 나서서 아침부터 객주 문 앞에서 사람을 내놓아라 말아라 하고 난리냐. 어디 마음대로 찾아보아라, 이놈들아! 자세히 알지도 못하면서 비슷하게 생긴 사람이 어디 한둘이냐?"

난처해진 것은 계림장업단이었다. 신참인 모리다의 말만 듣고 무슨 큰 대역죄인이나 잡을 것처럼 난리를 치고 보니 확실한 것은 아무것도 없었다. 게다가 강경객주 오만석과는 곡물이나 직물 거래를 해 오던 터라 강경에서는 함부로 대할 인물이 아니었던 것이다.

지금 안 그래도 본부에서는 당분간 조선 보부상과의 충돌을 피하라는 지시가 있었다. 지난해 계림장업단이 조선 장시에서 장사를 하면서 무리하게 상권을 쟁탈하고 협박을 해서 조선 상인들의 불만이 전국적으로 터져 나오고 있었다. 게다가 얼마 전 인천과 송파에서 보부상과의 큰 충돌이 있었고, 인천에서는 계림장업단과 보부상이 검투까지 벌인 일이 있었다. 조선의 상인들이 집단적으로 반발을 일으킬 조짐이 있으니 가급적 보부상조직과의 충돌을 피하라는 지시가 내려와 있었다.

"선생님, 우린 여기서 헤어져야 할 것 같습니다. 여기서 보성까지는 한나절이면 족히 도달할 수 있을 것입니다."

"고생이 많았습니다. 백준마 동지! 김주경 동지! 고맙습니다. 동지들 아니었으면 내 여기까지 별 탈 없이 무사하게 올 수 없었을 것이오."

강화 사람 김주경은 가산을 털어 가며 김창수 선생을 옥바라지하며 도왔다. 준마 상단에 행상으로 참여하여 김창수 선생과 여기까지 동행하면서 뒷바라지를 해 왔던 것이다.

인천의 물상객주 박영문과 안호연도 물심양면으로 김창수의 옥중 뒷바라지를 하였고 이번 탈옥에도 물적으로 많은 지원을 하였다. 객주 일이 바빠서 준마와 동행은 못하였으나 이들 객주인들과 나머지 탁포나 배다리골의 객주들은 마음을 모아 김창수의 탈옥이 성공하기를 성원하고 있었다.

"선생님, 반드시 무탈하게 살아남으셔야 합니다. 지금 조선은 풍전등화 같은 운명입니다. 선생님 같은 분이 살아 계셔야 그나마 조선의 백성들이 독립에 대한 희망이라도 갖게 되는 것입니다."

경시청에서는 김창수의 탈옥을 계기로 조선의 치안을 좀 더 강화하기 위해 경찰인원을 보강하기 시작했다. 게다가 지난해에 비해 조선으로 들어온 일본 상인들의 숫자가 두 배 이상으로 증가하였고 그 숫자는 계속 늘어나고 있었다. 하루빨리 보부상을 처리해야 대일본제국이 조선의 내륙지방과 해안 그리고 도시지역을 완전히 장악하게 된다. 계속 늘어나는 계림장업단의 상인들을 위해서 본국 정부에다 좀 더 많은 무사들을 조선에 보내

줄 것을 요청해야 했다.

경시청의 다케다는 계림장업단을 방문하여 자기가 발탁한 조선인 순사보조 변철상을 요시무라에게 특별히 소개하였다.

"인천지역의 사정을 잘 아는 믿을 만한 우리 경시청 직원입니다. 조선인 순사 변철상이 계림장업단이 조선 상인들의 움직임을 파악하는 데 도움을 줄 것입니다."

"알겠습니다. 안 그래도 보부상조직의 움직임을 파악하는 데 어려움을 겪고 있었습니다."

요시무라는 계림장업단의 검객 마츠이가 조선 보부상에게 패한 후 의기소침하여 한동안 꼼짝도 않고 조용히 지내고 있던 참이었다.

"고맙소, 변 순사. 잘 부탁합니다."

"예, 대일본제국을 위해 충성을 다하겠습니다. 도움이 필요하시면 언제든지 말씀하십시오. 최선을 다하겠습니다. 특히 이곳 보부상의 움직임은 지금부터 제가 철저히 조사하여 보고하도록 하겠습니다. 최근에 임방 단원들의 움직임이 심상치 않은 것 같습니다."

"아, 변 순사는 개명을 하였다지?"

다케다가 기분이 좋은 듯 변철상에게 물었다.

"예, 천황폐하의 신민이 되는 영광을 얻게 되었습니다. 개명은 '바쿠야마'입니다."

"예, 그렇습니까? '바쿠야마'라… 참 좋은 이름입니다."

'나라가 다르고 출신이 달라도 눈앞의 이익을 위해서는 마음

이 하나가 될 수 있다.'

술을 목구멍으로 울컥 넘기면서 변철상은 속으로 중얼거렸다.

일본이 갑오개혁을 명분으로 경찰 업무까지 일본식 직제로 개편하였다. 조선의 포도청을 없애고 경무청을 신설하여 일본의 영향력을 강화하고 있었다. 일부 업무는 아예 일본이 조선을 지원한다는 명분으로 조선으로부터 위탁받아 대신 관리했는데 조선의 경찰 업무까지 포함시켜 관리하게 되었다.

최근에 도처에서 일어나는 의병활동을 감시하고 대일본제국에 대항하는 세력을 추적하는 일이 변철상에게 주어졌다. 변철상은 요즘 백가객주의 준마 행수를 주목하고 있었다. 준마 행수가 자리를 비우는 일이 부쩍 많아졌다. 장거리 행상과 서양물건을 취급하기 위해 원행을 다녀온다고는 하는데 준마가 이전에 만났던 사람들을 돌이켜 생각해 보면 준마의 행적이 의심스러울 수밖에 없었다. 아무래도 준마의 뒤를 더 자세히 조사해 봐야 할 것 같았다.

변철상은 노비 출신으로 어릴 적부터 준마와 같은 부잣집 상단의 아이들이나 양반집 자제들 앞에서는 항상 고개를 숙이고 제대로 어울려 놀지도 못하고 항상 주인집의 눈치를 보고 살아야 했다.

이들에 대한 부러움과 두려움으로 노비로 태어난 자신의 운명을 저주했고 한편으로는 자기를 낳은 부모조차 미워했었다. 모든 게 운명이라고 생각하고 체념하고 살아가던 중에, 이제 일본이라는 구세주가 나타나 자신을 노비에서 구해 주고, 게다가 순사라는 벼슬까지 주었으니 이게 꿈인지 생시인지 모를 지경이었다.

어차피 이래 살거나 저래 살거나 짧은 인생 사는데, 사는 동안만이라도 사람답게 대접을 받고 살고 싶었다. 조선황실은 자신 같은 천민들에게는 평생을 짐승보다도 못한 대접을 해 왔었다.

변철상은 준마의 행적을 빠짐없이 추적하고 기록하기 시작했다. 얼마 전에도 원거리 행상을 간다면서 근 한 달 이상이나 자리를 비웠었다. 분명히 뭔가 있다. 이것을 밝혀내야 했다.

고종 황제와 이용익

황제의 밀지를 받다

　멀리 부두에 쌓여 있던 화물들이 선적을 끝내고 화물이 쌓여 있던 자리에는 드디어 넓은 공터가 맨살을 드러냈다. 부두는 항상 채워졌다가 비우기를 반복하면서 외국에서 들어오는 배들을 마중하고 보내고 있었다.

　바닷가 작은 마을이 개항되자 점차 외국인들과 서양 물건들이 쏟아져 들어오면서 인천은 조선에서 가장 국제화된 도시가 되었다. 배로 들어오고 나가는 물건들이 늘어날수록 부두 노동자들도 늘어났고 사람들도 늘어났다. 사람 사는 집을 짓기 위해 바닷가를 둘러싸고 있던 숲을 없애고 산을 깎아 집을 지었다. 갯벌을 메워 선착장을 만들고 창고를 만들었다. 여름이면 늘 제 집처럼 바닷가 갯벌을 찾아오던 저어새가 어디론가 사라졌다.

　지금은 조선 사람보다 외국 사람이 더 많았다. 그중에서도 일

본인들이 제일 많았다. 여기가 조선땅인지 일본땅인지 분간이
안 될 정도로 일본 사람들이 많이 들어와 살았다.

해가 좀 더 기울자, 멀리 낙조가 붉은 물을 드리우며 햇살무늬
처럼 사방으로 퍼져 왔다. 야적장 공터 너머로 멀리 보이는 바
다 위로 어둠이 서서히 깔리면서 내내 혼잡하던 장터도 조금씩
사람들의 발길이 뜸해졌다. 객전 문을 막 닫으려는 참이었다.
나이가 좀 된 듯한 갓을 쓴 사내가 서울에서 왔다고 하면서 대행
수를 찾는다고 하였다.

"보부상 인사법으로 인사 올립니다."

"동무시오니까."

"예, 동무시오니까."

"초인사는 올렸습니다마는 거주지를 상달치 못했습니다."

"피차 그리 되었습니다."

"서울 사는 이도표라고 합니다."

"예, 인천에 사는 백준마라고 합니다."

"조정에 계시는 이용익 대감의 전갈을 전하기 위해서 왔습니다."

"예, 안으로 드시지요."

준마는 사내를 사랑으로 안내하였다.

"이용익 대감도 보부상 출신으로 평안도 관찰사를 하시다가
지금은 내장원경과 탁지부대신으로 고종 황제를 보필하고 있습
니다. 저는 이용익 대감의 조카로 대감의 명을 받아 이곳에 왔
습니다."

"예, 이렇게 찾아주시니 영광입니다. 저는 백가객주 대행수

백춘삼이라 합니다. 지금은 제 아들인 백준마 행수가 백가객주를 이끌고 있습니다."

"예, 일전에 애국지사 김창수를 백가객주에서 도와준 일을 잘 알고 있습니다. 요즘은 일본의 무장행상조직인 계림장업단에 맞서 싸우고 있다는 얘기도 잘 알고 있습니다."

"저희 인천의 보부상단뿐만이 아니고 전국의 보부상단이 조선의 백성으로 해야 할 일을 한 것입니다. 그리 과찬하시니 부끄러울 뿐입니다."

"아닙니다. 상인들이 직접 나서서 일본의 행패에 맞서는 일이 보통사람들이 할 수 있는 일은 아니지요."

"지금 조선 조정은 행정과 외교, 국방 등 모든 국사를 일본의 눈치를 보고 간섭을 받아 처리해야 하는 지경에 이르렀습니다. 고종 황제께서는 이런 사정을 외국에 알려 조선이 독립국임을 인정받고자 하십니다. 그런데 각국에 알리기도 전에 일본 정부가 방해를 놓아 번번이 실패를 하였습니다. 고종 황제께서는 보부상단이 채장 납입금을 모아 조정에 올리는 일에 대해 대단히 고맙게 생각하고 계십니다. 지금 고종 황제께서는 보부상단의 대표자 몇 분을 만나 보고 싶어 하십니다."

"모레 서울로 오시면 고종 황제를 알현토록 주선하겠습니다."

"예, 황제께서 어찌 미천한 저희 같은 장사치들을 뵙겠다고 하시는지요? 망극할 뿐입니다."

"이미 황제께서 결정하신 일입니다."

"예, 알겠습니다. 분부 받들도록 하겠습니다. 망극할 뿐입니다."

아침 동이 트면서 경운궁 동문인 대안문(大安門)에 도착하였다. 서울도 새로운 문물이 도입되면서 날로 새롭게 변하고 있었다. 오는 길에 철로를 놓는 공사가 한창이었고 육조 앞으로 나 있는 길에서 배오개로 이어지는 길을 넓히고 새로 집을 짓느라 공사가 한창이었다.

호위군관이 직접 나와 준마를 준명당(浚明堂)으로 안내하였다. 대안문을 들어서자 넓은 길이 앞으로 나 있고 바로 금천교가 나왔다. 다리 밑으로 인왕산에서 흘러내린 맑은 물이 흐르고 있었다. 넓은 궁 안에는 수많은 기와집들이 자리 잡고 있고 그 규모도 웅장하였다. 즉조당과 이어져 지은 건물이 바로 준명당이었다. 준명당은 고종 황제의 집무실이었다. 안으로 들어서니 바로 이용익 대감이 기다리고 있었다.

조심스럽게 발을 떼면서 따라 들어가니 용상 위에 고종 황제가 앉아 있었다. 머리를 조아리고 절을 했다.

"네 이름이 백준마라고 하느냐?"

"예, 폐하, 망극하옵니다."

"고개를 들라."

"예, 폐하!"

"아직 한창 청년이라고 들었다. 그래, 젊은 나이에 사업을 하는 그 용기가 가상하구나. 네가 개항지에서 일본의 왜상들과 맞서 싸웠다고 들었다. 일본의 검객들과 당당히 싸워 이겼다고 소문이 자자하더구나. 네가 무술을 따로 익힌 것이더냐? 일본의 무사들은 평생을 검객으로 살아온 자들이라 들었는데."

"예, 어릴 때부터 무예연습을 조금씩 해 왔습니다."

"누구에게 검법을 배웠느냐?"

"스스로 조금씩 연습했을 뿐입니다. 『무예도보통지』라는 책을 보면서 연습을 했습니다."

"『무예도보통지』… 아! 훈련도감의 훈련교본이었지, 아마?"

"예, 그러하옵니다. 저희 조상이 정조대왕 시절 장용영의 장관이셨던 충정공 백동수입니다."

"아하~, 그 무인 백동수 말이더냐? 정조대왕을 지켜 준 그 충신 백동수의 후손이로구나!"

"예, 황공하옵니다. 폐하!"

"이렇게 반가울 수가 있는가? 네가 우리 조선의 기백을 보여 주었다. 장하도다! 이용익 대감, 그대도 한때 보부상 행상을 한 적이 있다 하지 않았던가?"

"예, 폐하. 소신 또한 젊은 시절 보부상 행상으로 장사에 대한 많은 경험을 했습니다."

"내 미처 상업에 대한 중요성을 깨닫지 못해서 이렇게 나라를 곤경에 빠뜨렸구나! 지금 일본이 나와 조정을 겁박하는 것이 오로지 재정을 무기로 함이 아니더냐? 어찌 진작부터 실용과 무역을 중용하지 않았던고, 한탄스러울 따름이다."

"폐하, 어찌 그것이 폐하의 탓이라고 하옵니까? 망극하옵니다. 오로지 폐하를 잘못 보필하고 상업의 중요성을 깨닫지 못하고 오로지 패권정치에만 몰두했던 중신들의 탓이옵니다."

"그래, 지난해도 보부상들이 채장으로 걷어 낸 돈이 50만 냥이 넘었다 했느냐?"

"예, 폐하, 그러하옵니다. 지금 일본의 계림장업단이 들어오면서 보부상들이 점차 어려움을 겪고 있어 걷히는 채장 납입금이 줄어들고 있사옵니다."

"일본 무장행상들과 경쟁하고 상권을 지켜 내느라 그 속사정이 오죽하겠느냐. 안 그래도 보부상을 해체하라는 일본의 협박이 나날이 심해지는구나. 그래도 내 보부상만은 지켜 낼 터이니 걱정하지 말거라."

"예, 폐하! 성은이 망극하옵니다."

고종 황제의 용안은 후덕한 인상에 위엄이 서려 있었으나 어딘지 어둡고 슬픈 비애가 서려 있는 듯이 보였다. 만백성의 고뇌를 어깨에 짊어지고 사는 황제야말로 세상에서 가장 외로운 사람일 거라는 생각이 들었다.

"일전에 송파에 사는 어떤 보부상에게 벼슬을 내린 적이 있지 않았더냐?"

"예, 송파 임방의 박승직이란 자입니다. 함경도 성진 감리서의 주사로 명하였나이다. 장사 일을 쉽게 끊지 못하여 아직 부임하지는 않은 줄로 아옵니다, 폐하! 박승직은 조정이 일본에 진 빚 때문에 곤경에 빠진 것을 한탄하여 우리 보부상들이 돈을 벌어 민족자본을 만들어 하루빨리 나라 빚을 갚는 길이 애국하는 길이라고 앞장서고 있다고 합니다."

"그래, 참 갸륵한 자로구나. 조정이 무능하여 이렇게 온 백성이 고생을 하는구나. 내가 지금 조선의 어려움을 세계만방에 알리고자 백방으로 노력하고 있다. 많은 청년들을 뽑아서 외국으로 보내어 공부를 시키고 있기는 하지만 아직 소식이 없으니 답답하고 내 일국의 황제로서 너무나 힘이 미약하구나. 내가 조금만 움직여도 일본이 사사건건 간섭을 하고 감시를 하니 마음대로 얘기할 수도 움직일 수도 없는 지경에 이르렀도다."

"황제 폐하, 망극하옵니다."

"이 어려운 시기에 조선을 위해 애쓰는 준마 행수 같은 보부상들이 있으니 어찌 감동하지 않을 것인가. 준마 행수는 듣거라!"

"예, 폐하."

"여기 내가 내탕금으로 쓰는 돈을 조금 하사할 터이니, 조선의 자강과 자립을 위해 필요한 사업에 쓰도록 하거라. 향후에 김창수 같은 애국청년을 도와주는 일에도 나서 주길 바랄 뿐이다. 이용익 대감에게 연락을 하면 내 즉시 너를 만날 것이다."

"성은이 망극하옵니다, 폐하!"

고종은 이미 알고 있었다. 준마가 김창수를 도와 조선이 독립운동을 지원하고 있다는 사실과 러시아와 만주를 오가며 조선을 일본의 침략으로부터 지키기 위해 애쓰고 있다고 믿고 있는 것이다.

이용익은 보부상으로 많은 돈을 벌었다. 그가 찾은 금광에서 노다지를 캐면서 거부가 되었다. 평소 애국심이 뛰어났던 이용익은 부족한 조선의 나라살림에 써 달라고 당시 실세인 민영익 대감에게 거금을 주었다. 이를 계기로 민영익 대감의 눈에 들어 벼슬길에 들어섰다.

그의 부친 이병효가 고산현감을 지낸 무인 가문이었는데 보부상이 되었고, 지금은 조정에서 고종 황제를 가장 가까이에서 보필하는 최측근이 되었다. 보부상을 하면서 다져진 몸으로 빠르게 달리기에는 그를 당할 사람이 없었고 힘이 장사였다. 단단한 체구에 수염을 길러 외모로는 강인한 인상을 주었다. 이용익은 황실의 비자금인 내탕금을 관리하는 내장원경을 겸하고 있었다. 많은 돈을 벌었으나 모두 황실과 조정을 지원하는 데 썼다. 청년교육을 위해 학교를 세우고, 공장 설립과 철도 개설을 주관하는 등 조선의 산업을 일으켜 개발하는 데 힘을 쏟았다.

훗날 이용익 대감은 고종 황제의 밀명으로 러시아와 협력하여 일본의 침략을 막기 위해 조선의 실정을 외국에 알리는 일을 주도한 일이 발각되어 일본에 잡혀가기도 하였다. 청렴하고 우직하게 살면서 사욕을 탐하지 않았다.

고종 황제를 알현한 후 준마가 준명당을 나서기 전 이용익 대감께 작별의 인사를 올리자 대감이 준마의 손을 꼭 잡았다. 그리고 조그맣게 접은 서신 하나를 아무도 눈치채지 못하게 준마의 손에 슬쩍 쥐어 주었다. 서신의 표지에는 '밀지'(密旨, 임금이 비밀리에 내리던 명령)라는 글자가 쓰여 있었다. 준마는 편지를 받아 급하게 저고리 안쪽에 집어넣었다.

궁궐을 나온 준마는 송파에 들렀다. 이득만 행수가 준마를 보고 반색을 하며 반겼다.

"준마 아우. 오랜만에 뵙는구먼."

"예, 이 행수님, 잘 지내셨는지요? 사업은 여전히 잘되십니까?"

"요즘 잘되는 게 뭐 있는가? 그럭저럭 밥 안 굶고 살고 있네 그려. 어서 올라오시게!"

준마가 사랑으로 들자, 득만은 준마에게 먼저 와서 자리에 앉아 있던 사람을 소개했다.

"마침 손님이 한 분 오셨는데 잘됐네, 인사나 하시게나."

"저는 송파의 박승직이라 합니다. 전에 뵌 적이 있지요?"

"저는 인천 백가객주의 백준마라고 합니다. 예, 수입산 면직물 거래로 여러 번 만난 적이 있지요. 구면입니다."

"준마 행수 반갑습니다. 인천의 계림장업단과 혈투를 벌였다는 소식 들어 알고 있습니다. 조선의 힘을 보여 주었다고 이곳 보부상들 모두 고마워하고 있습니다."

"다 송파 임방의 도움 때문에 힘을 얻은 것입니다."

"박승직 행수는 그동안 충청과 호남 등지로 보부상 행상을 하다가 얼마 전에 배오개에다 면직물 점포를 내셨다네. 오늘 귀한 분들 오셨는데 술이나 한잔하러 가십시다. 하하하!"

송파나루 주막은 객 손님들로 흥청거렸다. 삼전나루터에는 크고 작은 배들이 강가에 묶여 있었고 선착장은 들고 나는 사람들로 붐볐다.

"고종 황제께서는 보부상들에 대한 각별한 애정과 관심을 갖고 걱정하고 계셨습니다. 조선에서 그나마 자주적으로 버티고 있는 곳이 보부상이 지키고 있는 내륙상권이라고 하셨습니다. 황제께서는 그마저 일본의 손으로 넘어가면 자주독립의 기회는 영원히 사라질 것으로 보고 계십니다."

"육의전도 다 폐점이 되었고 이제 조선의 상권은 우리 보부상 조직만이라도 온전히 보존되었으면 합니다. 오래전에 만든 상업회의소 회원들의 사업도 일본과 서양 세력에 비해 자본도 부족하고 경영능력도 많이 모자라는 형편입니다."

박승직 행수는 조선조정이 일본에 막대한 부채를 지고 있고, 일본은 이를 빌미로 조선조정에 온갖 간섭을 하면서 조선을 자기들 뜻대로 하려고 한다고 울분을 쏟아냈다.

"박승직 행수께서 일본의 횡포에 대해 조선의 민족자본을 만들어 일본에 대항할 것을 주장해서 조선의 보부상들과 여러 상인들의 힘을 모으고 있다고 들었습니다. 고종 황제께서도 박승직 행수에 대해 많은 칭찬을 하셨습니다. 얼마 전 고종 황제로부터 성진감리서 주사로 명을 받으셨다면서요?"

준마는 술상 위에 가득 채운 탁주를 울컥울컥 들이켜고는 박승직을 바라보면서 말했다.

"부끄럽습니다. 헌데 지금 장사를 그만두고 성진으로 가기에는 좀 힘들 것 같아서 고민 중에 있습니다."

좀 쑥스러운 듯이 박승직은 고개를 살짝 숙이고는 젓가락을 들어 삶은 돼지고기 안주를 한 점 집어 입안에 넣었다.

"최근에는 저희가 나라 빚을 갚는 길이 조선의 독립을 이루는 일이라고 조선 상인들에게 모금운동을 하는 것을 일본 통감부가 대단히 민감하게 생각하고 있다고 합니다. 조선의 거대한 자본이 형성되면 아무래도 일본의 조선 침략이 어려울 것이라고 생각하는 모양입니다."

"각별히 조심하셔야 할 것 같습니다."

이득만이 걱정스러운 표정으로 말했다.

"예, 조심해야죠. 최근 저희 박승직 상점 주위를 돌면서 오가는 사람들을 유심히 살펴보는 일본 순사들이 자주 눈에 띕니다. 우리가 어디서 누구를 만나고 다니는지 이만저만 감시가 심한 게 아닙니다."

"최근에는 조선의 밀정들까지 드나드니 신경을 곤두세우면서 지내고 있습니다. 그래도 할 일은 해야죠. 그나저나 일본이 저렇게 조선조정에 자금을 빌려 준다고 하면서 재정이나 외교는 물론이고 세관업무까지 저들 맘대로 움직이려고 하고 나라가 속수무책으로 당하는 지경에 이르렀으니 참으로 안타까울 뿐입니다. 돈은 다 벌어 가면서 마치 조선을 무상으로 돕는 것같이 교묘하게 생색을 내니 기가 막힐 뿐입니다."

이덕만의 말이 끝나자 준마가 조금은 격양된 목소리로 박승직을 바라보며 말했다.

"예, 지금 인천에 본부를 둔 계림장업단들이 일본 군대와 함께 보부상조직을 허물려고 여러 방면으로 보부상의 활동을 방해하고 있습니다."

"우리 모두 당분간 행동을 조심하고 좀 더 조용히 움직여야 할 것 같습니다."

한참을 묵묵히 듣고 있던 이득만이 목소리를 낮추면서 단호하게 말했다.

"준마 행수는 최근 해외무역을 새로 시작했다고 들었습니다.

장사는 잘되시는지요?"

박승직이 갑자기 생각난 듯이 준마에게 물었다.

"예, 제가 최근에 러시아와 무역을 하고 있습니다. 조선에서 물건을 사서 원산이나 성진에서 배에 실어 러시아 블라디보스토크로 운반해 갈 예정인데 혹시 성진으로 가게 되시면 거기서 한번 뵙겠습니다."

"예, 기다리겠습니다."

"최근 인천에서도 객주들이 신상협회를 만들어 서양식 회사체제를 만들어 보려고 노력하고 있습니다만, 여의치 않습니다. 개항장의 물상객주들을 통합하여 객주상회소를 만들어 일본에 대항하도록 해야 한다고 힘을 모으고는 있습니다. 자본력이 있는 물상객주들이 중심이 되어 보부상들을 단합시킬 필요가 있습니다."

오랜만에 만난 세 사람은 세상 돌아가는 이야기로 밤을 지새우고 새벽이 되어서야 자리를 파하고 일어섰다.

준마는 돌아오는 내내 고종 황제의 고독하고도 힘겨워하는 모습이 떠올랐다. 지금은 결코 태평성대의 시대는 아니었다. 황제는 격동기를 맞아 어찌해야 할 바를 찾지 못하고 있었다. 그렇다고 시원한 해결책이 있는 것도 아니었다.

초청하지도 않은 자들이 조선으로 들어와 고종 황제를 돕겠다고 주위를 맴돌고 조정을 짓누르고 있었다. 초대받지 않은 손님들은 황제를 노리는 것이 아니라 황제를 지렛대로 조선의 모든 것을 손에 넣으려고 하였다.

며칠 후 베오개의 조선인 상점가에 어둠이 짙게 깔리면서 모든 점포가 문을 닫은 시각이었다. 인적이 뜸해지면서 동대문 쪽으로 가는 길모퉁이에서 박승직 상점을 유심히 살펴보는 사내가 있었다. 깡마른 체구에 수염을 기른 사내는 회색 양복에 중절모를 깊이 눌러쓰고 있었다. 사내는 매서운 눈으로 박승직 상점의 간판과 안쪽을 살피고 있었다.

일본 통감부는 최근 조선의 상인들이 일본의 외채를 갚아 조선을 독립시켜야 한다고 선동하면서 모금활동을 하고 있다는 정보를 입수하였다. 최근에 일본은 조선 정부에 고리의 자금을 빌려 주고 그 빚 상환을 독촉하면서 본격적으로 조선조정에 대한 간섭을 강화하고 있었다. 당연히 조선조정은 그 빚을 갚을 능력이 없었다. 재력 있는 조선의 상인들이 조선조정을 구하기 위해 돈을 모금한다고 하니 이러한 움직임을 막아야 했다.

아침부터 덕수궁 앞에 있는 조선 주둔 일본군 사령부에는 통감부의 이노우에 국장과 주둔군 고위 장교들이 모였다.

"조선 상인들의 움직임을 이대로 놔둬서는 안 될 것입니다. 지금 통감부는 조선에 대한 지배권을 확보하기 위해 국제적으로도 외교적으로도 상당한 기득권을 확보하였습니다. 실질적으로 조선을 장악하기 위해서 우선 경제적으로 일본에 예속되도록 차관과 원조를 구실로 구체적인 전략을 하나하나 실행해 왔습니다. 그러나 최근 이러한 대일본제국의 전략에 정면으로 도전을 하고 나선 조선집단이 있습니다. 박승직이라는 상인이 주동이 되어 일본의 외채를 갚아서 조선의 독립을 이루자고 조선의 보부상들과 시전의 상인들을 선동하고 다니고 있답니다."

이노우에는 긴장한 얼굴로 사령부의 고위 장교들에게 호소하듯이 말을 꺼냈다.

"그렇다면 그거 큰일이 아닌가. 감히 대일본제국에 대항하는 자가 있다니!"

의자에 깊숙이 기대어 앉은 사내가 카랑카랑한 목소리로 말했다. 사령관인 무라야마였다.

사대부

조선의 마지막 선비

사대부

조선의 마지막 선비

스산하고 서늘한 새벽의 냉기가 홑겹 저고리 사이로 스며들면서 김 진사는 오싹한 한기를 느꼈다. 이미 어름은 그 꼬리가 한 자락은 줄어든 것처럼 점차 어둠이 길게 느껴지는 그런 새벽이었다. 선잠으로 밤잠을 설치다가 이제 방구들 아랫목도 서서히 식어서 누워 있는 것보다 차라리 일어나 움직이는 것이 나을 성싶었다. 위 구석에 놓인 곰방대를 끌어다 담배를 꾸역꾸역 비벼 넣었다. 담배에 불을 붙이고 길게 한 모금 들이켰다.

어제 최 생원이 자랑 삼아 꺼내 피우던 서양 궐련을 보고는 외국에서 수입된 담배며 안경, 화분, 남포등, 백등유, 성냥, 유럽의 면직물 등 온갖 서양 물건이 다 들어오고 있는데, 이러한 물건들을 만드는 서양이라는 나라가 두렵기도 하고 은근히 화가 치밀기도 했다.

'도대체 왜 저놈들은 조용히 잘 사는 조선에 들어와 교류를 빙자하여 조선에 개항할 것을 요구하는지 울화가 솟기도 하면서, 도대체 조정의 관리들은 뭘 하길래 이렇게도 일본이나 서양 오랑캐들을 쫓아내질 못하고, 또 저들이 저렇게 조선에서 설치고 다니는데도 아무런 대응도 못하고 있단 말인가.'

대궐에 들어가 국모인 중전을 살해한 자들이 일본 자객들이라는 소문이 자자한데 조정에서는 아직도 범인을 밝혀내지 못하고, 일본은 하급관리에만 책임을 물어 적당히 사건을 얼버무리고는 마무리되었다.

지난번 문학동에서 열린 유림계 모임에서 만난 일부 양반이라는 자들이 체통은 다 버리고 장사에 뛰어들어 이문을 크게 남겼다는 등의 사설을 늘어놓는데, 이미 세상의 체통과 세속이 다 무너져 버린 듯하여 이제 더 이상 계도 참가할 생각이 없어졌다.

담배를 끄고 나서 문밖을 나서니 냉기 서린 방구석보다도 한기가 더 차갑게 느껴졌다. 마른 볏짚을 쌓아 놓은 뒤편 헛간으로 가서는 어제 만들다가 내팽개쳐 놓은 짚신을 마저 묶을 생각이었다. 요즘은 시간 나는 대로 새끼를 꼬고 짚신을 만들어 장시에 내다 파는 것이 일과가 되었다. 이렇게 몸으로 때우는 잔일이라도 하지 않으면 아마도 김 진사는 정신 줄을 이미 놓아 버렸을 것이다. 나이가 들면서 머리를 쓰면서 생각하는 것보다 차라리 움직일 수 있을 때까지 몸을 움직이면서 사는 것이 가슴에 묻어 두고 있는 과거의 기억을 지우는 데 조금이라도 나을 성싶었다.

자리에 앉은 지 얼마 지나지 않아 갑득이 마당 청소를 끝내고 창고로 들어와 같이 새끼를 꼬기 시작했다.

"진사 어른, 요즘 수척해 보이시는데 적당히 하고 들어가 쉬시지요. 남은 일은 제가 마무리하고 장시에 내다 팔고 오겠습니다요."

평생을 노비로 들어와 집안일을 거들며 사는 갑득은 이제 노비라기보다는 그저 한 식구처럼 지내고 있었다. 갑득이 다가와 볏짚단을 내려 자기 무릎 앞으로 당겨 놓았다. 세상이 개벽하여 반상을 구분하지 않는다는 임금의 칙령이 선포되고, 이미 숙종 임금 이후로 누구도 돈만 있으면 공명첩을 사서 양반이 되는 세상이었다.

갑득과 그의 처 순례에게 이제 노비문서를 태웠으니 자유롭게 나가서 살도록 했으나 갑득네는 절대로 김 진사 곁을 떠날 수 없다며 끝까지 남겠다고 했다. 평생 집 안의 궂은일을 도맡아 하던 갑득 내외에게는 자식도 없어 이제 늙어 가면서 한 식구처럼 지내며, 죽는 날까지 김 진사를 모시고 사는 것이 소망이었다. 내후년이면 50에 들어서는 나이다. 이웃집 노비인 순례와 늦게 혼례를 올려 일가를 이루게 해 준 진사 어른께 그저 감사할 따름이었다.

김 진사는 몰락한 향반으로, 선대 조상이 참판을 지낸 명문가의 후손으로 서당에서 훈장을 하고 있는데 워낙 성정이 고지식하여 도리와 예식을 매우 따지는 사람이었다.

김 진사는 그동안 수차례 과거에 응시했으나 계속 낙방을 하여 지금은 관직에 나서기를 아예 포기한 지가 오래되었다. 매년 과거시험을 볼 때마다 합격자가 이미 내정되어 있다느니, 시험을 아무리 잘 본다 해도 따로 뇌물을 쓰지 않으면 합격할 수 없다는 얘기를 수없이 들어 왔다. 그래도 과거시험은 선비가 뜻을 펼칠 수 있는 기회이자 등용문이었다. 낙방할 때마다 미련 없이 짐을 싸고 집으로 내려와서는 글 읽기를 반복하였다.

이제 과거시험을 볼 나이도 훨씬 지났고 김 진사가 잘할 수 있는 일이라고는 그저 하루 종일 책을 읽는 것밖에 없었다. 수년 전 지극정성으로 모시던 모친이 돌아가시자 모친의 묘소 옆에 움막을 짓고 3년 동안이나 시묘 살이를 하며 제사를 지냈다. 가족들의 생계를 돌볼 생각은 안 하고 오로지 책 읽기를 낙으로 삼고 지내니 부인이 삯바느질로 겨우 입에 풀칠이나 하면서 지내는 처지였다.

장사라도 나가 보라는 부인 성화에 절대로 양반 체면에 장사는 할 수 없다며 버티다가 그나마 최근에 돈이라도 벌어 보겠다고 시작한 것이 새끼를 꼬고 짚신을 엮는 것이었다. 가지고 있던 밭뙈기도 춘궁기에 빌린 환곡을 갚느라 죄다 팔아 버려 이제는 몇 식구가 겨우 농사를 지을 만한 손바닥만 한 땅이 조금 남아 있을 뿐이었다.

김 진사 내외는 지난 임오군란 때 사헌지평으로 일하던 아들을 잃고 하늘이 무너져 내리는 아픔을 겪은 후 반쯤은 넋이 나간 채로 살아왔다. 1882년 신식군대인 별기군에 대해 구식군대에서 불만이 터져 나오면서 일어난 싸움에서 소식을 듣고 사태를 조사하러 가던 중 갑자기 날아든 총탄에 맞아 숨진 것이었다.

조정의 부패와 관료의 무능이 나라를 지키는 군대의 충돌로 엉뚱한 곳에서 터지고야 말았다. 가슴에 총을 맞고 피를 흘리며 죽은 아들의 시신을 떠올리며 어디에 원망을 할 엄두도 나지 않을 정도로 숨이 막혔다.

'조선이라는 나라가 도대체 무엇인가? 이 땅에 사는 백성들에게 어떤 존재인가?'

아들이 그렇게 허망하게 죽은 후 말수도 눈에 띄게 줄어들었고 죽기를 각오한 듯이 한동안 음식을 먹지도 않았다. 그러기를 몇 년 만에 이제 겨우 기력을 되찾고 문을 열고 사람들과 어울리기 시작한 것이 얼마 되지 않은 터였다.

김 진사는 가끔 저자에서 들려오는 나라 일에 대한 소문을 들을 때마다 마음이 무거웠다. 매사에 의욕을 잃은 지 오래였고, 사람과의 관계가 단절되면 때로 무서운 고독감이 들었다. 요즘에는 자주 나가던 향리의 모임에도 참석을 하지 않은 지가 오래되었다.

특히 자식을 먼저 보낸 부모의 마음이야 더 말할 것도 없었다. 차라리 자식을 대신해서 본인이 죽는 게 나을 것 같은 심정이었다. 그 애틋함과 서운함은 끝도 없는 절망감으로 이어지기도 하였다. 사람은 누구나 다 세상을 떠나기 마련이지만, 김 진사는 사는 것이 허망하고 부질없는 것처럼 느껴졌다. 어떠한 위로의 말도 허공의 메아리로 들리고 마음이 허물어지면 몸도 서서히 무너져 내리게 된다는 것을 하루하루 느끼고 있었다. 때때로 잠들기 전 아침에 눈을 뜨지 말고 이대로 그냥 영원히 잠들기를 소망하기도 하였다. 그러나 사람이 살고 죽는 것은 마음대로 되는 것이 아니었다.

한 해도 이제 서서히 끝나 가는가 싶더니 매서운 찬바람이 아침저녁으로 온몸을 움츠리게 만든다.

'올 겨울에는 굶거나 얼어 죽는 사람이 없어야 할 텐데.'

얼마 전 우울한 마음도 추스를 겸 해서 서울나들이를 했었다. 돌아오기 전에 서울 북촌에 있는 4촌 친척인 김진학을 방문했다. 김진학은 김 진사와는 어린 시절을 같이 보낸 동문수학이기도 한데 부친이 종3품인 홍문관 전한에 임명되어 서울로 가서 살았다. 김진학의 부친 김직수는 본시 성격이 꼿꼿하고 청렴하였으며 학문에만 전념했던 조선의 선비였다.

왕실의 재정이 파탄이 나서 녹봉을 제대로 받는 관리가 없었다. 부친이 홍문관을 사임하고 나온 후 가세가 기울고 김진학마저 마땅한 벼슬이나 일자리를 구하지 못하여 가세가 곤궁하였다. 세상 돌아가는 이치를 살피면서 재빠르게 변신하고 권세가에게 붙은 일부 양반들은 백성들이야 죽든 말든 호위호식하며 지내고 있었다.

김진학은 김 진사를 보자 반가워 두 손을 잡고 눈물을 글썽거렸다. 오랜만에 보는 어릴 적 동무였고, 가끔씩 종친들 회합에서 보기는 했어도 이젠 그런 모임마저도 옛날처럼 자주 갖기도 힘들었다. 오후가 지나 자리를 뜨려는데 이렇게 멀리까지 왔는데 하루는 자고 가야 한다면서 한사코 김 진사를 붙잡았다. 차마 잡는 손길을 뿌리치지 못하고 하루를 자기로 하였다.

김진학은 부친을 닮아 성품이 굳고 기품이 있었다. 학문을 하는 선비로 무엇으로 먹고사는지 알 수가 없었다. 주름이 진 마른 얼굴은 매우 수척해 보였다. 아침을 정성스럽게 차려 나오는데 채소 두 가지와 보리와 흰쌀을 섞은 잡곡밥을 내왔다. 집안 사정은 인척들로부터 들어 대강은 짐작하였지만 살림이 여간 어려워 보이지 않았다. 아마도 여러 달 전부터 하루에 한 끼만 먹고 살아온 것이 분명하였다.

김 진사는 대문을 나서면서 허리춤에서 엽전을 꺼내어 김진학의 손에 쥐어 주었다.

"이번에 서울 와서 쓰고 남은 돈이니 내 따로 쓸 일은 없는 듯하여 자네에게 놓고 가니 필요한 데다 쓰도록 하게!"

김진학은 놀란 눈으로 김 진사를 바라보며 한사코 두 손으로 뿌리치는데, 김 진사가 하도 강하게 손을 잡고 쥐어 주니 마지못해 받는다.

"형편도 어려울 텐데 뭘 이런 걸 주시는가. 오랜만에 방문한 친구에게 제대로 대접도 못해 미안할 따름인데 이렇게 사람을 면박을 주시는가?"

"그게 아닐세. 내 다음에 올 때 또 들를 터이니 그때 또 만나서 서울 구경이나 하세."

눈물을 글썽거리며 배웅하는 김진학을 뒤로하고 문을 나서는 김 진사는 마음이 그지없이 무거웠다.

사대부가 무엇인가, 선비란 무엇인가. 조선 500년을 지탱해 온 양반 사대부들이 이끌어 온 이 나라가 이제 왕실도 무너지고 조정도 다 무너져 내리고 있었다.

평생을 공자와 맹자의 가르침으로 선비의 도리를 지켜 온 수 많은 인재들은 다 어디로 가고 권력을 탐하는 모리배들만 남아서 일본 세력과 야합하고 있었다.

'굶어 죽을지라도 함부로 몸을 굴리지 않는다는 선비의 길이 과연 지금에 와서 어떤 의미를 갖는 것인가.'

일본의 잔혹 무도한 칼잡이라는 무사들은 평소엔 농사를 짓는 농부로 지내다가 전쟁이 나면 칼을 들고 전장에 달려갔다고 들었다. 서양의 나라들도 장사하는 상인들이 귀족이 되고 양반으로 행세하여 나라를 세우고 부강하게 하였다고 들었다.

조선의 선비들이 무엇을 잘못했는가? 해야 할 일을 하지 않았고, 버려야 할 것을 버리지 않았고, 소중히 해야 할 것을 천하게 여겨 버리고, 욕심을 내지 말아야 할 곳에 욕심을 낸 우리 모두의 책임이었다.

공자도 선비가 장사하는 일이 부끄럽지 않은 일이라 하였는데 왜 조선의 선비들은 사농공상의 신분적 차별을 당연시하고 서로 간 당파 싸움으로 나라를 이 지경으로 만들었는지 부끄러울 따름이었다.

김 진사 자신도 양반의 특권을 누리기 위해 이런 모순을 모른 척하지 않았던 것이 아닌가. 이 모든 것은 사대부의 지나친 욕심과 이기적인 생각으로 이익만을 탐한 결과였다.

인간의 본성은 다 같은 것이거늘 제도적으로 억누를 수 있는

것이 아니다. 인간의 욕망을 무지함으로 제어할 수 있는 것은
더욱 아니며 결국 세종대왕께서 한글을 만드신 연유도 거기에
있었다. 모든 백성이 글을 깨우쳐 배우면 자각하게 되고 사리를
구분할 수 있게 되어 사람 사는 이치를 더욱 잘 깨닫게 될 것이
라 하였다. 그러나 집단의 이기심과 탐욕은 모든 사람에게 공평
하게 나누도록 내버려 두질 않는다. 권력도 그렇고 재물도 그렇
다. 이것이 인간이 원래 가지고 있는 본심이라 했다. 끝없는 욕
망과 집착이 사람과 인간 사회를 병들게 한다.

  아래위가 같이 적당히 나누고 함께 산다는 생각을 진작부터
했더라면 나라가 이 지경에까지 이르지는 않았을 것이다. 내려
오는 내내 무거운 생각이 김 진사를 누르고 있었다.

  요즘 김 진사는 서당에서 아이들을 가르치는 일에 온 힘을 쏟
고 있는 듯하였다. 최근에는 사랑방에 글 읽는 아이들이 조금
늘어 좁은 방을 꽉 채우고 있었다.

콩나물 신

여신의 탄생

이른 아침 새벽닭 우는 소리에 선잠을 깬 준마는 두 팔을 쭉 뻗어 뒤로 제쳐 기지개를 한껏 켰다. 바로 일이나 바지춤을 대충 추스르고 마루를 내려 빠른 걸음으로 뒤뜰로 향했다. 뒤뜰 담장 밑에는 넙적한 돌로 평평하게 다진 장독대가 있고 그 위로 아담하고 키가 낮은 떡시루모양의 장독 여러 개가 가지런히 놓여 있었다.

준마는 첫 번째 장독의 뚜껑을 두 손으로 조심스럽게 들어 올려 장독 속을 들여다보았다. 그리고 밑바닥에 덮여 있는 삼베의 한쪽 모퉁이를 살짝 들치고 호기심이 가득 찬 얼굴로 장독 속을 꼼꼼히 확인하고는 다시 조심스럽게 삼베를 제자리에 내려놓았다. 그러고는 우물에서 길어 온 물을 바가지로 퍼서는 넓게 편 손바닥 위로 흩뿌리기 시작했다. 물이 골고루 삼베 위로 퍼지도록 조심스럽게 다루는 모습이 꼭 아이들이 잡은 송사리를 손바닥에 담아 바가지에 옮기는 듯했다.

오늘도 준마는 장독 속의 물에 담긴 썩은 콩들을 걷어 내면서 서책에 무엇인가 적고 있었다. 콩은 물에 오래 담그면 썩게 된다. 썩은 콩을 유심히 쳐다보면서 준마는 깊은 생각에 잠겼다.

조선의 겨울은 매섭게 춥고 또한 길었다. 겨울에는 매서운 추위에 채소도 자라질 않아 채소를 생산할 수가 없었다. 겨울에도 사람들이 채소를 먹을 수 있도록 할 수 없을까. 조선은 쌀이 주식이었고 경작물의 대부분도 쌀이었다. 겨울에도 쌀을 주식으로 해서 생활하는데 춘궁기에 대비해서 옥수수를 말렸다가 겨울에 쪄서 먹었다. 잘사는 양반들이야 쌀과 갖은 곡식으로 떡을 해 먹거나, 말린 해산물이나 꿀 등으로 여러 가지 음식을 해 먹을 수 있었으나 가난한 형편의 백성들로서는 쌀도 구하기 어려운 형편에 다른 음식 재료는 생각도 못할 터였다.

한익원 김 생원이 사람은 한 가지 음식만 먹으면 안 되고 골고루 먹어야 몸의 병이 생기지 않는다고 했다. 특히 고기나 채소를 골고루 먹는 것이 중요한데 죽으로 하루 두 끼 때우기도 어려운 서민들이 값비싼 고기를 사 먹기는 쉽지 않았다. 채소 또한 조그만 밭뙈기조차도 없는 백성이면 구하기가 쉽지 않았다. 게다가 언감생심 겨울에 채소는 구경도 못하니, 병으로 단명하는 것을 하늘의 당연한 이치로만 알고 지내는 터였다.

김 생원은 물의 중요성을 특히 강조했다.

"사람의 몸은 대부분이 물로 되어 있다. 그래서 사람이 살아가는 데는 물이 가장 중요한 것이다. 그리고 살과 뼈를 이루는 여러 물질이 있는데 인간이 살아가는 데 필요한 영양분들은 대부분 음식물에서 얻는 것이다. 사람이 병을 얻는 것도 실은 따지고 보면 제대로 골고루 음식물을 섭취하지 못해서 생기는 것이다."

준마는 오래전 부친과 함께 상단의 거래일로 만났던 청나라 상인 동순태 상단의 대행수인 담걸생을 만났던 일이 기억났다. 담걸생 대행수와 점심식사를 하는데 잘 차려 내놓은 채소 중에 하얀 나물이 있었는데 깨끗한 것이 보기에 좋았다. 맛이 좀 비리기는 했지만 양념을 잘해서 찬으로 내놓으니 정갈하면서도 먹을 만하였다. 숙주를 넣어 끓인 국을 밥과 함께 먹었는데 특이한 향과 맛이 있었다.

"상해에서는 사람들이 숙주나물을 주로 먹는데 겨울에도 녹두를 물에 불렸다가 물만 주면 숙주가 자라는데 이것이 겨울에 먹기엔 가장 좋은 채소가 됩니다. 겨울에는 채소를 기를 수가 없으니 구할 수가 없지요. 그런데 이 숙주나물은 녹두로 보관하고 있다가 물을 주면 싹을 틔워 채소가 되니 겨울에도 영양분을 얻을 수가 있는 겁니다. 청나라에선 사람들이 이렇게 해서 음식을 골고루 먹으니 병도 예방이 된답니다."

담걸생은 고향인 상해에 대한 자랑을 하면서 숙주나물을 소개하였다. 난생 처음 먹어 보는 숙주나물이 특이하면서도 기억에 남았다.

'겨울에도 사람들이 먹을 수 있는 채소를 조선에서 만들 수 있

다면 어떨까.'

이런 생각이 불현듯 준마의 뇌리를 스치고 지나갔다.

숙주는 주로 남방에서 나는 녹두를 사용하는데 조선에서는 녹두가 많이 나질 않아서 값이 비쌌다.

'그렇다면, 비슷하게 생긴 콩이라면 어떨까.'

콩이라면 조선 천지 어디에서라도 흔하게 생산되었다. 조선은 콩의 나라라고 해도 과언이 아니었다. 중국과 일본보다 그 종류가 훨씬 많고 세계에서도 이렇게 콩의 종류가 많은 나라는 없었다. 또한 조선의 토양이 콩의 재배에는 가장 좋았다.

콩으로 싹을 틔워 채소로 기를 수 있다면 겨울에 조선 사람들이 값싸게 채소를 먹을 수 있을 것이다. 그래서 사람들이 영양부족으로 병이 생기는 것을 막게 된다면 이는 사람들에게 이로운 일이 될 것이다.

'그래! 콩이라고 안 될 것도 없지.'

머릿속에서 한 줄기 섬광이 스치듯이 지나가는 것 같았다. 신장이 뛰면서 기분이 날아오르는 것을 느꼈다. 그 길로 준마는 방에 틀어박혀서 옛 문헌들을 찾기 시작했다. 의원에게 부탁해서 책을 빌리고 콩에 대해 여러 차례 묻고 배우면서 콩에 대한 연구를 시작했다.

오늘도 준마는 마당 뒤편에 장독대를 여러 개 늘어놓고 콩을 종류별로 넣어 두고는 물을 주고 있었다. 장독 밑으로 촘촘히 구멍을 내고 그 위에 대나무 받침을 놓은 다음 물에 불린 콩을 넣고 계속 물을 주면 되었다. 첫 번째 독에는 아침, 점심, 저녁에 한 번씩 세 번 물을 주고, 다른 독에는 하루에 한 번, 그다음 독에는 하루에 네 번, 그다음 독에는 종류별로 콩을 넣는데 한 독에는 한 가지의 콩을 넣어 두었다. 콩나물은 물을 자주 주어야 하는데 콩이 물속에 잠길 정도가 되면 콩이 썩어 버렸다.

그래서 아래로 빠지게 해서 물이 고이지 않도록 했다. 물은 하루에 세 번이나 네 번을 주는데 콩의 상태를 보며 주어야 했다.

수확한 콩에는 흙, 돌, 모래, 짚 등 여러 불순물이 섞여 있어 이것을 물로 깨끗이 씻어서 제거해야 했다. 이때 콩 표면끼리 마주치는 마찰로 인해 껍질이 조금 파괴되는데 이 과정에서 수분이 잘 침투하여 발아가 잘되게 하였다. 콩 눈의 발아를 촉진하기 위해서는 콩을 대략 4~6시간, 약간 따뜻한 물에 불려야 하고 물속에서 자주 저어 주어야 했다. 물에 너무 오래 담그면 생장력이 약해지기 때문이었다.

한편 속성으로 뜨거운 물에 약 3시간 정도 담그는 방법이 있는데 이럴 경우는 콩을 소독하는 효과도 얻고 발아를 일찍 일으켰다. 콩나물을 재배하면서 물을 계속 부어 주는 것은 수분을 공급함은 물론이고 성장과정에서 생기는 열을 식혀 주기 때문이었다. 만약 콩나물 재배에 있어서 물이 부족하면 콩이 변질되거나 생육상태가 나빠지게 된다. 그래서 처음 싹이 나오게 되면 열이 많이 나기 때문에 물을 더 자주 주어야 했다.

콩나물 싹이 두세 치 정도 올라왔을 때는 물을 다른 시기보다 더 주어야 했다. 또한 물이 부족하면 잔뿌리가 많이 생기게 되므로 충분한 양을 주어야 하는데 적합한 수량은 콩나물 중량에

대하여 100~150배 정도이다. 3일이 지나면 반쯤 자라고, 7일
이면 세 치 정도 자라는데 대개 이 정도면 다 자란 것이다.

이런 좋은 채소를 두고 약으로만 겨우 사용했다니 믿을 수가
없었다. 이제 채소를 먹는 방법을 찾고 좋은 점을 사람들에게
알려 주면 되는 것이다. 중국에서도 콩이 고기 못지않게 좋은
양분이 있어서 여러 가지 음식 재료로 가공해서 먹고 있었다.
두부도 그렇고 기름을 짜거나 삶아서 그냥 먹기도 했다.

"준마야! 어디니? 진홍이 왔다."

어릴 때부터 늘 보고 자란 진홍이는 마치 자기 집마냥 백가객
주를 들락거렸다.

"웬일이야?"

준마는 장독 속의 물에 잠긴 콩을 살펴보며 손으로 저어 주며
말했다.

"아빠가 홍삼 견본을 가져오라고 해서 잠깐 들렀어! 뭐 해?"

"콩을 불리고 있어. 이렇게 물에 불려야 돼."

"어디 봐."

진홍이 장독 있는 곳으로 다가서며 손을 장독 속으로 불쑥 집
어넣었다. 시원한 콩알들이 좌르르 손가락 사이로 빠져나갔다.

"이 콩으로 뭐하게?"

그러다가 준마가 미처 손을 빼기도 전에 준마의 손과 마주쳤
다. 그러다 부드러운 진홍의 손이 가볍게 준마의 손을 잡았다.
서늘한 물과 동글동글한 콩의 감촉이 진홍의 부드러운 손과 함
께 잡히면서 준마는 얼굴이 금세 붉어졌다. 진홍의 몸에서 나는

상큼한 향기를 느끼는 순간 마주친 진홍의 두 눈에서 전해지는 짜릿한 느낌이 몸속으로 스쳐 들어갔다. 진홍의 얼굴도 이내 붉은빛으로 물들었다. 한참을 그저 그렇게 물속에서 손을 잡고 있었다. 그냥 그렇게 있었다. 가볍고도 즐거운 흥분이 마음속에 일어났다. 좁은 장독 속을 두 사람이 얼굴을 맞대고 들여다보려니 자연히 코와 입술이 맞닿을 정도로 가까워졌다.

'아'

진홍의 얼굴도 붉게 물들어 가고 숨이 가빠지기 시작했다. 얼굴이 점점 더 가까워지면서 입술이 맞닿기 시작했다.

"음~"

"진홍아, 저녁 먹고 가라!"

준마의 모친이 집 부엌에서 불렀다.

'················'

"진홍아! 저녁 먹고 가라. 준비 다 됐다."

준마의 모친이 다시 한 번 큰 소리로 부르는 소리가 마당을 돌아 들려왔다.

진홍이 화들짝 놀라면서 아쉬운 듯 자리에서 일어났다. 진홍은 여전히 떨리는 가슴을 진정시키고 짧게 대답했다.

"아니요, 일찍 가 봐야 돼요. 홍삼 견본이 준비되면 바로 가 봐야 해서요."

"나 갈게, 오빠 다음에 봐."

진홍이 고개를 돌리면서 말했다.

"응, 잘 가~."

준마는 고개를 숙이고는 장독 속만 뚫어지게 바라보면서 기어 들어가는 목소리로 말했다. 물속에 잠긴 손으로는 계속 콩을 이리저리 저었다. 부드러운 콩들이 손가락 사이로 부드럽게 빠져나갔다.

콩나물이 이 땅에서 처음 재배된 것은 삼국시대 말이나 고려시대 초기인 것으로 알려져 있으나 정확히는 알 수 없다. 분명한 것은 고려 고종 23년에 편찬한 『향약구급방(鄕藥救急方)』(1236년)에 대두황(大豆黃)으로 처음 등장했다는 것이다.

조선시대 문헌에는 두아채(豆芽菜)라는 이름으로 조리법이 전해졌다. 고려 태조 때는 식량이 부족하여 군사들에게 콩을 시냇물에 담가 콩나물로 자라게 해 먹을거리를 해결했다는 기록이 있었다.

또 『동의보감(東醫寶鑑)』(1610년)에는 황권초라 하여 산후조리 시에 피를 맑게 하고 원기회복에 좋다고 하였고, 여러 문헌에도 콩나물에 대한 기록이 나와 있다.

이렇게 몸에 좋은 콩나물이 조선에서 보급되지 못한 것은 유통이 어려웠기 때문이었다. 대량 생산을 하여도 유통이 어렵고 보관이 어려우니 민간에서는 쉽게 먹을 수가 없었던 것이다. 준마는 보부상의 유통조직을 이용하면 마을 단위로 많은 양을 만들어도 쉽게 고객들에게 팔 수 있을 것 같았다.

콩나물로 이용되는 콩은 다양한데 이들 중에서 가장 적합한 종자를 선택하는 일이 중요하였다. 크게 자랄 수 있고 쉽게 썩지 않고 맛이 좋은 종자를 찾는 일은 생각한 것보다 시간이 많이 걸렸다.

최근에 백가객주에서 콩을 거래해 본 경험이 있는 터라 다양한 콩의 종자를 구하는 일은 어렵지 않았다. 조선에서 나는 콩에는 약 30여 종이 있는데 콩나물로 쓰는 콩은 중간 크기보다 작은 종자를 주로 사용했다.

콩나물 원료가 되는 콩은 크게 세 종류를 사용했다.

첫 번째는 쥐 눈처럼 작고 검게 생긴 서목태(쥐눈이콩)로 약콩이라고도 부르는데 조선 어디에서도 잘 자랐다.

두 번째는 중남부지방에서 많이 나는 오리알태로 오리알과 같이 생기고 바탕에 검은 반점이 있다.

세 번째로 준저리콩은 황색 바탕의 극소립으로 성장속도가 빠른데 진도, 해남, 완도, 제주 등 주로 남해안 일부에서 생산되었다.

나물콩은 같은 품종이라도 생산지와 수확 후의 건조 및 저장 조건 등에 따라서 발아율, 신장률, 생산량 등에 현저한 차이가 있으므로 적절한 품종을 선택하는 것이 콩나물 생산에 중요했다.

조선시대에는 콩나물에 준 물을 다시 주는 방법으로 길러 말린 다음에 '대두황건'이라 하여 청심환의 원료로 사용하였으며, 중국에 수출까지 하는 매우 귀중한 약재로 여겨져 왔다.

『동의보감』에 콩나물은 온몸이 무겁고 저리거나 근육과 뼈가 아픈 것을 치료하고 제반 염증소견을 억제하고 수분대사를 촉진하며 위의 울열을 제거하는 효과가 뛰어나다고 기록되어 있다.

조선에서는 채소나 식물을 재배할 때 대부분 인분을 비료로 쓰는데 불결하기 짝이 없었다. 게다가 각종 해충이 싹을 갉아먹고 날씨에 따라서 채소의 생산이 불규칙하여 가격 또한 제각각으로 변하였다.

그에 비하면 콩나물은 사람이 그저 물만 주면 되니 생산비도 저렴하고 깨끗하게 먹을 수가 있어 건강에도 좋고 병에 걸릴 염려도 없었다.

"요즘 준마가 좀 이상해진 것 같지 않아요?"

행수 부인인 김진옥이 아들 걱정에 백춘삼에게 넌지시 물었다.

"요즘 밖에 나가 돌아다니지도 않고 방에 틀어박혀서 종일 저러고 있어요. 의원에게서 책을 빌려 와서는 하루 종일 책과 씨름을 하지 않나, 그러다 어느 틈엔가는 한참을 사라지고 없지요. 무슨 일이 있는 것 같으니 행수께서 잘 좀 살펴보시구려."

"사내놈이 이제는 장가가고 제 힘으로 살림을 낼 정도로 나이도 찼는데 부인께서 뭘 그리 걱정하시는 게요. 그냥 두고 봅시다. 준마도 이제 스스로 뭔가 하고 싶은 걸 찾은 모양이니 그냥 모른 척 두고 보는 게 좋을 듯하오."

"어디 아픈 거 아닌가요? 갑자기 웬 의서를 보는 건지 모르겠습니다."

"준마는 타고난 건강체질이라 아픈 것은 아닐 거요. 뭐 나름대로 궁리하는 게 있을 테니 더 두고 봅시다."

백준마는 콩나물이라는 새로운 채소를 만드는 데는 성공했으나 이것을 조선 사람들이 먹도록 알리는 것이 중요했다. 어떻게 시작을 해야 하나 궁리를 거듭하던 준마는 딱 떠오르는 인물이 있었다. 바로 청나라 동순태 상단이었다.

오늘도 바쁘게 하루 장사를 끝내고 객주의 문을 닫고 저녁상을 받는데 밥상에 처음 보는 나물이 한 접시 올라와 있었다.

"이건 처음 보는 나물인데 어디서 난 것인가? 임자."

"한번 드셔 보시지요. 살짝 데쳐서 양념을 해서 올렸는데 맛은 괜찮은지요? 반찬으로 어떨지 여쭤 봅니다."

"맛은 그런대로 먹을 만합니다. 싱싱해 보이고 맛도 괜찮소. 그런데 도대체 이 나물은 무엇이고 이름은 무엇입니까?"

모친이 얼굴을 돌려 멀리서 조용히 이 광경을 지켜보던 준마에게 눈짓을 했다.

"준마야, 어서 아버지께 소상하게 이 나물에 대해 말씀드리거라."

놀란 백춘삼이 얼굴을 들어 준마를 쳐다보았다. 이윽고 준마가 천천히 다가와 앉으며 설명을 하기 시작했다.

"제가 요즘 새로운 채소를 하나 길러 봤습니다. 이 채소는 기르는 것도 간단하고 물로만 자라는 채소라 깨끗하고 건강에도 좋지요. 조선에서는 사람들이 그동안 먹지 않았던 채소입니다. 사실 그동안 부모님께 말씀을 드리지 않고 비밀스럽게 연구해 오던 것이 바로 이 채소를 기르는 방법을 찾는 중이었습니다. 오래전에 담걸생 대행수 댁에서 식사를 하던 중에 숙주나물을 찬으로 먹어 본 적이 있었습니다. 그때 숙주를 녹두로 만든다는 것을 듣고 제 나름대로 녹두와 비슷한 콩을 떠올렸습니다.

그리고 의원이신 생원 댁에서 의서를 찾아보았는데 조선에서도 콩을 싹을 내서 약으로 썼다는 기록을 보게 되었습니다. 그래서 그때부터 이 콩을 숙주나물처럼 길러서 사람들이 먹을 수 있지 않을까 생각하여 이 나물을 기르는 방법을 연구하게 되었던 것입니다. 그동안 부모님께 말씀을 드리지 못한 것은 죄송하오나 사실 연구에 지장을 받을까 염려하였기에 그리하였던 것입니다.”

백춘삼은 놀라운 기색이 역력하였다. 그동안 상단 일에 별 관심이 없어 보이고 꾀를 피운다고 생각을 하여 걱정이 많았는데 이제 이렇게 나름대로 장사에 대한 궁리를 해 왔다니 놀라움과 기특함에 가슴이 메어 오는 것 같았다.

'아니 준마가 어느새 이렇게 의젓하게 생각이 깊어졌단 말인가.'

벅찬 감동으로 준마를 쳐다보았다.

“그래, 이 채소를 물로만 키운다는 얘기냐? 땅에서 비료를 주지 않아도 된다는 것이냐?”

“예, 그렇습니다. 땅도 필요 없고 그저 제가 개발한 옹기에서 물만 주면 됩니다.”

“이름은 무엇이냐?”

“콩나물이라고 이름을 지었습니다.”

좀 있다가 부엌에서 미리 준비한 콩나물탕이 들어왔다.

“좀 드셔 보시지요. 끓는 물에 콩나물을 넣어 탕으로 만들어 먹으면 국물 맛이 시원합니다. 그리고 생으로 이렇게 양념을 넣고 묻혀서 먹어도 됩니다. 물론 깨끗하니까 많이 씻지 않아도 됩니다. 그저 물로 조금만 씻고는 바로 양념을 해서 드시면 됩니다."

하루하루 싹이 터서 자라는 콩나물을 보면서 스스로 신비롭게만 느껴졌다.

'콩님이시여, 이 콩나물로 제가 조선의 제일 갑부가 되게 해주시옵소서!'

이제 콩나물을 만드는 데는 성공을 했으나 문제는 파는 일이 남았다. 어떻게 팔 것이냐 그것이 문제였다. 아무리 좋은 물건일지라도 고객에게 알리고 인정받는 것이 중요하다. 콩나물의 좋은 점을 고객에게 알리는 것과 판매하는 방법도 찾아야 했다. 그리고 대량 생산을 하고 판매 조직을 갖추는 일도 중요한데 상당한 자금이 필요했다.

자금을 마련하고 판매 조직을 만드는 일이 생각처럼 간단하지가 않았다. 잠시 머리도 식힐 겸 객전을 나와 먼 바다를 바라보았다. 바다 밑으로는 섬들 밖으로 밀려 나갔던 물길이 어느새 해안가로 다시 돌아올 차비를 하는 듯 바다 위로 잔물결이 조금씩 일어나고 있었다. 서서히 해가 넘어가는 늦은 오후도 항상 그렇듯이 바다로부터 시작되고 있었다.

동업자

해와 달의 동업자

내일은 백가객주와 청국 상인 동순태 상단이 콩나물 사업을 동업하는 축하잔치가 열리는 날이다. 해가 질 무렵 준마는 잠시 객전을 나와 언덕 위 공터에서 바닷가를 바라보며 한동안 우두커니 서 있었다. 그동안 콩나물을 만들기 위해 고생했던 일들을 생각하며 이제 점차 사업에 대한 눈을 뜨기 시작하는 자신이 대견하기도 하였다.

다른 한편으로는 인천 감옥에서 김창수를 만나 나누었던 얘기들이 기억 속에서 떠올랐다. 바닷가 노을은 언제나 그랬듯이 여전히 작은 섬들과 수평선 위에 넓게 번지면서 붉게 물들어 갔다. 전에 잠시 스쳐 보였던 붉은 노루 한 마리가 나타나 먼 바다 위로 달려가면서 사라지는 것이 보였다. 눈이 맑게 빛나는 노루였다.

아침 일찍부터 동순태 객주 문 앞에는 붉은 등이 걸리고 갖가지 동물의 형상을 한 연등이며 장신구들이 마당을 가로질러 일정한 간격을 두고 세워진 막대에 연결된 줄에 매달려 주위를 밝히자 축제 분위기가 한껏 달아오르기 시작했다. 모여든 사람들은 풍악 소리와 화려한 연등의 불빛에 저절로 흥이 났다. 조용히 돼지머리나 올려놓고 축원제(祝願祭)나 지내자고 했으나 담행수가 잔치를 크게 하자고 우기는 바람에 이렇게 온 시가지가 떠들썩한 거창한 축하행사가 되어 버린 것이다.

대청마루 안쪽 한쪽 벽에는 재물의 신인 관운장을 모신 사당이 있고 그 관운장상 옆에 콩나물 신을 모신 그림이 크게 자리 잡고 있었다. 콩나물 신이 호리호리한 모습으로 날렵하게 하늘을 날아오를 듯이 옷을 펄럭이는 모습으로 서 있는 형상이 마치 하늘에서 신선이 내려온 듯했다. 조선의 콩나물 신이 탄생하는 순간이었다.

담걸생 대행수가 사업을 번창하게 해 달라는 축문을 큰 소리로 읽어 내려갔다.

"재물의 신인 관운장이시여, 동순태의 새로운 사업에 큰 재물을 내려주시기를 비나이다. 콩나물 신이시여, 조선 사람들이 콩나물을 먹고 건강하게 살도록 간청하오니 도와주시옵고 콩나물 사업으로 많은 돈을 벌게 해 주소서."

사람들은 잘 차려진 음식을 먹으면서 콩나물에 대한 궁금증이 더해 갔다.

"콩나물이 뭐지?"

"콩의 싹을 틔워서 기른 채소라고 하네. 채소에 똥거름도 안 주고 만들었다고 하니까 깨끗하고 해충도 없어서 사람들이 먹으면 병도 안 걸린다고 하네요."

"『동의보감』과 『향약구급방』이라는 의서에도 병을 고친다는 기록이 있대요."

모인 사람들은 처음 보는 콩나물에 대한 호기심으로 저마다 한마디씩 했다.

풍악 소리와 징 소리가 거리에 떠들썩하게 울려 퍼지고 한바탕 질펀한 놀이마당이 펼쳐졌다. 용과 사자 탈을 쓴 탈춤꾼이 소리에 맞춰 신나게 뛰어 날고 나팔 소리와 꽹과리 소리로 흥을 돋우는데 참석한 사람들도 덩달아 흥이 났다. 청나라 상인들뿐만 아니라 외국인들과 일인들도 많이 참석을 하였다. 사람들 사이를 분주히 오가면서 음식을 들고 나르는 진홍의 모습이 보였다. 치파오로 잔뜩 멋을 낸 진홍은 준마를 발견하고는 웃음을 띠며 고개를 살짝 숙여 인사를 했다. 여러 개의 시식탁자에는 콩나물을 다양하게 요리하여 종류별로 대형 접시에 보기 좋게 담아 놓았다. 사람들은 처음 보는 콩나물을 신기한 듯 이것저것 맛을 보았다.

"콩나물이 깨끗해서 위생적인 것 같아."

"정말 싱싱하네."

"이제까지 본 채소 중에 제일 깨끗하고 신선하네."

"맛도 좋은데?"

사람들은 저마다 콩나물에 대해 다양한 생각들을 쏟아냈다.

아이들을 데리고 온 부인들도 있었다.

"이 채소 먹으면 키가 큰다더라."

"정말이에요? 그럼 저 이 채소 먹을래요. 어서 사 주세요!"

아이들은 키가 장대같이 커진다는 말에 너도나도 콩나물을 사 달라고 졸랐다.

이윽고 해가 저물어 가면서 한바탕 축제가 끝나고 서서히 사람들이 하나둘 자리를 뜨기 시작했다. 콩나물 신에 대한 축하연은 사람들에게 콩나물에 대한 궁금증을 더하게 만들고 성황리에 막을 내렸다.

담걸생은 잔치를 마치고 사람들을 배웅하면서 이만하면 조만간 콩나물에 대한 소문은 온 동네에 퍼져 나갈 것으로 확신하였다. 콩나물 공장 상량식은 이렇게 거창하게 끝났다.

이제 동순태 상점과 백춘삼 상단과의 본격적인 동업이 시작되었다. 콩나물을 만드는 것은 동순태에서 주도하여 만들되 백가 개주에서 기술을 제공하고 품질관리를 하는 협업으로 생산하기로 했다. 특히 서울에서 큰 객주를 운영하는 동순태 상점이 서울 지역을 맡아서 팔기로 하였다. 인천 지역의 판매는 백춘삼 상단이 맡기로 했다. 자금은 대부분 동순태 상단이 투자하기로 하였다.

준마는 콩나물을 푸성귀전에서 팔아 보기로 하였다. 푸성귀전 몇 군데에 콩나물시루에서 길러 그대로 가게 좌판에 놓고 팔기 시작했다. 한편으로 보부상들이 콩나물시루를 지게에 지고 다니면서 팔거나 또는 물지게처럼 어깨에 콩나물시루를 메고 다니면서 팔도록 했다. 사람이 많이 사는 시가지 중심지에서 콩나물 시루를 쉽게 운반할 수 있는 수레도 특별히 제작하였다.

아침 일찍 백가객주 앞에 보부상들이 줄을 길게 늘어섰다. 콩나물시루를 지게에 지고는 각자 맡은 구역으로 다들 흩어져서 골목골목으로 콩나물을 팔러 다녔다. 사람들은 처음에는 콩나물을 신기하게 쳐다보고는 좀처럼 사려고 하질 않았다. 그래서 콩나물을 고춧가루 양념에 잘 무쳐서 사람들에게 먹어 보게 하였더니 그 맛을 보고 조금씩 입소문이 나기 시작했다. 이제는 콩나물을 사려고 때에 맞춰 보부상이 지나가기를 기다리는 사람들이 점차 늘어났다.

서울에서는 동순태 상단이 서울 중심가에서 판매를 시작했고 송파에서는 이득만 송파 접장이 판매를 담당했다. 점차로 콩나물이 아이들 키도 크게 하고 몸에 좋다는 소문이 퍼지기 시작하자 순식간에 판매가 급증하기 시작했다. 무슨 일이든 하찮아 보이는 것도 조금만 생각을 다르게 하면 새로운 사업 기회가 생기는 법이다.

이제 두 상단은 콩나물 사업을 공동으로 운영하는 국제 합작회사를 만들어서 운영하게 되었는데 이미 상해에서 국제적인 사업 운영과 숙주나물을 판매해 본 경험이 있는 동순태 상단의 힘이 많이 도움이 되었다.

동순태 상단과 백가객주는 콩나물 사업으로 막대한 이익을 올리게 되었다. 이때까지 백가객주가 벌어들인 돈을 불과 일 년에 다 벌어들일 것 같았다. 사업이란 한 번 궤도에 오르면 생각지도 않은 엄청난 수익을 올릴 수 있었다.

사업은 운일 수도 있고 때를 잘 맞춘 탓일 수도 있다. 그러나 어찌 되었든 준마는 사람들에게 필요한 채소를 개발했고 이제까지 사람들이 구경도 못하였던 새로운 채소를 생산했다. 수많은 실패 끝에 스스로의 창의적인 생각과 노력으로 새로운 물건을 만들어 낸 것이었다.

동순태는 청나라에서 들여온 새로운 채소들을 함께 팔면서 백가객주와 협력하며 점차로 사업 분야를 늘려 나갔다. 동순태는 이미 조선에서도 알아주는 대상단으로 올라서게 되고 백가객주 또한 거상으로 자리 잡게 되었다.

준마는 요즘 콩나물에 쓸 좋은 콩을 구하느라 정신없이 바쁜 나날을 보내고 있었다. 콩 산지로 소문이 난 내륙지방을 일일이 찾아다니면서 콩을 직접 고르고 구매하는 일을 담당했다.

내일은 콩나물에 쓸 콩 산지로 이름난 충청북도 보은으로 갈 예정이다. 최근 그곳에서 생산된 쥐눈이콩이 콩나물 생산에 적합하고 풍작이라 값도 많이 내렸다고 했다. 먼저 수원을 거쳐 오산, 천안을 지나 보은으로 갈 것이다. 가는 길에 공주에 들러 밤 시세를 알아보고 다음으로 인근의 마곡사에 잠시 들러 볼 예정이었다.

작년보다 콩이 잘 여물어 갔다. 보은에서 콩을 밭떼기로 선매하는 조건으로 값을 깎아서 구매했다. 계약금을 치르고 서둘러 공주 약령시를 들렀다. 일전에 만났던 공주 임방 안길상 접장을 방문하였다. 안 행수도 요즘 왜상들의 발길이 잦아지는데 왜상들이 점포를 내려고 토지를 사겠다고 알아보고 다닌다고 하였다. 일본으로 콩을 가져가겠다고 대량 매집을 시도하는 왜상들도 자주 온다고 하였다.

마지막으로 공주 태화산에 있는 마곡사를 찾았다. 온통 굴참나무와 소나무가 우거진 길을 한참을 따라 오르니 규모가 큰 절이 나왔다.

"원종 스님을 뵈러 왔습니다."

"예, 잠시 기다리시죠."

보살이 잠시 후 다녀와서는 들어오시라고 안내했다. 보살을 따라 백련암 앞에 이르자 김창수가 나와서 준마를 반갑게 맞는다.

"준마 아우님 아니신가? 어서 오게."

"예, 형님! 아니, 스님!"

"하하, 이게 얼마 만인가, 들어오시게."

암자는 작지만 깨끗하고 정갈했다. 김창수가 이곳에 온 지도 어느덧 일 년이 다 되어 가고 있었다.

"몸은 건강하신지요?"

"다행히 별 탈 없이 지내고 있네. 그래 사업을 잘되시는가?"

"예, 최근에 콩나물 사업을 새로 시작했는데 장사가 제법 잘되고 있습니다."

"콩나물?"

"예, 중국의 숙주나물처럼 콩에 물을 주고 기르면 야채가 되는데 이것이 바로 콩나물입니다."

"아, 그렇구먼. 준마 아우가 상재가 있어서 무엇이든 예사로 듣고 보는 것이 없었지, 잘되었네."

"얼마 전 고종 황제를 알현했습니다. 그 자리에서 황제께서 형님 얘기를 하셨습니다. 형님이 탈출한 것까지 소상히 알고 계셨습니다. 이용익 대감이 자리를 주선했는데, 이용익 대감은 보부상 출신으로 저에 대한 소문을 듣고 사람을 보냈던 것입니다."

준마는 행랑에서 조그만 봉투 하나를 꺼냈다.

"고종 황제를 알현했을 때 받은 서찰과 자금입니다. 형님 하시는 일에 쓰라고 하셨습니다. 기회를 봐서 전달하려고 했는데 이제야 전달하게 되었습니다."

"황제께서 이렇게 목숨까지 구해 주시고 염려해 주시니 망극할 뿐이네. 혹시라도 다시 황제를 뵙게 되면 백성의 도리를 다할 뿐이라고 전해 주시게."

오랜만에 만난 두 사람은 밤이 깊도록 이야기를 계속했다. 원종 스님(김창수)은 준마를 보자 이루 말할 수 없이 기뻐했다. 인천 감옥에서 동생처럼 아끼고 돌봐 줬고 제자처럼 준마에게 세상 돌아가는 얘기를 전해 주고 가르쳤다. 준마를 동생이며 제자로 생각하였다.

"그러게, 독립협회는 무엇이고 황실협회는 다 무엇인가? 다 나라 사랑하는 마음은 같은 것인데, 방법을 몰랐을 뿐이고 시기가 달랐던 것뿐이지. 마음은 다 거기가 거긴 것을, 서로 다툴 일도 없는 것이지. 이걸 보면서 왜놈들이나 서양 놈들이 뭐라 하겠는가? 다 우리가 힘이 없고 세상 돌아가는 사태를 분별함이 부족한 탓일세. 나라를 움직이는 상하좌우를 지탱하는 큰 틀의 조화가 깨지면 도무지 회생이 어려운 지경에 이른다는 것을 조선이 톡톡히 깨닫는 것이지."

"요즘 제가 가끔은 꿈을 꾸거나 저녁 노을을 쳐다볼 때 노루가 스쳐 지나는 것이 보일 때가 있습니다. 환상으로 보이지만 그래도 어떨 때는 생생하게 보이기도 합니다. 왜 그러는지는 저도 모르겠습니다."

"아, 그랬구먼. 뭐 특별히 신경 쓸 것은 없네. 피곤하거나 하는 일이 복잡할 때 나도 그런 적이 더러 있네. 노루는 하늘과 연결되어 있어서 하늘의 소식을 전하는 신성한 동물이라고도 하지. 그래서 행운을 가져다준다고 하네. 그러나 한편으로는 노루가 불길한 징조라고 얘기하기도 하네. 행운과 불행이 노루 안에다 있다? 이것은 뭘 얘기하겠는가? 이것은 자네가 생각하기에 따라 하는 일이 좋은 일이 될 수도 있고 아닐 수도 있다는 뜻 아닌가? 지금 우리가 지내 오면서 하고 있는 모든 일이 생각하기에 따라 행운으로 나타날 수도 있고 아닐 수도 있다는 것이지. 크게 괘념치 말고 노루의 맑은 눈을 상상하시게. 그러면 하늘은 우리 편이 되어 줄 것이네. 하하하하."

"예, 스님은 앞으로 어떻게 하실 작정이십니까? 이곳 암자에 계속 계실 것인지요?"

"지금으로서는 당분간 여기서 지낼 걸세. 앞날이 어떻게 될지는 좀 더 두고 보세. 내 무슨 변동이 있을라치면 아우에게 바로 연락하겠네!"

태화산 깊은 곳의 암자에서 두 사내는 밤하늘을 쳐다보며 얘기도 하고, 나란히 누워 함께 부엉이 우는 소리도 들었다.

다음 날 아침상을 마주하고 앉은 두 사람은 다시 감회가 새록새록 솟아오름을 느꼈다. 밤에는 그 독한 벼룩과 빈대와 싸우면서 잠을 청하고 그래도 아침에 눈을 뜨고 일어나 서로 살아 있음을 감사하며 밥을 나눠 먹던 인천 감옥에서의 일들이 생각났다. 드디어 준마의 눈에 맺힌 눈물 한 방울이 보리밥 공기 위에 떨어졌다. 준마를 쳐다보던 원종 스님의 눈에도 이슬이 맺히고 있었다.

'제 나라에서 그것도 주인도 아닌 왜놈들한테 쫓겨 다니는 신세가 다 무엇인가. 세상에 어디 이런 나라와 백성들이 또 있을꼬……'

원종 스님은 헤어지기 전 준마와 한참을 서로 부둥켜안고 헤어짐을 아쉬워했다. 암자 앞 바위에 서서 저 산 아래로 보이는 숲속에 길게 뻗어 있는 작은 길 끝으로 준마가 사라질 때까지 뒷모습을 바라보며 배웅했다. 초청받지 않은 자들이 계속 조선의 깊은 곳으로 들어오는 것이 분명했다. 적이 조선의 깊은 곳으로 더 들어올수록 터를 잡고 살고 있던 사람들은 더욱더 멀리 밀려나고 있었다.

권세가

공명첩 선비

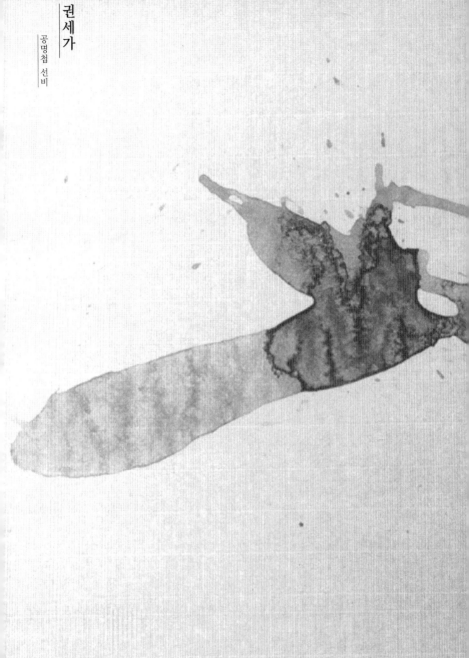

권세가

공명첩 | 선비

천득을 부르는 성 진사의 쉰 목소리가 뒤뜰을 돌아 들려왔다. 천득은 장작을 패다 말고 득달같이 달려 성 진사 앞에 조아리고 섰다.

"왜 이리 굼뜬 게야!"

"예, 죄송합니다요, 진사 어른. 장작을 캐고 있었습니다."

"오늘 관교 유림계 모임에 다녀올 테니 지금 따라나설 채비들 하거라."

"예, 계모임엔 시간이 오래 걸리는지요?"

"그건 왜 묻는 게야? 그냥 시키는 할 것이지 왜 물어."

"오늘 날이 흐린 걸로 봐서 비가 오기 전에 장작을 다 패서 창고에 쌓아 놓으려고요."

"두말 말고, 곧 따라 나올 채비를 하거라!"

"예, 바로 따라나서겠습니다."

관교까지는 5리 길에 멀지도 않고 험한 길도 아니어서 혼자 봇짐 지고 가도 되는 길이지만 성 진사는 항시 천득을 데리고 갔다.

계가 열리는 곽 생원 집에서는 오늘 기생을 불러 풍류놀이를 하면서 시를 잡고 놀고 마당에서는 개를 잡아 질펀하게 잔치를 열 예정이었다. 계모임에서는 매월 1냥씩 추렴해서 모아 두었다가 마을 행사나 관아 행사에 쓰는데 주로 신임현감 부임 때 크게 사용되었다. 오늘은 곽 생원이 모친 회갑연을 위해 마을 향반들을 불렀다.

성판학은 원래 양반 집안이 아니었다. 고조부가 외거 사노비였다가 젓갈 장수를 해서 돈을 모았다. 그리고 2,000냥을 주고 속량을 하고, 부친 때는 결국 양반신분을 돈으로 사시 지금은 2대째 양반행세를 하고 있었다. 양반들 모임엔 빠진 적이 없는데 그들에게 본인이 뚜렷한 양반 가문임을 주지시키기 위해서라도 양반 모임엔 빠진 적이 없었다.

조선 중기 선조 때는 노비가 속량하는 길로서 임진왜란 때 전쟁에서 왜병의 목을 가져오면 면천을 해 주었다. 왜병 1명의 목을 가져오면 상을 주고 2명의 목을 가져오면 면천을 해 주었다. 그리고 3명은 벼슬을 준다고 하여 당시 많은 노비들이 전쟁에 적극적으로 참가하였으나, 이마저 양반들이 결사반대하여 결국 노비면천제도를 없애 버렸다. 결국 이후에 청나라와 싸운 병자호란에서는 조정에 등을 돌린 백성들이 아예 전쟁에 참여하지 않거나 적극적으로 나서 싸우기를 꺼렸다.

사실 수년 전까지 성 진사는 모임에 초대조차 받지를 못했었다. 아무리 공명첩을 사서 양반이 되었다 한들, 모든 사람이 이미 근본을 다 알고 있는데 고을의 유림들이 인정해 줄 리가 만무하였다. 혼자 큰 갓만 쓰고 동네를 이리저리 다니면서 양반 흉내만 내고 다니다가 결국 마을 사또와 연줄이 닿게 되었다.

뇌물로 사또의 환심을 사고 아전을 잘 구워삶아서 무시할 수 없는 연줄을 만들었다. 사또와 함께 유림 모임에 수차례 참석한 후에는 계모임 참석을 허락받았다. 물론 향리의 큰 어른인 한양에서 참판을 하고 귀향해서 노모를 모시고 살고 있는 송 참판을 수시로 찾아가 공들인 결과였다.

"이제 세상이 바뀌고 주상께서도 반상의 구별을 두지 말고 노예도 해방을 하라는 칙령도 발표하셨습니다. 지금 일본과 서양의 문물이 쏟아져 들어오는데 언제까지 반상을 구별하고 있을 수는 없는지라. 성 진사의 과거 족보야 어찌 되었든 이미 공명첩으로 양반의 반열에 올랐으니 인정하고 받아 주기로 승낙을 했으니 여러 선비들도 저의 생각을 따라 주셨으면 합니다."

일부 젊은 유생들이 반대를 하였으나 송 참판의 위압적인 언사에 눌려 이내 잠잠해졌다.

"오늘은 잔칫날이니 다들 한잔하시지요."

이내 풍악 소리와 함께 술이 여러 순배를 돌아 꽤나 거나하게 취기가 돌았다. 해가 서서히 넘어갈 때쯤에서야 하나둘 자리를 뜨기 시작했다. 천득은 마당 뒤편에서 기다리다 성 진사가 마당을 나오는 걸 보고 얼른 따라나섰다.

"저녁은 먹었느냐?"

"예, 오늘은 마님 잔칫날이라 그런지 이놈 배가 터지도록 잘 먹었습니다."

"그래, 잘했구나. 네놈이 우리 집에 있은 지도 벌써 30년이 더 된 것 같구나."

"예, 햇수로 35년입니다."

"오래도 되었구나. 세월이 그새 그렇게 갔구나."

여름의 끝자락에 걸쳐 있는 후텁지근하던 날씨도 저녁이 되자 조금은 꺾인 듯하였다. 대청마루 뒤에서 불어오는 바람에 밀려서 조금은 서늘하게도 느껴졌다. 대청마루를 올라 방으로 들어가면서 성 진사는 천득에게 매실을 불러 다리를 주무르라 명했다.

해가 서산에 걸리는 듯하더니 이내 어둠이 깔리기 시작했다. 매실은 이제 스물다섯이 넘어가는 복만의 누이로 수년 전부터인가 성 진사가 저녁이면 가끔 불러서 다리를 주무르라고 했다.

복만은 성 진사가 누이를 부를 때마다 누이의 얼굴이 어두워지고 긴장하는 모습을 보았다. 그러다가 언제부터인가는 누이도 체념한 모습이었다. 가끔은 얼굴에 멍이 든 자국까지 보였는데 아무 감정도 없는, 혼이 빠진 얼굴로 아침에 나타나서는 수심이 가득한 얼굴을 하고 밥도 잘 먹지를 않았다. 오늘도 성 진사의 방으로 고개를 푹 숙이면서 들어가는 누이의 모습을 보면서 복만은 속에서 무언가 끓어오르고 가슴이 메어지는 것을 느껐다.

이제 복만도 어느덧 스물이 넘어가는 어엿한 총각이었다. 누이가 저 늙은 성 진사의 방으로 끌려 들어가는 모습에 비통한 생각이 자꾸 들곤 했다. 가끔은 그런 모습을 본 천득이 크게 놀라 복만을 타일렀다.

"무슨 생각을 하는지 모르겠다만, 주인 댁에서 우리 식구들 그저 밥 굶지 않고 가족끼리 모여서 사는 것만으로도 고맙게 생각해야 한다. 타고난 팔자는 누구도 거역할 수 없는 법이다."

복만은 아버지에게 하고 싶은 말이 있었으나 그저 목구멍으로 꿀꺽 삼키고 말았다. 얼마 전 진펄이 마을에서 열린 천주 모임에서 서양 선교사가 한 얘기를 떠올렸다. 경서동에 있는 진펄이 마을은 개항장인 인천에서 천주교인들이 많이 모여 사는 곳이다.

지난 신유박해를 피해 인천의 천주교인들은 낮에는 옹기와 새우젓 장시로 생계를 꾸렸고 밤에는 기도와 교리를 외우며 신앙 공동체를 이어 나가고 있었다. 가끔은 같은 노비 처지인 칠복의 안내로 진펄이 마을로 가서 선교사가 하는 얘기를 듣곤 했다. 얼마 전에는 가까운 곳에 답동성당이 건축되어 많은 천주교인들이 예배를 드리게 되었다고 했다.

요즘은 시간이 날 때면 가끔 들르는데 신부님과 신자들이 반상의 구별을 두지 않고 반갑게 맞아 주었고, 성당 안에만 들어가면 다른 세상에 온 것 같은 편안함을 느끼곤 했다. 선교사는 설교를 하면서 사람은 누구나 평등하다고 했다. 나면서부터 천한 사람 귀한 사람은 없고 만인은 평등하다고 했다. 모든 인간은 하느님 아래서는 다 같은 존재라고 했다. 태어나서부터 노비로 살아온 자신이 한없이 원망스러웠던 적이 한두 번이 아니었다. 서당에서 친구들과 글을 깨치면서 이러한 생각은 더욱 사무쳤다. 세상이 변했다고는 하나 아직도 반상의 차별은 여전히 모든 일상에 구석구석까지 뿌리내리고 있었다.

복만은 잠자리에 들기 전에 선교사의 설교를 다시 한 번 속삭인다.

'그래, 언젠가는 모든 사람이 진정으로 평등하게 대접받고 사는 그런 날이 올 것이다. 3년 아니 5년, 10년이라도 좋으니 나는 그런 날이 올 때까지 기다릴 거야.'

십자가와 예수의 얼굴을 다시 한 번 그리면서 복만은 마음속으로 기도했다.

'주 예수의 이름으로 기도합니다. 아멘.'

어릴 때부터 같이 자란 친구들 준마, 길재, 석태, 정택 모두 친한 친구들로 영원히 우정을 지키기로 맹세했었다. 노비의 아들인 복만을 차별 없이 대해 주는 친구들이 항상 고마웠다. 죽은 정택의 모습이 새삼 기억 속에 떠올랐다.

복만의 집은 성 진사 댁 담벼락에 붙여서 지어 놓은 움막이나 다름없었다. 이렇게 발을 뻗고 편히 누울 수 있는 집이 있다는 게 얼마나 다행스런 일이냐고 부친이 얘기할 때마다 복만은 거적을 깔고 누우면서 말없는 탄식을 쏟아내곤 했다. 빈대와 이가 득실거리는 거적 위의 삶도 온 가족이 내거 노비를 할 때보다는 그래도 뱃속이 편했다. 시도 때도 없이 성 진사 앞에 끌려가 야단을 맞는 부친을 볼 때마다 복만은 어린 가슴에도 마음의 상처를 받곤 했었다.

천득은 그럴 때마다 가족을 생각해서인지 성 진사에게 말대꾸조차 한 번 한 적이 없었다. 심지어는 유림 모임에 가서 가짜 양반이라고 놀림을 받았다고 화가 치밀어 올라서는 집에 오자마자 천득에게 발길질을 해 대면서 화풀이를 하는 날도 있었다.

천득이 성 진사에게 아들 복만을 서당에 보내 글이라도 깨치도록 해 줄 것을 간곡히 호소한 덕분에 친구들과 같이 서당에 다닐 수 있었다. 천득은 성 진사를 대신해서 복만에게 장사라도 시키고 일을 제대로 부려 먹으려면 복만을 글이라도 깨치게 해야 된다고 매달리며 간청을 했다.

성 진사는 천신만고 끝에 지성으로 낳은 아들이 병으로 죽은 후로 오직 외동딸인 채령을 지극히 애지중지하며 키웠다. 요즘은 뼈대 있는 양반 가문에 시집을 보내려고 매파에게 혼처를 부탁해 놓았다. 이번 기회에 가문이 있는 진짜 양반과 연을 맺어 이제 제대로 된 양반이 되어 보고 싶었다. 재령은 열여덟 살로 어릴 때 가끔씩 본 이후로 요즘은 안마당으로 잘 나오지도 않았다.

오늘도 아침 일찍 장작을 쪼개서 창고에 쌓아 놓고는 이내 쟁기를 들고 밭에 가서 풀을 뽑고 돌을 골랐다. 이렇게 빨리 움직여서 일을 미리 끝내야 조금이라도 친구들과 어울려 요즘 한창 재미를 붙인 무술 연습에 매달릴 수가 있었다.

겨우 밭일을 다 마치고 장터 뒷면 공터로 달려갔다. 이미 준마, 석태, 길재가 봉과 검법 대련으로 수련을 하고 있었다. 복만도 숨 고르기부터 기본동작을 다시 복습했다. 한 동작 한 동작 호흡과 함께 천천히 기를 모아서 기본 동작을 취했다.

어제는 백동수와 이덕무가 쓴 『무예도보통지』를 보면서 검법의 기본이 되는 동작을 하나하나 익혔다. 오늘은 계속 반복해서 몸에 익숙해질 때까지 연습을 할 작정이었다.

요즘은 일본 검법을 배우기 시작하였다. 조선에서 건너간 검법이 일본에서는 수많은 각 지역의 번이 수시로 싸움을 벌이면서 독특한 일본만의 검술이 탄생하게 되었다. 각 지역마다 검법의 특징이 있어서 저마다 독특한 검술을 자랑하고 있었다. 일본 무사들은 전 세계에서 일본 검술이야말로 세계 최강의 검술이라고 자부하고 있었다. 일본 검법은 대체로 빠른 속도로 상대를 제압하는 속도와 날카로움을 우선으로 하고 있었다. 검투는 대개 순식간에 끝나며 한 번 약점을 보이거나 밀리면 바로 죽임을 당하기 십상이었다.

반면 조선의 검법은 힘과 고요함이었다. 상대를 관찰하면서 좌우로 유연하게 움직이다가 결정적인 순간에 강하게 상대를 치고 제압한다. 임진왜란 때 제대로 된 병서가 하나도 없어서 명나라의 척계광이 쓴 전법서인 『기효신서』를 참고해서 만든 것이 제대로 만든 조선 최초의 전서인 『무예도보통지』였다. 이덕무, 박제가와 장용영의 장교인 백동수가 정조의 명을 받아 편찬한 군사훈련용 무예교본이었다. 물론 이전에도 선조 때 한교가 지은『무예제보』가 있었으나『무예도보통지』야말로 병법과 모든 병기와 검술에 대한 내용을 담은 최초의 병법서였다.

복만은 한쪽에 있는 목검을 들어 준비동작을 취했다. 복만은 지금『무예도보통지』에 있는 본국검과 쌍검을 수련하고 있었다. 보부상들은 주로 환도인 중도와 소도를 사용했다. 행상을 하면서 장검을 소지하기는 어려웠기 때문에 보통은 중도를 지니고 다녔다. 일본도에 비해서는 길이가 조금 짧은 것이 특징이다. 보통 왜검은 장검을 주로 쓰는데 칼의 길이가 5자에 자루 길이가 1자 5척이었다. 키가 작은 왜놈이라도 일거에 1장을 뛰어나가면서 가격을 하면 1장 5척을 일시에 앞서가면서 가격을 하게 되는 것이다.

임진왜란 때 왜병의 검술에 명나라와 조선군은 속수무책으로 쓰러졌다. 힘 있게 내리치는 장검을 막아도 힘으로 밀고 내리치는 예리한 검 앞에서는 추풍낙엽으로 쓰러졌다. 이들의 검술에 놀란 조선의 군사들은 싸우기도 전에 지레 겁을 먹고 싸울 엄두를 내기도 어려웠다고 했다.

지금 계림장업단에 소속된 무사들은 지겐류의 검객들이 주축이 되어 있다고 했다. 일본의 명치유신을 이끈 정통 검파인 신겐류의 무사들도 이들 지겐류의 검객을 만나면 일단 피하고 본다고 할 정도로 살벌한 무사들이었다.

오늘도 준마와 친구들은 마치 일본 검객들과 일전을 겨루기나 하는 듯이 조심스럽게 검술을 연마하고 있었다. 해를 거듭할수록 본인도 모르게 흐트러짐 없는 자세와 부드럽고 가벼운 몸놀림으로 검을 다루고 있었다. 무술은 서서히 경지를 향해 높아 가고 있었다. 몸의 중심은 쉬이 흐트러짐이 없고 발은 가벼웠다.

놀라운 것은 이들의 무술이 월장하면서 과거의 치기 어린 모습에서 점차 묵직하고 침착한 진정한 사내의 모습으로 변해 가고 있다는 점이었다. 이들은 진정한 검객으로 다시 태어나고 있었다.

땅거미가 내려앉기 전 이마엔 땀방울이 맺히고 옷이 땀으로 젖고 나서야 연습이 끝이 났다. 집으로 가기 전에 허기진 배를 달래기 위해 주막에서 저녁을 먹고 가기로 했다. 주저앉을 것 같은 토담집의 주막은 부엌에 달린 아궁이에서 나오는 연기와 고깃국을 끓이는 솥에서 나오는 기름때 섞인 뽀얀 김이 겹겹이 서려 벽 한쪽은 새까맣게 기름때에 절어 있었다.

주막엔 이제 막 일을 마쳤는지 부두에서 일을 하는 일꾼들 한 패가 모여서 전골탕을 먹고 있었다. 허기진 배를 채우기 위해 주막에 둘러앉아 전골탕을 떠서 한입 가득히 국물을 쏟아붓고는 김치를 손으로 집어 입안으로 넣으면서 복만이 문득 뭔가 생각이 난 듯 말을 꺼냈다.

"가끔 진펄이 마을 교회당에 같이 가는 칠복이 요즘 일본 조계지에 있는 일본인 관사에서 일을 도와주고 있어. 만국공원 바로 밑에 있는 넓은 마당이 있는 집인데, 저녁에만 가서 대문 밖에 잔뜩 쌓아놓은 흙을 수레로 날라 갯벌 공사장에 갖다 버리기만 하면 되는데 품삯을 제법 많이 준다고 했어. 쌀 한두 되씩 준다고 했어."

길재가 물었다.

"그럼 그 흙은 어디서 파 온대?"

"당연히 그 집 안에서 파 온 것이겠지 뭐."

"그럼 흙을 마당에서 파내는 일꾼은 따로 쓴다는 거야?"

"그렇겠지?"

"집 안에는 안 들어가 봤나?"

"응, 안에는 못 들어가 봤고 저녁에 가서 문 밖에 쌓인 흙을 치워 주기만 하면 된다는 거야."

석태가 퉁명스럽게 한마디 던졌다.

"뭐, 지랄이래, 무슨 금이라도 캐는 모양이지?"

칠복은 교회에서 만나면 돈을 벌 일터가 생겨서 기분이 좋은 듯 복만에게 자랑하곤 했다. 그런데 이상한 것은 안에서 일하는 사람은 누군지 모른다는 것이었다. 자기는 저녁에 가서 수레에 흙만 퍼 담아 갯벌 매립지에 버리기만 하면 된다는 것이었다.

전에 한번 슬쩍 문틈으로 안을 엿보았는데 마당 뒤편에 있는 산 쪽으로 구멍을 판 자리가 있고 입구를 거적으로 가려 놓았다는 것이다. 안에 있는 사람이 눈을 부라리는 바람에 얼른 고개를 돌렸다고 했다. 벌써 흙 버리기를 7개월째 하고 있는데 아직도 더 해야 한다고 했다.

준마와 일행은 이상한 점은 있기는 하나 뭐 집을 수리하는 공사를 하겠거니 생각했다. 더 이상 재미난 얘기도 아니다 싶어 화제를 바꾸었다. 길재가 최근 들어온 서양의 신기한 물건으로 애기를 돌렸다. 망원경이 얼마나 먼 곳까지 보이는지 길재는 입에서 침이 튀도록 신이 나서 설명을 했다.

이런저런 애기로 시간을 보내는 동안 어느덧 땅거미는 내려앉은 지 오래였다. 저 멀리 시가지에 드문드문 불을 밝힌 남포등을 보면서 각자 익숙한 발걸음을 더듬어 집으로 갔다.

준마는 며칠 후 우연히 객전을 나와 오랜만에 내리교회 김 집사를 뵈러 언덕을 오르고 있었다. 가는 길에 복만이 애기했던 일본인 관리의 집을 지나치게 되었는데 대문 안쪽을 슬쩍 들여다보았다. 집 위쪽으로는 만국공원이 있고 주위는 온통 숲으로 둘러싸여 있고 여러 일본인 재력가들과 관리들의 집이 근처에 모여 있었다. 복만이 말했던 집은 마당이 꽤 넓은 집이었으나 집 안을 자세히 볼 수는 없었다.

그러던 차에 얼마 전, 부두 노동자 한 사람이 우연히 백가객주에 와서 물건을 사면서 이런저런 신세타령을 늘어놓다가 몇달 전 자기하고 같이 일하던 한 일꾼이 더 좋은 일자리가 있다고 하면서 떠났는데 일본관리 관사에서 일을 하게 되었다는 이야기를 했었다. 주로 땅을 파는 일이라 일도 그렇게 힘들지도 않고 임금도 많이 준다고 했다는 것이다. 그런데 한 일 년 동안 소식도 없던 이자가 한 달 전에 월미도 앞바다에서 시체로 발견되었다는 것이었다. 죽은 사람은 해주에서 내려와 막일을 하는 노동자였는데 흉년으로 입에 풀칠하기가 어려워 이곳 인천까지 와서 부두에서 짐 나르는 일을 했다는 것이었다.

같이 일하던 사람의 소개로 그리로 갔는데 부두에서 일하는 품삯보다 세 배를 더 받을 수 있다고 했다는 것이었다. 그런데 이상한 것은 그 소개를 했던 사람도 행방불명이 되어 종적을 알 수가 없다는 것이었다. 그 후에도 일본인 관사로 일하러 간다고 한 사람이 있었는데 역시 돈을 벌어 이곳을 떠났는지 더 이상 나타나지 않는다는 것이었다.

하기야 이곳 부두의 노동자들이라는 부류는 대부분 외지에서 온 뜨내기들이었다. 이 뜨내기 부두 노동자들은 서양에서 큰 선박이라도 들어오면 때에 맞춰 모자라는 일손을 보태곤 하였다. 큰 배가 들어오고 나감에 따라 일이 있다가 없다가 했으니 서로 누가 왔는지, 누가 갔는지조차 모르고 지내는 것이 다반사였다. 설사 오늘같이 일하다가 내일 안 보여도 이들에게는 그다지 이상하지도 않았고 관심 둘 일도 아니었다.

준마는 뭔가 심상치 않은 일들이 벌어지고 있음을 느꼈다. 흙이 계속 나오고 일꾼이 시체로 발견되고 사람들이 실종되는 일이 그렇게 계속해서 일어난다는 것이 우연이라 하기에는 너무 석연치 않았다. 게다가 최근에는 뭔가 큰 보자기에 싼 짐과 궤짝들이 그 집으로 수시로 들어가고 있었다.

하극상

평등한 세상을 위해

하극상

평등한 세상을 위해

늦은 봄이 길게 꼬리를 늘어뜨려서인지 아직도 아침저녁으로는 제법 쌀쌀한 기운이 옷자락 사이로 스며들고 있었다. 저녁상을 치운 성 진사가 복만의 누이 매실을 부르는 소리가 들렸다. 매실은 오늘따라 영 내키지 않는 얼굴로 수심이 가득해 보였다. 요즘에 갈수록 기운이 없어 보이더니 체념이 가득한 얼굴로 마당을 가로질러 성 진사의 안방으로 들어갔다.

매실이 나가는 모습을 지켜보는 천득과 복만의 모친은 애써 태연한 듯 모른 척하고 있었고, 복만은 왠지 마음 한구석에서 누이에 대한 애잔한 동정과 서러움이 치밀고 있었다.

밤이 깊어 갈 무렵 갑자기 성 진사가 기거하는 사랑방 쪽에서 찢어지는 듯한 비명소리가 들리더니 회초리로 매질하는 소리가 들렸다. 성 진사가 뭔가 마음에 안 들었는지 매실을 회초리로 때리는 것이었다.

"주인이 그리하라면 하는 것이지. 네년이 감히 어디서 토를 다는 것이냐! 이미 건넛마을에 보내기로 하였으니 더 이상 소란을 피우면 네년을 아예 요절을 낼 것이다."

매실을 사당패에 팔아넘기기로 하고 이미 천득에게 마음의 준비를 하도록 했다. 매실은 부모와 떨어져 있기 싫어 계속해서 성 진사에게 사정하고 울고 매달렸다.

"부모님이 이제 기력도 다하셔서 제가 좀 더 모시고자 하오니 진사 어른께서 부모와 함께 살 수 있도록 허락해 주시기를 간청합니다."

마당 한가운데에 쓰러져 연신 매를 맞고 있는 누이를 보던 복만이 분을 못 참고 드디어 방문을 뛰쳐나갔다. 천득이 이런 복만을 말리려고 일어섰으나 이미 복만은 문을 박차고 뛰어나간 뒤였다. 쏜살같이 달려 나간 복만은 성 진사의 손을 잡아채었다. 손에서 나무 몽둥이가 떨어져 나가고 손이 붙잡힌 성 진사는 분에 차서 소리를 질러 댔다.

"아니, 이놈의 종놈이 감히 여기가 어디라고 함부로 뛰어드는 게냐, 이놈! 이 손 놓지 못하겠느냐!"

"진사 어른, 제발 우리 누이를 그만 때리십시오. 안 그래도 연약한 몸인데 왜 그렇게 매질을 하는 겁니까?"

"이놈이 감히 어디라고 말대꾸를 하는 것이야! 노비가 주인한테 항거하면 어떻게 되는지 네놈이 잘 알렸다."

"네 이놈, 바로 관아로 끌고 가서 양반을 능멸한 죄를 물어 사지를 찢어 놓을 테다. 이놈!"

"지금 고종 황제께서도 반상의 구별을 없애고 노비를 면천하라는 칙령도 나왔는데, 어찌 진사 어른은 이렇듯 우리 가족을 노비보다 못한 짐승처럼 대한단 말입니까?"

"이놈 봐라, 흉년에 온 마을 사람들이 굶어 죽어 나갈 때도 네놈 식구들을 굶어 죽지 않도록 돌봐 줬거늘. 지금 세상이 바뀌었다고 감히 상전한테 눈을 부라리고 대들다니. 이놈, 쳐 죽일 놈아! 너 오늘 나한테 죽어 봐라. 더 이상 네놈을 봐줄 수가 없구나."

소리를 벼락같이 지르고는 갑자기 마당 한편에 있는 창고로 가더니 큰 몽둥이를 들고 나와 복만의 머리를 향해 휘둘렀다. 복만이 피하려고 했으나 이미 몽둥이가 복만의 머리를 내리쳤고 복만의 머리에서는 피가 낭자하게 흘러내렸다. 분이 안 풀렸는지 성 진사는 몽둥이로 다시 복만의 머리를 내리쳤다. 그러나 이번에는 복만이 순순히 맞지 않았다. 뒤로 한 빌 물러나 몽둥이를 피하면서 발을 들어 성 진사의 옆구리를 세게 걷어찼다. 발길질에 채인 성 진사의 몸뚱이는 그대로 거꾸러지면서 마루 밑 돌계단에 처박혔다. 두 손을 위로 쳐들고 버둥거리는 성 진사의 얼굴을 향해 복만은 다시 한 번 발길질을 해 대었다.

이윽고 성 진사의 눈동자가 풀리는 듯하더니 이내 미동도 않은 채 잠잠해졌다. 성 진사의 부인은 얼굴이 하얗게 질려서 말도 못하고 있다가 기절해 버렸고, 마름인 쇠돌이도 그저 순식간에 일어난 일이라 정신없이 바라만 볼 뿐이었다.

어느덧 정신을 차려 보니 이미 엎질러진 물이었다. 복만은 제 정신이 아니었다. 오직 분노에 차서 순식간에 저지른 일이라 하나 눈앞에 성 진사가 늘어져 죽은 것 같은 모습에 망연자실할 뿐이었다.

천득은 얼른 복만을 마당 뒤쪽으로 끌고 나왔다.

"복만아, 어서 빨리 여기서 도망쳐라. 뒷일은 어떻게든 이 아비가 감당을 할 테니 지금 바로 옷가지를 챙겨서 어디든 떠나거라, 시간이 없다."

"아버님, 차라리 자수하겠습니다. 저 못된 성 진사를 이렇게나마 응징하게 되니 후회는 없습니다. 여태껏 성 진사에게 사람 같지 않은 대접을 받고 천시받고 살아온 것만 해도, 저놈의 식구들을 죄다 처치하고픈 마음이나 부모님께 더 이상 누가 될까 두려워 차마 그렇게는 못하겠습니다. 이 길로 자수하고 성 진사의 못된 죄상을 밝히고 죄를 받도록 하겠습니다. 이제 세상이 바뀌어 무조건 양반 편만 들지는 못할 것입니다."

"복만아! 그러지 말고 아비 말을 듣고 어서 피하거라. 아무리 세상이 바뀌었다고는 하나 아직 남아 있는 반상의 차별은 쉽게 사라지지 않을 것이다. 결국 너만 더 크게 다치게 될 것이니 뒷일은 내게 맡기고 너는 어서 떠나거라. 네가 우리 앞에서 모진 일을 당하는 것을 보느니 차라리 내가 먼저 세상을 하직할 것이니, 내 마음을 알거든 어서 자리를 피하거라. 언젠가는 우리 좋은 세상에서 다시 만날 날이 있을 거다. 우리 걱정은 하지 말고 그리하도록 해라."

복만을 끌어안고 처절하게 부르짖는 늙은 부친의 얼굴에서는 하염없는 눈물이 쏟아져 내렸고, 이러한 부친의 모습을 바라보는 복만의 가슴은 찢어질 듯이 아파 왔다.

순식간에 무슨 일이 일어났는지 복만도 몰랐다. 몸과 마음은 분리되어 따로 움직였고 마음이 가는 대로 그저 몸은 따라 움직일 뿐이었다. 정신을 차리고 보니 이미 일은 저질러졌다. 복만도 어쩔 수 없이 부친의 말대로 떠나기로 했다. 노비로 살아온 한 많은 세상 그나마 이제는 사람까지 죽인 살인자로 세상에서 도망을 쳐야 했다.

달빛 아래 길게 드리운 그림자를 따라 발걸음을 재촉하여 부지런히 마을 어귀를 벗어났다. 태어나서 어릴 적부터 살아온 정든 동네를 떠나야 했다. 정신없이 발걸음을 떼면서 한편으로 친구 준마, 석태, 길재, 정택의 얼굴이 떠올랐다. 순간 그동안 함께했던 추억이 떠오르면서 가지고 있던 모든 것을 버려야 할지 모른다는 두려움이 온몸을 두드리며 밀려들어 왔디.

해가 중천에 뜰 무렵에는 이미 인천을 벗어나 서울로 향해서 한참을 가고 있었다. 정신없이 길을 재촉하다 보니 어느덧 옷은 땀으로 범벅이 되었고 멀리 보이는 만국공원을 바라보면서 흐르는 눈물은 땀범벅이 된 얼굴 위로 흘러내렸다.

하늘이 무너져 내리는 것과 같은 슬픔과 두려움으로 어떻게 발길을 옮기는 줄도 모르고 그저 발이 움직이는 대로 몸은 따라가고 있었다. 노비로 태어난 자신의 운명을 저주하고 아무리 용을 써도 벗어날 길이 없어 보였던 자신의 삶이 아니었던가. 걸음을 옮기면서 마음 한편으로는 '사는 데까지 살아 보자. 그리고 선교사의 말씀대로 이것도 하늘의 뜻이라고 생각하자. 이제는 더 잃을 것도 없는 몸뚱이. 언제라도 죽을 각오는 되어 있다.'고 생각했다. 무슨 정해진 목표가 있는 것도 아닌데도 지친 발걸음은 쉬지 않고 풀숲을 헤치면서 앞으로 내달리고 있었다.

아침에 동이 트자 석태와 길재가 백가객주 대문 앞에서 요란하게 준마를 찾는 소리가 들렸다. 준마가 놀라서 문을 열고 나가니 석태가 혼이 빠진 듯 말을 잇지 못했다.

"그~ 저~ 저~ 복, 복! 있잖아! 만, 만이가. 최, 최."

"뭐라는 거야 정신 좀 차려!"

준마가 석태의 어깨를 잡고 소리쳤다.

옆에 있던 길재가 거친 숨을 쉬며 말문을 열었다.

"어젯밤에 복만이 성 진사를 때려서 지금 인사불성이라는데 아마도 죽은 것 같대."

"뭐! 복만이가, 왜?"

"성 진사가 복만이 누이를 사당패에 팔려고 했는데 누이 매실이 안 가겠다고 사정을 하다가 성 진사에게 맞는 것을 보고는 화가 나서 성 진사를 말리다가……"

"복만이는 지금 어디에 있어?"

"이미 어젯밤에 도망을 가서 어디로 갔는지는 아무도 몰라."

"일단 저리로 가서 얘기를 좀 하자. 아침은 먹었냐?"

일단 주막으로 가서 석태와 길재를 달래고 마음을 진정시켰다. 복만이 이제껏 어렵게 잘 버티며 살아왔는데 이런 일이 벌어질지는 생각도 못했다.

"그동안 그렇게 참고 살아왔는데, 복만이 부모는 어떻게 하고 있냐?"

"그냥 다들 누워 있는가 봐."

"알았다. 일단 우리가 복만네 집을 한번 찾아가자. 여기서 조금 기다려라. 내 금방 객전에 다녀올 테니."

객전을 다녀온 준마가 길재에게 100원을 건네며 말했다.

"길재야, 네가 먼저 가서 복만이 부친께 조만간 내가 간다고 말씀 드리고 이것 좀 갖다 드려라."

한 달 후 백가객주 백춘삼이 성 진사 댁을 찾아갔다. 다행히 성 진사는 명줄이 고무줄만큼이나 길게 타고난 팔자인지 죽지는 않고 혼절했다가 구사일생으로 다시 일어났다. 다행히도 갈비뼈 몇 대만 부러졌는데 그중에서 굵은 갈비뼈 두 개가 아주 심하게 부러져 지금 치료를 하고 있는 중이었다.

"성 진사 어른이 이렇게 다치셨다니 큰일 날 뻔했습니다. 그래도 이만하니 불행 중 다행이라 해야겠습니다."

"백가객주 대행수가 이렇게 병문안을 다 와 주시니 고맙습니다. 장사 일에 바쁘실 텐데 이렇게 염려해 주시니 감사할 뿐입니다."

겨우 몸을 일으킨 성 진사를 지그시 바라보던 춘삼은 딱하다는 듯한 표정을 지으면서 입을 떼었다.

"다름이 아니라, 제 아들 준마가 복만이하고 좀 가깝게 지내지 않았습니까? 아무래도 그동안 어릴 때부터 같이 붙어 다니던

친구인지라 정이 쌓여 그런지 복만이 사라진 후 마음이 아프다
며 낙담이 크지 뭡니까."

"예, 준마 행수가 마음 씀이 큽니다그려. 그런 망나니 같은 노
비 놈을 뭘 그리 신경을 씁니까. 내 이놈을 잡히는 대로 요절을
내고 말 것입니다."

"성 진사 어른, 지금 그런 녀석을 신경 쓸 게 뭐 있습니까. 포
악한 성정을 가진 놈이라 더 상대해 봐야 진사 어른한테 또 무슨
패악을 부릴까 걱정입니다. 그래서 말인데, 차라리 그 일가를
아예 팔아 버리는 것이 어떻습니까?"

"예?"

"생각해 보십시오. 어차피 그 노비 내외는 늙어서 좀 있으면
일도 제대로 못할 것이고 매실이도 그 지경에 진사 어른 댁에서
일이나 제대로 거들 수 있겠습니까?"

"아, 그럼 그 인간들을 살 사람은 있답니까? 그래도 그 어미와
아비는 성정이 착해서 시키는 대로 순종해서 일도 아직은 제법
잘합니다. 게다가 딸년 매실은 성격은 앙칼지기는 해도 낮에는
밭일에다가 저녁에는 안마하고 시중을 들게 해도 될 정도니 값
이 만만치 않을 겁니다."

백춘삼은 화가 치밀어 성 진사의 부서진 갈비짝을 아예 더 부
수어 놓고 싶은 심정이 울컥 일었다.

'허허~ 어쩌다 조선의 양반이란 자들이 저렇게 썩어질 수가
있단 말인가.'

"그래, 값을 매겨 보시지요."

"천득과 아내는 노예 둘로 잡아 한 사람의 값이 나귀 5마리 값이라 치고 매실이는 여자인지라 일도 잘하고 아이까지 낳을 수 있으니 나귀 10마리 값은 쳐줘야 할 겁니다."

통상 노비의 몸값은 늙은 노비의 경우는 나귀 반 마리 값을 치는 게 상례였으나 속이 시커먼 성 진사는 아예 바가지를 씌울 작정이었다. 어차피 이제 저 천득네는 얼굴만 봐도 지겨울 지경이고 게다가 데리고 있어 봐야 쌀만 축낼 것이니 마음속으로는 안 그래도 어떻게 저들을 내칠까 생각 중이었다.

"성 진사 어른, 그러지 마시고 잘 생각해 보시지요. 이미 상전에게 몹쓸 짓을 하고 눈 밖에 난 노비들인데 더 데리고 있어 봐야 득이 될 것이 없겠지요. 지금 황제께서는 더 이상 반상의 구별을 하지 말라는 칙령까지 내리셨는데 어디 양반에게 대들었다고 관아에 고해 봐야 예전처럼 순순히 양반 편만 들지는 않을 것입니다. 500원을 드릴 터이니 그들을 면천해서 저에게 보내는 것이 어떨지요."

"그건 안 될 말씀입니다. 백가객주 대행수가 장사에 능하기는 하나, 이건 사람을 사고파는 일인데 그렇게 함부로 사람값을 후려치는 것이 아니외다. 사람은 하늘이 내린 존재인지라, 사람 사고파는 일을 물건 사고팔듯이 하여 사람을 천시하면 안 될 일이지요. 요즘 천주학에서도 그런다지요? 사람은 하느님 앞에 귀한 존재라고. 사람을 그렇게 함부로 다루고 짐승보다 못한 값으로 셈을 하다니 백가객주 대행수를 다시 볼 것입니다."

"흠."

백춘삼 대행수가 가볍게 한숨을 내쉬었다.

"어림도 없으니 그리 아시오."

"하여간 잘 알아들었으니 저는 이만 물러갑니다. 제가 제안한 얘기 잘 생각해 보고 연락 주시기 바랍니다."

사흘 후에 성 진사는 백춘삼 대행수를 만나자고 연락을 해 왔다. 700원으로 천득네 식구들을 면천하고 노비문서를 없애기로 하였다.

준마, 석태, 길재 그리고 새로운 객주 식구인 원식이 합세하여 용동 끝자락에 오래된 집 하나를 구해서 천득네 식구들을 그리로 데려왔다. 오는 동안 천득 내외와 매실은 중죄를 지은 죄인마냥 고개를 숙이고 계속 눈물을 흘렸다. 한편으로는 이게 꿈인지 생시인지 모를 정도로 감회에 젖어 있었다.

마침내 집에 당도하니 이미 집 안을 잘 정돈하여 청소도 해 놓았는데 움막을 치고 살던 담벼락 집에 비하면 궁궐 같은 집이었다. 게다가 준마가 쌀을 장독에 가득 채워 놓고 몸을 좀 추스르라고 고기까지 부엌에 놓고 갔다.

천득 내외와 매실은 감격에 젖어 멍하니 천장을 바라보다 자리에 없는 복만을 생각하며 서럽게 흐느끼기 시작했다. 복만이 없으니 집 안은 횡하고 다들 정신 줄 놓은 듯이 멍하니 앉아 있을 뿐이었다. 그나마 매실이 억지로 기운을 차려 조석으로 밥을 지어 부모를 모시고 있었다. 복만이 난 자리가 너무 커서 그런지 남은 식구들의 가슴을 더욱 아프게 하였다. 매실은 모든 일이 저 때문에 생긴 일이라 생각되어 하루하루 사는 것이 고통이었다. 동생을 챙겨 주지는 못할망정 동생이 누이를 구한다고 하다가 지금은 죄인이 되어 생이별을 하게 되었으니 밤마다 이불을 뒤집어쓴 채 눈물로 하루하루를 보내고 있었다.

그렇게 수개월이 지난 후 이제 겨우 어느 정도 몸을 추스른 천득의 집으로 준마가 찾아왔다. 집 안을 둘러보며 살림살이를 살펴보고는 방으로 들었다. 굳이 말리는데도 저녁을 꼭 들고 가야 한다고 매실과 천득 아내가 부지런히 음식을 준비하는데 그 모습을 보는 준마는 이제 조금은 마음이 놓이는 것 같았다.

이윽고 정성스레 준비한 저녁이 들어오고 탁주까지 곁들여 준마를 대접했다. 복만네 식구들과는 그다지 자주 왕래가 있었던 것은 아니지만 준마는 복만의 얼굴 한편에 그늘진 모습을 보면 항상 측은하고 미안한 마음까지 들곤 했다.

"부친께 드릴 말씀이 있습니다."

그러고는 봉투를 하나 내어놓았다.

"열어 보시지요."

놀란 표정으로 봉투를 열어 보던 천득은 기겁을 하고 말았다. 그 안에는 자그마치 2,000원이 들어 있었다.

"아니, 준마 행수께서 이렇게 큰돈을 왜 주시는 것인지요? 그동안 저희를 면천시켜 집까지 구해 주고 살게 해 주셨는데 무슨 염치로 이런 돈을 받을 수 있겠습니까?"

받았던 봉투를 준마 앞으로 내려놓으며 천득이 말했다.

"이제 준마 행수께 더 이상 폐를 끼치는 것은 안 될 일입니다. 안 그래도 양반을 매 타작한 죄인을 두둔한다고 말들이 많은데 이렇게 하시면 저희가 더 이상 폐를 끼치게 됨을 스스로 용서할 수가 없을 것입니다. 하오니 이제 더 이상의 호의는 거두어 주시기 바랍니다."

"부친께서는 제 말을 잘 들으셔야 합니다. 이 돈은 그냥 드리는 것이 아닙니다. 지난해 제가 러시아와 해외 사업을 시작하였습니다. 곡물이나 가축 등을 러시아와 만주에 파는 장사인데 운이 좋았는지 크게 성공하여 돈을 많이 벌고 있습니다. 장사를 하면서 복만이 중요한 일을 맡아 저를 많이 도와주었지요. 해외 사업을 하면서 복만을 제 사업의 동업자로 생각해서 일을 했기 때문에, 제가 드리는 돈은 복만이 번 돈이라 생각하시고 편하게 받으셔도 됩니다. 그리고 복만이 지금은 소식이 없으나 언젠가 식구들 앞에 나타날 것입니다. 그러니 마음을 편하게 하시고 건강히 지내시기 바랍니다. 그간 많은 고생을 하셨는데 좀 쉬시면서 차차 호구지책을 찾아보시면 어떨지요?"

"지금껏 배운 일이라고는 고작 주인집에서 농사일하고 집 안의 잡일을 거드는 게 다였는데 무슨 재주가 있어서 스스로 무엇을 할 수 있을지 걱정입니다."

"예, 천천히 생각해 보도록 하시지요. 근처에 전답을 좀 사서 농사를 지으셔도 좋을 것 같습니다. 아니면 부친께서는 이 기회에 장사를 좀 해 보시는 게 어떠신지요? 요즘 잘되고 있는 푸성귀전을 열어 장사를 해 보시는 것도 좋을 듯합니다. 백가객주에서 일을 좀 배우시면 할 수 있을 것입니다."

"이렇게까지 과분하게 도와주시니 이 은혜를 어찌 갚아야 할

지 몸 둘 바를 모르겠습니다."

　매실은 머리를 깊이 수그리고 앉아 죄인처럼 얼굴을 들지 못
하고 눈물만 떨구고 있었다. 준마는 매실의 처지가 처량하고 안
쓰럽게 느껴져 뭔가 하고 싶은 말이 있었으나 그냥 모른 척하기
로 했다. 복잡한 일은 때로는 시간이 해결하기도 했다.

혼례

연인들

아침 동이 트면서 백가객주 안마당에는 대형 장막이 걸리고 사람들이 부지런히 잔치 준비를 하느라 부산하게 움직이고 있었다. 아낙네들은 한쪽에서 전을 지지고 다른 한쪽에서는 잔치에 쓸 소를 잡아 요리하느라 바쁘게 움직이고 있었다.

오늘은 김 진사 댁 숙향과 백가객주의 준마가 혼례를 치르는 날이다. 그동안 백가객주의 백춘삼은 장사 길에 가끔 들렀던 김 진사 댁의 외동딸인 숙향을 눈여겨보고 있었다. 지금은 가세가 기울어 손바닥만 한 논에 벼를 심어 겨우 입에 풀칠만 할 정도로 가난하게 살고 있으나 과거 정승까지 지낸 가문으로 김 진사는 이곳 고을에서는 알아주는 양반 가문이었다. 중간에 매파를 넣어 김 진사의 의중을 물어보았으나 수개월 동안 김 진사는 대답을 미루어 오다가 이제야 혼인이 이루어진 것이다. 부친을 따라

왔던 준마를 가끔 보았는데 성격도 활발하면서도 글도 남들보다 빠르게 익힐 정도로 영특한 아이였다.

　김 진사는 지금은 비록 집안이 기울어 빈한하게 살고는 있으나 그래도 뼈대 있는 양반 집안으로 장사를 하는 집안과 사돈을 맺는 것에 조금은 마음이 쓰였던 것이다. 세상이 아무리 양반과 상민의 구별이 없어지고 돈이 행세하는 시절이라 하나 마음 깊이 자리 잡고 있는 선비로서의 체면과 자존심은 쉽게 버릴 수 있는 것이 아니었다.

　저녁상을 물린 후 김 진사는 조용히 숙향을 안방으로 불렀다.

　"숙향아! 내 오늘 너에게 한 가지 물어볼 것이 있느니라. 네 나이도 이제 스물이 넘어 혼기가 찬 나이인지라, 이제 시집을 가야 하지 않겠느냐?"

　"아버님, 저는 그냥 이대로 부모님 모시고 혼자 사는 것이 좋습니다. 하오니 저에게 혼인을 하라는 말씀은 거두어 주십시오."

　"아니다. 네 생각이 무엇인지 나도 잘 알고 있다. 하지만 우리는 이제 살날도 그리 많이 남지 않았다. 그러니 혼인은 내 말대로 하거라. 너도 알 거다. 저 아랫동네에 사는 백가객주의 백춘삼 대행수의 자식인 준마를 어떻게 생각하느냐? 허우대도 그만하면 멀쩡하고 싹싹하고 부지런한 성품과 매사 일을 처리하는 것으로 봐서는 너를 그렇게 고생시킬 것 같지는 않아 보이더구나. 단 한 가지 흠은 그래도 우리는 뼈대 있는 양반의 가문으로 상민과 혼례를 한다는 것이 조상들께 죄송한 것 같기는 하다마는, 그래 일단 네 생각이 어떤지 물어보고 싶구나. 요즘 나라에서도 양반과 상민을 가리지 말고 장사에 종사하기를 조정에서도 권하고 있고, 세상도 많이 변해서 반상을 구별하지 않는다고는 하나 아직은 집안 어른들도 쉽사리 받아들이기가 쉽진 않을까 걱정이긴 하다. 그래, 너의 생각은 어떠냐?"

"제가 다니는 천주회는 모든 사람은 하느님의 자손으로 평등하다고 하였습니다. 태어날 때부터 귀천이 있는 것이 아니라고 합니다. 저는 아버님의 말씀대로 따를 것이오니 괘념치 마십시오."

사실 숙향은 준마가 오래전부터 대행수를 따라 집에 올 때마다 그를 보곤 했다. 가끔 더위에 이마에 땀을 흘리고 들어오는 준마에게 물도 떠다 주고 집에서 짜 놓은 짚신을 같이 나르기도 하였다. 어느 때인가는 지독한 가뭄에 벼가 다 타 들어갈 적에 준마가 와서 물길을 터 주기도 하고 필요한 물건들을 구해다 주기도 했다. 그때마다 그의 마음 씀씀이가 정이 많은 사람임을 느끼고 있었다.

그러던 지난 여름 어느 날, 바가지에 물을 담아 건네주면서 준마의 손길이 닿자 왠지 가슴이 뛰고 부끄러움이 느껴지기 시작한 것이었다. 준마가 장사 일이 바빠서 한동안 보이지 않으면 무슨 일이 있는지 궁금해지기까지 하였다.

사실 김 진사는 이런 숙향의 마음을 오래전부터 조금씩 눈치를 채고 있었다. 이제 세상이 변하고 있었다.

'내가 아무리 선비의 체통을 지키고 도리를 말한다 해도, 지금 나라까지 망하는 지경에 이르렀고 서양과 왜인들이 이 땅에 와서 개벽을 일으키고 있는데 더 이상 쓸데없는 고집을 부려서도 아니 될 것이다. 그저 짧은 한평생 좋아하는 사람끼리 만나 밥걱정 안 하고 살 수 있다면 그것도 나쁘진 않을 것이다.'

결국 김 진사는 여러 번을 숙고한 끝에 마음의 결정을 내리게 되었다.

아침부터 준마는 숙향과 부부가 된다는 것이 실감이 나지 않는 듯 여느 때보다 마음이 들떠 있었다. 부친이 김 진사 댁을 갈 때마다 마다하지 않고 따라다닌 이유에는 사실 숙향을 보는 즐거움도 있었다. 김 진사와 부친이 얘기하는 동안 한쪽 구석에서 짐을 정리하거나 마당의 짐을 옮겨 주면서 숙향과 얼굴을 맞대고 잡담하면서 일하는 것이 마냥 즐거웠다.

가슴속에 쌓여 가는 연민의 정은 그다지 많은 말과 시간이 필요 없는 듯하였다. 사랑과 연민이라는 것은 오랫동안 저 멀리에서 모르는 듯이 머물러 있다가 어느 틈엔가 갑자기 안개가 걷히듯이 깨어나 연인들의 가슴에 불을 질러 놓는 것이다. 가슴에 품고 있던 준마의 속마음을 부친이 이미 알고 있었는지, 아니면 잘못 빗나갈 수도 있는 혈기왕성한 준마의 치기를 가정을 꾸리게 하여 일찌감치 잡아 두겠다는 부친의 계획이었는지는 누구도 모르는 것이었다. 어쨌든 미래는 미래고 오늘은 오늘이었다. 준마는 가장으로서의 걱정보다는 오늘의 이 기쁨과 설렘을 영원히 간직하고 살 수 있기를 하늘에 빌고 또 빌었다.

잔치에는 인천 지역 주요 상단의 행수들과 청국의 행수 그리고 군수와 감리서 직원들과 일부 서양의 외교관들도 참석했다.

먼저 신랑이 신부 집에 말을 타고 가는 초례를 하는데 주위에는 준마의 친구 길재, 석태와 동몽청의 친구들과 임방의 대길이 앞장서서 신부의 집을 향했다.

　신부의 집에서는 혼례청이 차려지고 풍물놀이와 비나리(상에 돈이나 곡식을 얹어 놓고 고사를 외는 사람)로 한껏 흥을 돋우었다. 사람들은 저마다 오랜만에 보는 조선의 혼례식 광경을 재미있게 바라보고 환호했다. 외국인들도 처음 보는 조선의 전통 혼례를 호기심으로 지켜보고 있었다.

　신부 집에 도착하여 신부의 혼주에게 기러기를 전달하는 전안지례(보자기에 싼 기러기를 가지고 가서 상 위에 놓고 절을 하는 것)를 하고 신부 측은 전안상을 차렸다. 신부의 모친은 기러기를 조심스럽게 치마에 담아 신부 방에 던졌다.

　다음에는 신랑과 신부가 맞절을 하는 교배지례가 있었다. 교배상이 차려지고 두 사람이 교배상 앞에 섰다. 교배상에는 촛대, 소나무, 대나무, 꽃, 닭, 쌀, 대추, 술잔 등이 놓여 있었다.

　사모관대를 갖춰 입은 준마는 싱글벙글 연신 입에서 미소가 떠나질 않았다. 화려한 색상의 활옷을 입고 족두리를 쓴 신부는 시종 차분한 모습이었다. 신랑, 신부가 조례상 앞에서 맞절을 했다.

　이어서 신랑과 신부가 술을 나누어 마시는 합근지례가 치러졌다.

　식이 끝나면 신랑이 신부 집에서 사흘을 보내는데 이때 신부의 일가친척들에게 인사를 하게 된다. 그리고 사흘 후에 신랑이 신부를 데리고 신랑 집으로 간다.

떠들썩한 잔치도 어느덧 다 끝나고 드디어 준마와 숙향은 신혼 첫날을 보내게 되었다. 여러 날을 혼례를 준비하고 식을 치르느라 두 사람은 몹시 지쳐 있었다. 이제야 두 사람만 오붓하게 남게 되었다.

그토록 마음속으로만 사모하여 먼발치에서만 바라보던 두 사람은 이제 부부로서 남은 인생을 함께하게 되었다. 유난히도 밝은 달이 밤하늘에 떠 있고 이렇게 운명적인 만남은 시작되었다. 남포등의 불이 꺼졌다. 숙향이 수줍은 듯 옷고름을 풀고 서서히 저고리를 벗는 것이 창을 통해서 달에 걸리었다. 이내 숙향의 뽀얀 젖가슴이 드러나고 준마는 손을 넣어 서서히 숙향의 속곳을 당겼다. 준마의 입술이 숙향의 입술에 포개지는 순간 두 사람은 뜨거운 용솟음을 주체하지 못하고 서로 몸을 감고 격렬하게 요동을 쳤다. 달빛에 비친 숙향의 벗은 알몸의 요요한 자태 위로 준마의 불같은 뜨거운 몸이 올라가면서 저들은 아늑한 심연을 향해 헤엄치면서 첫날밤을 아낌없이 불살랐다.

혼례가 치러지는 날 대문 밖에서 조용히 잔치를 지켜보던 사내가 있었다. 일본 통감부의 이사청 소속 다케다 경사는 모자를 깊게 눌러 쓰고 오전부터 계속 집 안을 살펴보며 잔치에 참석한 하객들을 살피고 있었다. 그의 날카로운 눈매는 마치 매가 먹이를 찾는 것처럼 집 주위를 주시하고 있었다.

한편 이날 송파 임방에서는 또 한 쌍의 부부가 혼례를 치르고 있었다. 송파 임방의 이득만이 큰 소리로 외친다.

"신랑과 신부는 입장하시오!"

양반 성 진사를 구타한 죄명으로 도피했던 복만이 결혼을 하는데 신부는 바로 한동안 종적이 없었던 성 진사의 딸인 채령 낭자였다.

성 진사는 그동안 콩이나 곡물을 매점하여 크게 돈을 벌려다가 도리어 큰 손실을 보게 되었다. 최근에 콩나물이 유행을 하자 콩 값이 뛰기 시작했다. 성 진사는 콩을 매점하면 큰돈을 벌 수 있다는 뜨내기 상인의 말을 믿고 인근의 콩을 죄다 매점할 기세로 사들였다. 그러나 장사는 하늘의 운이 따라 주어야 되는 법이다. 창고에 잔뜩 쌓아 놓고 이제 값이 뛰기만 기다리기를 달포가 지났다.

마침 콩을 사겠다고 나선 상인을 만났다. 성 진사는 장사가 이렇게 쉽고 재미있는 줄 몰랐다. 마음속으로 쾌재를 부르면서 사겠다는 도고(물건을 미리 사서 창고에 보관했다가 되파는 도매상인)를 창고로 데려갔다. 성 진사는 창고 문을 열고 안으로 들어섰다가 쌓아 놓은 콩을 쳐다보고는 눈앞이 노래지면서 그대로 주저앉고 말았다.

며칠 전 내린 장대비로 쌓아 놓은 콩이 물에 젖어 대부분 못쓰게 되어 버린 것이다. 그동안 성심 성의껏 성 진사 댁 일을 보아 주던 천득 내외가 나가자 집안일을 제대로 챙겨 주는 사람이 없어서 창고 지붕에 구멍이 뚫려 있는 것도 몰랐던 것이다. 매년 천득 내외는 장마철이 오기 전에 창고를 고치고 전답의 고랑을 치면서 하루도 쉬지 않고 부지런히 집 안팎의 일을 챙겼었다. 천득의 난 자리가 너무도 크다는 것을 성 진사는 그제야 뼈저리게 깨달았다.

막대한 손실을 본 성 진사는 엎친 데 덮친 격으로 헐값에 싸다고 덥석 사들인 토지가 쓸모가 없는 땅으로 밝혀져 땅을 판 사람과 소송이 붙었는데 이자가 서울의 민 씨 집안과 연결되어 있었다. 성 진사가 올린 소지[所志, 서면으로 관부에 올린 소장(訴狀)이나 청원서]를 관아에서는 차일피일 미루면서 성 진사에게 일방적으로 불리하게 사건을 몰고 갔다.

불같은 성격에 호의호식하면서 평생을 별 걱정 없이 잘살 것 같던 성 진사도 이제는 고령에다가 몸까지 만신창이가 되어 결국은 화병으로 세상을 뜨게 되었다. 죽으면서도 두 눈을 부릅뜨고 아직 못다 한 일이 남아 있었던지 누워서 두 팔을 뻗어 허공에 흔들면서 "쌀! 뒤~ 쌀~ 주! 쌀~"을 연신 외치다 그대로 두 팔을 뻗은 채로 죽었다고 했다. 염을 하면서 이 두 팔을 사람들이 달려들어 꺾듯이 힘껏 당겨서야 겨우 반듯이 자세를 잡아 염을 하였다고 했다. 그 모습을 본 사람들은 성 진사가 죽어서도 뭔가 가져갈 게 있었던 모양이라고 수군거렸다.

그렇게 권세를 누리던 성 진사도 결국 죽음 앞에서는 어쩔 수가 없었다. 이어서 부인마저 병이 들어 죽자, 집안이 그대로 몰락하고 말았다. 평소 채령을 눈여겨보았던 복만이 채령을 설득하여 이제 둘이 혼인을 올리게 된 것이다.

악명 높았던 성판학과 다르게 딸 채령은 부친과는 전혀 다른 심성을 가지고 있었다. 평소 천득 내외가 고생하는 것을 안타깝게 여겨 몰래 식량을 내주기도 하였고, 복만이 글공부를 하는 것을 보고는 가끔 책을 구해다 주기도 하였다. 비록 복만이 자기 집 노비 출신이라고는 하나 무예를 익히고 글공부를 열심히 하는 복만을 채령은 은근히 마음에 두고 있었던 것이다.

이득만이 소개한 과부 보부상인 심점례의 집 옆에 붙여서 지은 조그마한 방에 신혼집을 차렸다. 비록 제대로 된 혼례식을 치르지는 못했으나 복만은 평소 마음속에 몰래 품었던 채령을 이제 아내로 맞아들이게 되어 꿈만 같았다. 이제 조금만 더 기반을 잡으면 점포도 내고 인천과 송파를 오가면서 제대로 장사를 해 볼 참이었다.

남포등 불이 꺼졌다. 그러나 창을 통해서 들어온 은은한 달은 깊은 밤에도 그렇게 두 사람을 포근하게 감싸고 있었다. 서서히 채령의 옷고름을 벗기는 복만의 얼굴은 두려움과 부끄러움으로 가볍게 떨리고 있었다.

'채령! 고마워요, 아씨!'

복만은 마음속으로 불러 보았다. 이제는 나의 연인이 된 채령이다. 채령의 벗은 알몸은 눈이 부실 정도로 아름다웠다. 하늘에서 선녀가 내려온 것 같은 환상을 느끼면서 복만은 서서히 채령의 몸 위에 자기 몸을 실었다. 무아지경으로 빠져들면서 두 사람의 뜨거운 입술이 포개졌고 환희로 두 연인의 불덩어리 같은 온몸은 격렬하게 움직이며 하나가 되었다.

사람의 운명은 한 치 앞을 알 수가 없다. 열 길 물속은 알아도 한 길 사람 속은 모르는 것이다.

장문법

보부상 장문을 받아라

장문법

보부상 장문을 받아라

송파는 삼남의 물목이 송파나루로 들어오는 상거래의 요지였다. 나루터를 오가는 등짐장수와 물건을 잔뜩 싣고 와서 나루터에 내려놓고 다시 배 가득히 물건들을 싣고 떠나는 크고 작은 선박들로 선착장은 쉴 새 없이 붐볐다. 선착장 근처 장터에서는 상인들의 호객 소리와 흥정 소리로 시끌벅적하고, 오가는 사람들로 어수선하였다. 해질 무렵 일본 상인 10여 명이 송파나루의 한 주막에 앉아 삶은 돼지고기를 안주 삼아 탁주로 목을 축이고 있었다.

그동안 어쩌다 한두 명 간간이 보이던 일본 상인들이 최근에는 무리를 지어 나타나곤 했다. 오후 반나절을 나루터 여기저기를 다니면서 선박에서 오르내리는 물목들을 유심히 살펴보고 있었다. 그러고는 장터로 옮겨 와서는 늘어놓은 물건들을 보고 다녔고 가끔은 이것저것 값을 물어보기도 하였다. 여곽에 가져온 짐들을 내려놓고 오후 내내 나루터를 돌아보던 이들은 저녁 늦게 잠자리에 들었다. 일본 상인들은 아침 동이 트자마자 일어나 가져온 짐들을 부지런히 지게에 잔뜩 실어 옮겼다.

아직은 이른 아침이라 장이 채 서기도 전이지만 부지런한 상인들은 벌써 나와서 자리를 잡기 위해 부산하게 움직이고 있었다. 일본 상인들은 막 개장하기 시작한 시장의 중심부에 자리를 잡고 지게를 세워 놓고 잔뜩 실어 온 물건들을 내려놓기 시작했다. 상인 7명이 각자의 짐을 내려서 가지런히 늘어놓자 장검을 허리에 꿰찬 무사 3명이 그들 주위에 서서 보호하고 있었다.

부지런한 장터 사람들로 순식간에 시장은 붐비기 시작했다. 아침 일찍부터 장터를 찾은 조선 상인들은 낯선 이방인들의 출몰에 호기심을 가지고 모여들었고 이들이 가져온 물목을 신기한 듯이 쳐다보았다. 각종 물목을 장시에서 파는 것보다 싼값으로 파는데 직물이나 화장품, 세공품, 담배, 향료와 성냥, 기름과 종이와 신기한 서양 물건들을 팔기 시작했다. 면직물은 조선 것보다 색상이 더 화려하고 값은 거의 반값 정도에 팔았다. 처음 보는 신기한 물건도 많고 가격도 싸거니와 품질도 좋아 이들은 정오가 지난 이른 오후에 대부분의 물건을 팔아 치웠다. 상대적으로 난데없이 나타난 경쟁자의 출현으로 같은 종류의 물목을 가져온 보부상이나 시장 내 점포는 물건이 팔리지 않아 울상이었다.

일찌감치 물건을 팔아 치운 일본 상인들은 주막에 둘러앉아

고기를 썰어 놓고 술잔을 기울이면서 떠들썩하게 자축하고 있었다. 이들 주위에는 짐을 실어 주고 따라온 조선의 짐꾼 몇 명이 따로 둘러앉아 국밥을 먹고 있었다. 장시마다 계속해서 이들이 나타나서 싼값으로 물건을 팔기 시작하자 점차 보부상들과 장시의 객주들은 일이 심각하게 돌아감을 느끼기 시작했다.

저녁 무렵 해가 지면서 봉놋방에 보부상 접장 이득만을 비롯한 임원들과 단원들이 둘러앉아 심각한 표정으로 회의를 하고 있었다. 일본 장사꾼들이 계속 우리 장시에서 장사를 하도록 내버려 둬야 하는지에 대한 회의가 시작되었다. 젊은 패들을 중심으로 격한 성토의 목소리가 터져 나오기 시작했다.

"이대로 당하기만 하고 있어서는 안 됩니다. 어떻게든 더 이상 왜상들이 장사를 못하도록 막아야 합니다. 이러다가는 우리 보부상은 물론 조선의 상권이 일본 상인들에게 다 넘어가게 생겼습니다."

"지금 조정에서는 이러한 사실을 아는지 모르겠습니다. 아니면 알면서도 모르는 척하는 건지. 우리가 이대로 있어서는 안 됩니다. 모두 일어나서 관아에 가서 대책을 세워 달라고 항의를 해야 합니다."

"우리는 정당하게 세금을 내면서 채장을 받아 장사를 하고 있는데 일본의 계림장업단 소속 상인들은 막무가내로 우리 장시에 들어와 장사를 하고 있으니 이건 일본이 우리나라를 우습게 보고 하는 행동입니다."

한 사람씩 돌아가면서 성토와 울분을 쏟아내기 시작하면서 격한 분위기가 고조되어 갔다. 이윽고 송파 임방의 접장 이득만이 입을 떼었다.

"지금 전국적으로 일본의 계림장업단 상인들이 조선의 상권을 장악하여 우리 보부상들을 없애 버리겠다고 행패를 부리고 있다는 소식이 들려오고 있습니다. 이들은 무사를 대동하고 다니면서 조선의 상인들을 위협하고 때로는 살상을 자행하고 있답니다. 지난 원산장에서는 물목을 싸게 파는 계림장업단의 상인들과 장시의 상인이 시비가 붙었는데 일본의 낭인들에게 칼을 맞은 상인이 결국 숨지는 일이 발생했답니다. 아직까지 우리 보부상조직과는 크게 충돌은 없었으나 우리 보부상조직으로서도 이들의 행패를 이대로 방관만 할 수는 없을 것 같습니다."

"한성의 도존위는 뭐라고 합니까?"

"일단 조정에서는 보부상조직을 해체하고 새로이 근대화된 상업체계를 다시 구축해야 한다는 일본의 협박에 말도 안 되는 얘기라고 하면서 버티고 있는 실정입니다."

"일본으로부터 막대한 부채를 지고 있는 조정으로서도 언제까지 버틸 수 있을지 걱정입니다. 이미 철도부설권, 산림개발권, 광산개발권 등 조선의 자원이 외국인들 손에 넘어가고 있고 특히나 일본은 서양과의 무역에서 번 돈으로 외국에서 총포와 군함 등 각종 최신 무기를 사들이고 있답니다. 이대로 가다가는 조선이 일본에 침략을 당할 수도 있답니다."

"지금 인천에는 일본의 무장행상 조직인 계림장업단 본부가 설치되어 우리 보부상의 상권을 빼앗기 위해 전국에 단원들을 파견하고 있답니다. 계림장업단 본부에서는 인천의 보부상 임방을 아예 없애기 위해 전국에서 일본 낭인들을 불러 모으고 있답니다."

"조만간 인천에서 보부상과 계림장업단의 일전이 벌어질 것 같습니다. 만약 이 싸움에서 보부상이 패한다면 계림장업단은 마음 놓고 조선의 상권을 약탈할 것입니다. 일전에 송파를 방문한 백준마 행수를 만나서 얘기를 들어 보니 이들의 행패가 도를 넘을 지경이라고 합니다. 이미 인천에서도 계림장업단 검객의 칼에 인천 임방의 단원이 숨지는 일이 발생하기도 했답니다."

"인천에 계림장업단의 본부가 있으니 상징적으로도 인천의 임방을 없애야 자기들의 힘을 대외적으로 과시할 수 있으니 그런 것이지요."

다음 날 아침 송파 임방의 공원인 전동삼이 이득만에게 숨을 헐떡이며 달려왔다.

"지난밤 송파 문정골에서 계림장업단원이 보부상 단원을 겁탈하고 살해한 일이 벌어졌습니다. 황화물을 파는 보상인 심점례가 어제 장에서 일을 마치고 집으로 가는데 문정골을 넘어가는 길에 묘지 옆에서 갑자기 나타난 계림장업단으로 보이는 사내 둘에게 겁탈을 당하고 심하게 다쳤는데 목숨이 위태롭다고 합니다. 그런데 싸우는 소리를 듣고 달려온 복만 행수의 처도 크게 다쳤다고 합니다."

심점례는 삼전나루에서 혼사가 있는 이 진사 댁 마님에게 혼례에 쓸 물건들을 가져다주고 오느라 시각이 좀 지체하였다. 광주로 넘어가는 큰길에서 멀리 떨어져 있지 않은 조그만 마을로 가는 샛길은 양쪽으로 숲이 우거져 있다. 평소 사람의 왕래가 적은 곳이기는 하나 큰길로는 제법 사람들의 통행이 많아서 평소 그다지 위험한 길은 아니었다. 달은 이미 중천에 떠 있고 평소에 늘 다니던 익숙한 길이라 별 두려움 없이 숲을 따라 걷는데 개롱골을 지나 문정골의 공동묘지 옆을 지날 때 시커먼 복장을 하고 얼굴에 검은 복면을 한 사내가 불쑥 나타나 앞을 가로막았다.

"아니 누구신데 갑자기 나타나 사람을 놀라게 하는 거요!"

소리치기가 무섭게 복면을 한 사내 뒤에서 또 한 사내가 나타나더니 점례를 잡아 넘어뜨렸다.

"아니 이놈들이 어디서 행패를 부리는 게야! 사람 살려요!"

"가만히 있으면 목숨은 살려 준다. 그러니 가만히 있는 게 좋을 게야! 이 밤중에 아무리 소리쳐 봐야 구하러 올 사람도 없어."

허리에 칼을 차고 있는 자는 무사로 보였다. 말이 어눌한 것으로 보아 분명 조선 사람은 아니었다.

"네 이놈들, 하늘이 무섭지 않느냐! 어서 날 놓지 못하겠느냐!"

악을 쓰면서 고래고래 소리를 질러 보았지만 소용이 없는 일이었다. 악을 쓰고 대들었지만 놈들은 짐승만도 못한 부랑배들이었다. 옷이 다 찢기고 찢어진 치마 사이로 허연 살갗이 다 드러났다. 옷을 찢은 놈이 점례의 허연 허벅지 살갗이 드러나자 눈이 뒤집히면서 점례 위로 덮쳤다. 점례는 손으로 밀치면서 놈을 밀어내려고 발버둥을 쳤지만 이미 놈은 이성을 잃고 미친 듯이 달려들었다. 계속 점례가 반항을 하자 점례의 머리를 주먹으로 가격하였다. 충격으로 점례는 기절하였고 이틈에 놈은 바지를 내리고는 짐승같이 달려들어 욕망을 채우기 시작했다.

마침 복만의 처 채령이 마을 어귀에 나와 복만이 오기를 기다리다 날카로운 여자의 비명소리를 들었다. 채령은 비명소리를 듣고 급히 내달려 점례가 있는 곳으로 달려왔다. 점례가 옷이 벗긴 채로 쓰러져 있었고 놈들은 점례를 능욕하고 있었다.

채령이 만신창이가 된 점례를 보고는 비명을 지르고 사람 살리라고 소리를 질렀다. 놈들은 갑자기 사람이 나타나자 당황하였고 채령이 계속 소리를 지르자 한 놈이 달려들어 채령을 낚아채었다. 목덜미를 잡힌 채령이 품속에서 은장도를 꺼내어 놈을 찔렀다. 은장도는 놈의 손을 베었다. 놈의 얼굴이 고통에 일그러지면서 채령을 발길로 걷어찼다. 채령이 뒤로 넘어지자 이번에는 다른 한 놈이 칼로 채령을 찔렀다. 칼날이 달빛에 잠시 번쩍이는가 싶더니 순식간에 채령은 칼에 찔려 쓰러졌다. 놈들은 채령이 쓰러져 피를 흘리는 것을 보고는 이내 저희들끼리 몇 마디 수군거리더니 서둘러 뒤로 물러나면서 도망을 가기 시작했다.

그동안 복만은 채령과 혼인을 하여 심점례가 사는 집 옆에 방을 이어 붙여 지은 집에 함께 살고 있었다. 심점례는 보부상이었던 남편이 행상 길에서 죽은 후에 혼자서 봇짐행상을 하며 시어머니와 남매를 키우는 억척같은 여성 보부상 단원이었다.

이득만은 문정골에서 좀 떨어진 외진 곳의 초가집에 살고 있는 심점례 집을 찾았다. 어깨를 크게 찔린 채령은 심하게 다쳐 치료 중이었다. 얼굴도 심하게 맞아 부어올랐다. 한편 심점례는 팔에는 긁힌 자국이 선명하고 찢어진 옷이 방 한구석에 놓여 있는데 심하게 다친 것처럼 보였다. 넘어지면서 목을 다쳤는지 움직이지를 못하였다.

심점례의 남편 고대만은 보부상 행상 길을 같이 다니면서 이득만이 도적 떼에 습격을 당해서 부상을 입었을 때 끝까지 남아 득만을 치료해 주고 병이 나을 때까지 기다려 주어 구사일생으로 살아남은 적이 있었다. 고대만이 원행 길에 벼랑으로 추락하여 죽은 후 득만은 그 가족을 불쌍히 여겨 항상 신경을 쓰며 보살펴 왔던 것이다.

한편 의형제를 맺은 인친의 준마 행수의 친구인 복만의 집에는 복만의 처 채령이 칼에 찔려 지금 사경을 헤매고 있었다. 복만이 칼을 들고 나가는 것을 겨우 붙잡아 방 안에 앉혔다.

"복만 행수, 지금 이 무슨 날벼락 같은 일이오. 내 결단코 이놈들을 잡아 죽이리다. 혼자 나서면 저들에게 당합니다. 저들은 이미 증거를 감추었을 것이고 먼 곳으로 도망을 했을 것이오. 이 일은 우리 보부상 전체에 대한 살인행위니 우리 보부상단이 장문법으로 처리해야 할 일입니다. 일단 놈들을 잡는 것이 급합니다. 원수는 그때 복만 행수가 갚도록 할 것입니다."

이제 겨우 채령과 살림을 차려 행복하게 잘 살고 있는데 채령이 저렇게 사경을 헤매고 있으니 복만을 쳐다보는 득만과 단원들 모두가 눈물을 떨구었다.

홀로 남겨진 심점례의 모친과 어린 아들이 심점례의 상여를 따라가는데 처량하고 애통한 그 모습에 단원들은 치를 떨었다. 점례는 집에서 멀지 않은 문정골의 묘지에 묻혔다. 다행히 채령은 급소를 찔리진 않아서 목숨을 구할 수 있었다. 준마, 석태, 길재는 복만의 넋이 빠진 모습에 할 말을 잊고 바라볼 뿐이었다. 그래도 다행히 구사일생으로 목숨을 건졌다고 하니 그나마 불행 중 다행이었다.

"며칠 전 우리 여성 보부상 단원 한 사람을 밤길에 능욕하고 처참하게 살해했습니다. 게다가 이를 말리려던 보부상의 아내를 칼로 찔러 중상을 입혔습니다. 보부상은 여성단원으로 심점례라는 보상이었습니다. 우리 보부상 계율에서는 여성단원의 짚신도 타 넘지 못하도록 하고 있으며 여성단원을 희롱하는 자는 장문법으로 다스리도록 하고 있습니다. 이들은 계림장업단의 단원이라고 합니다. 이제부터 내 이놈들을 찾아내어 싱치를 하고자 합니다."

"아니 어찌 이런 일이 다 있는가? 아무리 천하에 야만족이라해도 여성 행상한테 이리 행패를 부릴 수가 있단 말입니까?"

임방의 임원들이 대책을 논의하면서 울분을 삭이고 있었다.

"당연히 놈들을 찾아내어 응분의 벌을 주어야 합니다."

다음 날 접장 이득만은 계림장업단 송파 분회를 찾아갔다.

"며칠 전 문정골에서 우리 여성보상을 능욕하고 살해한 사람들 중에 일인 상인이 있다는 고변이 있었다. 당신들 중에 손목

등에 국화 문신을 하였거나 손등에 칼자국이 있는 자가 있으면 그자를 우리에게 내어주시오."

"무슨 소리오? 우리 계림장업단 중에는 그런 일을 한 사람이 없습니다. 괜한 억지 부리지 말고 당장 돌아가시오."

사무실에 있던 왜상들 중에서는 손에 문신이 되어 있는 자를 찾을 수가 없었다.

"아마 그놈들이 이런 사고를 치고 송파 분회로 돌아오지는 않을 것입니다."

"지금쯤 멀리 도망을 갔을 것이오."

이득만은 즉시로 인근 지방으로 사발통문을 돌리도록 했다.

저녁 무렵 준마는 친구들과 국밥을 먹기 위해 배다리골의 주막에 들렀다. 복만의 일로 한동안 우울한 심정으로 지내던 터에 모처럼 어울려서 답답함이나 풀어 보려고 오랜만에 무술연습을 하였다. 헤어지기 전에 요기나 할 요량으로 주막을 찾았는데, 주막에는 서울에서 온 듯한 왜상들이 앉아서 국밥을 먹고 있었다.

"주모, 여기 술 좀 내오시고 국밥 세 그릇만 말아 주시오."

"예, 준마 행수, 어서 오세요!"

주모가 반가운 얼굴로 준마 일행을 맞았다.

준마 일행이 자리에 앉아 이런저런 얘길 나누다 고개를 돌리다 왜상들이 있는 곳에 눈길이 닿았다. 마침 때 이른 저녁이라 주막에는 사람들이 없었다. 왜상들은 준마 일행에게는 눈길도 주질 않고 허겁지겁 밥과 접시 위에 놓인 고깃점을 입에 집어넣고 있었다.

"저놈들은 아무래도 서울에서 내려온 왜상들 같아 보이는데 며칠을 굶었나, 개걸신이 들렸는가 보이."

그제야 한 놈이 눈을 부라리며 고개를 돌려 쳐다보는데 수저를 든 손에 국화 문신이 유난히도 돋보였다. 일본 상인들은 다시 남은 국밥과 고기 접시를 다 비우고는 자리를 뜨기 시작했다.

잠시 후 준마와 석태, 대길이 무엇에 놀란 듯이 서로의 눈을 쳐다봤다.

"아니 얼마 전 통문에서 국화 문신 얘기가 있었는데, 그 송파에서 여성 보부상을 겁탈하고 살해한 계림장업단 놈들을 추포한다는 사발통문 말이야."

임방의 공원인 대길이 급히 말을 내뱉었다. 말이 떨어지기가 무섭게 준마 일행은 즉시 자리에서 일어났다.

저 앞에서 빠르게 걸음을 옮기는 놈들이 보였다.

"거기, 앞서가는 분들 잠깐 멈추시오! 물어볼 것이 있소이다."

대길이 크게 소리치자 놈들은 놀란 듯이 멈춰서 뒤를 돌아보았다.

"지금 행상들은 어디서 오는 길이오?"

"우리가 어디서 왔던 그건 왜 묻는 거요?"

"잠시 궁금해서 물어볼 것이 있어 그렇소이다. 혹시 당신들 송파에서 오는 길이 아니오?"

그 말에 한 놈이 얼굴이 하얗게 질리면서 고개를 숙였다.

"무슨 소리오? 우린 송파에 간 적도 없고 그게 또 당신들하고 무슨 관계요?"

"송파에서 우리 보부상 여성행상에게 행패를 부려 사람을 크게 다치게 하고 사람을 죽인 일이 있었소이다."

"우리는 모르는 일이니 더 이상 귀찮게 하지 말고 어서 갈 길이나 가시오."

"잠시 당신들 손목을 좀 보여 주시오."

"뭐요, 남의 손목을 왜 보이라는 거요?"

신경질적인 반응을 보이며 한 놈이 칼집에 손을 얹었다.

"더 이상 귀찮게 하면 네놈들 경을 칠 테니 우리 길이나 막지 말고 어서 꺼지는 것이 좋을 것이다."

"뭐야, 이놈들이 찔리는 것이 있기는 한가 보구나. 내 보아하니 네놈들이 그 난봉꾼들이 틀림없구나."

"뭐야, 이 더러운 조선놈들이, 어디서 사람을 모함하는 것이냐? 이놈들, 밀로 해서는 안 되겠다. 한번 혼이 나야 물러나겠느냐?"

상인들 중에 허리에 칼을 차고 있는 자가 앞으로 나서면서 칼을 들어 보였다.

"오냐, 이놈들이 드디어 본색을 드러내는구나. 네 이놈들, 당장 잡아다 장문법으로 다스려야 정신을 차릴 놈들이구나!"

준마가 칼을 치켜든 놈이 미처 검을 뽑기도 전에 한 발 앞으로 내지르면서 면상을 주먹으로 내리쳤다. "억" 하고 소리를 내지르면서 놈이 나가떨어지며 금세 숨을 헐떡였다. 나머지 두 놈들 모두 석태와 대길이 날린 발길질에 맥없이 나가떨어졌다. 넘어진 놈이 다시 일어나더니 재빠르게 칼을 뽑아 준마를 내려쳤다. 준마는 목검으로 막으며 몸을 재빠르게 돌려 놈의 무릎을 가격했다. 눈 깜빡할 사이에 반격을 당한 놈은 그대로 무릎을 꿇고 주저앉았다. 그 틈을 타고 재빠르게 석태가 놈의 얼굴을 사정없이 가격하자 놈은 눈이 뒤집히더니 뒤로 자빠지면서 길게 드러누웠다. 석태와 길재까지 나서서 놈들을 발길질과 주먹으로 마구잡이로 두들겼다. 준마가 소리쳤다.

"자, 이제 그만하자. 더 이상 두들겼다간 이놈들 목숨이 끊어지겠다. 송파 임방에 연락을 해서 넘기도록 하자. 그리고 마지막 복수는 복만이가 하도록 해야지."

잡은 놈들을 밧줄로 꽁꽁 묶은 후 이들의 행랑을 펼치자 계림장업단의 송파 분회의 단원증이 나왔다. 그중 한 놈의 신분증에는 '계림장업단 문화교류위원' 직책이 표시되어 있었다.

"이놈들, 송파에서 사건을 일으킨 범인들이 맞네그려."

"네 이놈들, 남의 나라에 와서 장사를 해 먹으려면 조용히 장사나 할 것이지. 왜 여염집 부녀자에게 행패는 부리고 다니는 것이냐? 네놈들이 내 친구의 처에게 중상을 입혔겠다? 바로 죽여 주마!"

석태가 놈의 칼을 빼어 내려치려는데 준마가 석태의 손을 잡았다.

"석태야, 이놈들은 송파 임방에 넘겨야 한다. 복만에게 이놈들을 처리하도록 넘겨야 돼!"

"네 이놈들, 여기로 도망쳐 오면 너희를 못 찾을 줄 알았더냐!"

"조선땅 어디에도 우리 보부상들이 연락이 되지 않는 곳이 없다는 것을 너희가 정녕 모르는 모양이구나."

그러고는 놈들을 모조리 굴비 엮듯이 묶어서 임방으로 끌고 갔다.

길재가 놈들의 짐에서 이상한 물건을 발견했다. 나무상자 속에는 보자기로 싼 물건들이 있었다. 보자기를 풀어 보니 속에서 조선의 오래된 서책들이 나왔다. 그리고 옆에는 여러 겹을 싼 보자기가 두 개 더 있었는데 술병 모양의 푸른 청자기였다.

"아! 이건 조선의 무덤을 도굴한 물건들이 틀림없어!"

준마가 탄식을 하며 말했다.

일전에 준마가 고종 황제를 알현했을 때 이용익 대감이 한 말이 생각났다. 지금 일본이 조선의 국사에 참견하면서 조선의 서고와 조정의 모든 문서를 조사한다면서 규장각에서 일부 물건들을 몰래 빼 가는 것 같다고 했다.

지금 조선의 조정이 기관마다 제대로 통제가 되지 않아 서고에 있는 중요한 책들을 빼돌려도 신경을 쓰지도 못하고 게다가 관리들이 뇌물을 주면 눈감고 모르는 척한다는 것이었다.

특히 조선 침략의 주도자인 이토 히로부미를 비롯한 일본의 정치가와 재력가들이 조선의 청자와 불상, 그림, 고서에 관심이 많아 이미 조선의 많은 귀중한 유물들을 일본으로 실어갔다고 했다. 조선 팔도의 왕릉과 사찰을 도굴하고 있고, 심지어 경주에 있는 많은 왕릉도 도굴을 당한 상태라는 것이다. 이 자료들 중 일부는 지금 일본 황실의 사무를 관장하는 궁내청으로 옮겨지고 있다고 했다. 이렇게 탈취한 유물들을 배로 실어 나르고 있다고 했는데 서울에서 가장 가까운 항구라면 바로 백가객주가 있는 인천인데 도무지 어디에서 그 많은 자료들을 모아 어떻게 빼돌리는지 알 수가 없다고 하였다.

준마는 어렴풋이 상황을 짐작할 수 있었다. 계림장업단은 인천에서 결성을 하기 전에 이미 오래전부터 조선에 들어와 행상을 다니면서 조선의 많은 유물들을 도굴하여 빼돌리고 있었던 것이다.

조정의 대신 누구 하나 나라의 정통성을 보존하는 이런 유물에 대해 신경조차 쓰는 자가 없으니 한마디로 조선은 뿔뿔이 흩어져 체제 자체가 무너지고 있었다. 한 나라든 어떤 조직이든 기본 틀이 무너지면 사욕으로 가득 찬 사람들만 남게 된다.

준마는 짐작이 가는 곳이 있었으나 확실한 증거를 찾을 때까지는 이 문제에 대해 더 이상 얘기하지 않고 마음속에 묻어 두기로 했다.

대길은 전통으로 송파 임방에 놈들을 잡았다고 기별을 하였다. 송파 접장 이득만은 송파 임방에서 장문으로 놈들을 다스릴 터이니 그곳으로 보내 줄 것을 요청하였다.

다음 날 해가 뜰 무렵 송파 임방에서 온 사람이 대길을 찾아왔다. 소문이 안 나도록 입단속을 하고 이놈들을 즉시 송파로 데리고 가기로 했다.

"인천 임방 단원들께 감사드립니다. 지금 송파 보부상들은 이놈들을 추포하느라 백방으로 찾던 참이었습니다. 다행히 인천 임방에서 이놈들을 잡았다니 저희로서는 이렇게 빨리 잡을 줄 몰랐습니다. 지금 출발하면 오늘 안으로 송파에 도착할 수 있습니다. 송파 임방의 이득만 접장께서는 내일 날이 밝는 대로 바로 장문법으로 이놈들을 징치한다고 합니다."

간단한 요기를 끝낸 후 송파에서 온 단원들은 서둘러 출발했다.

날이 밝자 송파 마방 앞에는 장문이 세워지고 마당에는 거적이 깔렸다. 거적 위에는 왜상 셋이 포박을 당한 채로 무릎을 꿇고 앉아 있었고 이들 주위를 보부상들이 둘러싸고 서 있었다.

"우리 보부상은 행상을 하면서도 보부상의 절목을 지키고 우리의 계율을 목숨처럼 중히 여기며 살아왔다. 특히 4계명 중에서도 여성 보부상들에게 행패를 부리는 자에게는 그 죄를 엄하게 묻도록 하고 있다. 이제 장문법에 따라 이놈들에게 죄를 묻고 장문을 시행할 것이다. 이 죄인들을 멍석에 말도록 하시오!"

옆에 서 있던 보부상 단원들이 재빠르게 놈들의 옷을 다 벗기고 물을 잔뜩 먹인 멍석에 말았다. 그러고는 물 한 동이씩을 세 놈의 멍석 위에 다시 부었다.

"이제 이놈들을 그만 치라고 할 때까지 사정을 두지 말고 매질을 하시오."

사정없이 내려치는 몽둥이 세례에 죽는다고 소리치며 비명을 질렀다. 쉴 새 없이 매타작이 가해지는데 어디서 들었는지 계림 장업단 임원이 장문이 열리고 있는 마당으로 헐레벌떡 달려 들어왔다. 그러자 입구를 막고 있던 보부상 단원이 이들을 막았다.

"보부상의 장문이 열리는 곳에는 관원들도 들어올 수 없으며 장문에 간섭하지 못하는 것이 우리의 법도다."

"무슨 소리냐, 우리는 외국인으로서 죄를 물어도 일본의 법에 따라 죄를 묻기로 되어 있다."

"무슨 개뼈다귀 뜯는 소리를 하는 것이냐! 보부상의 장문법은 조선의 조정에서도 함부로 간섭하지 못했다. 그런데 너희 일본이 남의 나라에 와서 무슨 자격으로 감히 우리 보부상의 장문법을 가로막는다는 게냐?"

"장문법이라니? 이건 무슨 법이냐?"

옆에 서 있던 조선의 관리가 한마디 거들었다.

"보부상의 장문법은 오랫동안 조선의 보부상들이 자율적으로 시행하던 규율입니다. 장문이 열리면 관아의 사또도 함부로 들어갈 수 없는 것입니다."

"상인들이 스스로 규칙을 만들고 지킨다니 도무지 이해가 안 됩니다. 아무튼 지금 속히 접장에게 사람이 죽으면 큰일 나니 즉시 매질을 중지하도록 조치하여 주시오."

"글쎄, 내 맘대로 할 수 있는 게 아닙니다. 나도 잘못하면 보부상들한테 경을 칠 수 있단 말이오."

관원이 평소에 안면이 있는 보부상 한 명에게 다가가 슬쩍 말을 건넸다.

"그러다 죽는 거 아녀? 지금 여기서 일본인을 죽이면 국제적으로 문제가 될 것인즉, 그러니 저들을 일본법에 의해 처벌받도록 일본 공사에 넘겨야 할 것이다."

"그거야 저놈들이 매질을 잘 견딘다면야 죽기야 하겠소?"

"지금 사또가 입장이 난처해서 그러네. 외국인이라 외교 문제도 있고 해서 잘 좀 처리해 주게."

계림장업단에서는 단원이 조선의 여자 행상을 겁탈하고 행패를 부린 것도 망신스러운 일인데, 살해까지 하였으니 상부에 보고하면서도 걱정이 태산이었다. 최근에 계림장업단의 행패에 다른 나라 외교관들조차 항의를 하고 있다고 했다.

이번에는 보부상의 장문법인가 뭔가 하는 법에 따라 계림장업단원이 매타작을 당하고 있으니 그야말로 안절부절못할 일이었다. 사령부에 보고해서 외교적 조치를 주장할 수 있으나 이미 벌어진 일이고, 계림장업단원이 조선여성을 겁탈하고 살해한 일이라 계림장업단으로서도 입 밖에 내기도 망신스러운 일이었다. 게다가 이 무식한 집단인 보부상들과 마구잡이로 싸움을 벌일 수도 없는 상황이었다.

결국 계림장업단의 분회장이 이득만 접장을 찾아가 타협을 시도하기로 하였다.

"이번에 보부상 임방이 잡아다 가둔 상인은 우리 계림장업단 소속단원입니다. 그런데 이 상인은 일본 사람으로 국제조약에 따라 우리 일본이 재판해야 할 사건이므로 당연히 그 범인들을 우리에게 넘겨주셔야 합니다. 우리가 일본법에 따라 범인들을 처벌할 것이니 어서 우리에게 그 사람들을 넘겨주시오."

"무슨 소리입니까? 조선에는 보부상들이 수백 년 동안 지켜 내려온 장문법이 있어 보부상과 관련된 일은 장문으로 다스려 왔습니다. 장문의 시행은 조선 관아에서도 간섭한 적이 없는데 어찌 일본 정부가 우리의 일을 가지고 이래라저래라 간섭을 한단 말이오. 절대 그런 일은 없을 터이니 그만 돌아가시오."

일본 공사까지 나서서 협상을 청하고 계림의 임원이 사정을 하면서, 몇 번의 실랑이 끝에 결국 보상금과 치료비로 채령에게 500원을, 그리고 죽은 심점례에게는 2,000원을 물어 주고 계림장업단원을 풀어 주기로 합의하였다.

　매타작을 당한 놈들은 몸이 만신창이가 되어 겨우 목숨만 붙은 채로 주위의 부축을 받으며 장문에서 끌려 나와 의원으로 실려 갔다. 갈비뼈는 대부분 부러졌고 팔과 다리도 부러진 상태였다. 얼굴은 눈이 안 보일 정도로 부었고 머리는 피가 범벅이 된 채로 들것에 실려 나갔다. 다행히 숨은 붙어 있었으나 평생을 지팡이를 짚고 살아야 할 것이라고 의원이 말했다. 수개월 후 어느 정도 몸을 추스르고 앉을 정도가 되자 이들은 강제로 일본으로 돌아가야 했다.

　의원 주위를 얼씬거리는 보부상 단원들이 언제 무슨 일을 벌일지 몰라 지레 겁을 먹은 계림장업단은 아예 이들을 일본으로 강제 수환시켜 버리기로 한 것이다. 보부상 규칙에 따르면 일단 장문법으로 벌을 받은 자는 장사를 다시 할 수 없다고 했다. 결국 계림상업단으로서도 보부상과의 마찰은 더 이상 원치 않아 내린 결단이었다.

　얼마 후 인천에서 배편을 기다리며 숙소에서 대기하고 있던 놈들은 저녁을 먹고는 다음 날 배를 타기 위해 짐을 정리하고 일찍 잠자리에 들었다. 그런데 이튿날 아침이 되어서도 방에서 인기척이 없자 여곽 주인이 문을 열어 보았는데, 사람들은 이미 떠났는지 방이 텅 비어 있었다.

그리고 얼마 후 목이 잘린 시체들이 월미도 앞의 먼 바다 위에 떠올랐다. 검은 바다의 하늘은 잔뜩 흐려 있었다.

유기전 보부상

보부상에서 교육자로

　이른 아침부터 유기전 문 앞에서는 일대 소란이 일어났다. 첫 개시도 하기 전에 웬 거지꼴을 한 사내 녀석이 가게 앞에서 생떼를 쓰는데 자기에게 일을 하게 해 달라는 것이었다. 점원이 아무리 내쫓아도 막무가내로 물러날 줄을 모르고 생떼를 쓰고 있었다.

　주인이 나오면서 웬 소란이냐고 묻는데 이 녀석이 납죽 엎드리더니 얘기를 좀 들어 달라고 우기는 것이었다.

　"뭐 하는 놈인데 아침부터 남의 가게 앞에서 생떼를 쓰는 것이냐?"

　"저는 이승훈이라고 합니다. 제 아버지가 얼마 전 돌아가셔서 이제 고아가 되었습니다. 제가 여기서 일을 좀 하게 해 주세요! 시켜만 주시면 무슨 일이든지 열심히 하겠습니다."

"우리 가게는 더 이상 일손이 필요 없으니 다른 가게에 가서 알아보거라."

"저에게 일을 시켜 보시고 맘에 안 들면 바로 내보내도 좋습니다. 그러니 하루라도 좋으니 일을 시켜 봐 주세요."

유기전 행수는 벌써 며칠째 찾아와 떼를 쓰는 녀석의 생떼에 질린 표정이었다. 그러나 한편으로는 녀석의 절박함과 일을 배우겠다는 열정에 마음이 흔들리기 시작했다. 행수 역시 어린 시절 고아가 되어 그 많은 숱한 어려움을 이겨 내고 오늘에 이르렀다.

"제가 아직 어려도 이미 유기를 파는 데 자신이 있습니다. 일찍부터 아버지한테 장사하는 일을 배웠습니다."

"그래, 네 아버지가 유기전 행상이었다구?"

"예, 이석주라는 유기전의 보부상이었습니다."

"이석주라구? 들어 본 이름이구나! 오래전에 우리 유기전에서 유기물을 빌어다 판 직이 있있지. 그림 이렇게 하자. 내 녀에게 일을 줄 터이니 열심히 해 보거라. 그러나 급여는 없을 터이니 그리 알고 일을 배우도록 해라. 어떠냐?"

"좋습니다, 그리하겠습니다."

승훈은 이렇게 해서 당시 유기 제조의 중심지인 평안북도 납청정의 임일권 상점의 사환으로 장사를 처음 배우게 되었는데 이때가 그의 나이 불과 15세였다.

승훈은 타고난 상재가 있어 고객을 잘 알아보고 물목을 보는 안목이 있었다. 손님이 오면 항상 웃는 얼굴로 맞아 열심히 설명을 하는데 정성을 다해 고객을 대하니 매상이 눈에 띄게 올라가는지라 행수는 승훈의 행동거지를 가만히 눈여겨보고 있었다.

물건을 가져가는 보부상들이나 어쩌다 들르는 고객들까지 한 번 거래한 고객들을 한 명 한 명 기억해서 고객이 필요한 물건을 미리 준비했다가 내어놓는데 한 번 거래한 고객을 놓치는 법이 없었다. 게다가 틈만 나면 그릇이며 대야며 유기물을 닦고 문지르고 하여 광을 내는데 부지런하게 몸을 움직이는 것이 타고난 장사꾼의 상재였다.

"승훈아, 이제 네가 여기 온 지도 벌써 10년이 지났구나. 네 나이가 얼마나 되었느냐?"

"이제 스물다섯입니다."

"내 그동안 너를 유심히 지켜보고 있었는데 한 사람 몫은 충분히 할 정도로 장사를 익힌 것 같구나. 그래, 네가 하고 싶은 것을 말해 보거라. 너도 여기서 한낱 허드렛일이나 하며 살기에는 아까운 상재를 가졌구나. 내 너를 도와줄 요량으로 묻는 것이니 얘기를 해 보거라."

"예, 보부상으로 행상을 다니면서 장사를 해 보고 싶습니다. 물건만 좀 내어주시면 성심껏 팔아 보겠습니다."

"음, 알았다. 네가 손님을 대하는 정성을 보면 장사에는 타고난 것 같구나. 내 물건을 내어줄 테니 열심히 해 보거라."

비록 나이는 어리지만 이미 뼈대가 튼튼한 사내로 성장한 승훈은 지게에 유기물을 잔뜩 지고 행상을 시작했다. 유기전 행수의 주선으로 2냥의 입회금을 내고 보부상의 상표인 채장까지 받앉다.

승훈은 처음에는 일일이 살 만한 고객들을 찾아다니면서 물건을 팔기 시작했다. 주막에서 집안의 제사나 경사가 있는 양반댁을 알아내고는 일일이 찾아다니면서 물건을 보여 주었다.

"이모님, 여기 국밥 한 그릇 주세요. 고기 좀 듬뿍 넣어 주세요."

"승훈 보부상이 왔네, 장사는 잘하구 있지?"

"예, 요즘 동네에 혼사나 제사가 있는 집이 없는지요?"

"아, 가만 있어 봐라, 있지! 저 아래 박 진사 댁에 혼사가 있지. 사기막골 김 생원 댁과 매파가 오가는데 곧 혼사가 있을 거라고 하던데."

"예, 잘 먹었습니다."

"응, 승훈 총각 자주 와, 장사 잘하구."

보부상만큼 정보가 빠른 조직은 조선에 없었다. 고객에 대한 정보는 주로 마을의 우물가나 주막 등 사람이 많이 보이는 곳에서 나왔다. 장사에 다른 비법은 없었다. 고객이 어디에 있는지를 알아내고, 고객이 원하는 것이 무엇인지를 알아내야 했다. 그리고 그 물건을 찾아내어 정성을 다해 고객에게 알리고 전달하면 되었다. 이 중에서도 항상 고객만을 생각하는 정성을 담은 마음가짐이 가장 중요하였다. 아마도 승훈이 다른 장사꾼과 다른 점이 있다면 그건 바로 그가 고객들을 생각하는 마음이 남다르다는 것일 것이다.

윤 진사 댁 마님이 병환이 났을 때 승훈이 서양에서 들여온 약을 구해 지극정성으로 치료한 적이 있었다. 그 정성이 지극하여 윤 진사는 크게 감동하였다. 윤 진사는 이런 승훈의 마음가짐을 고맙게 여겨 여러 친지들과 유림계의 회원들에게까지 소개해 준 적이 있었다.

"윤 진사 어른, 부인께서 얼마 전 편찮으시다고 들었습니다. 그래 지금은 쾌차하셨습니까?"

"염려 덕분에 지금은 많이 회복을 했습니다. 장에 염증이 생겨서 자주 체하고 복통이 있었는데 지금은 많이 치료가 되었습니다."

"다행입니다. 어떻게 치료를 하셨기에 그렇게 빨리 쾌차하셨는지요?"

"예, 정말 우연치 않게 젊은 보부상 한 사람을 만나게 되었는데 무슨 인연이 있있는지, 이 청년 덕분에 병을 치료하게 되었습니다. 이 보부상이 어느 날 물건을 팔 요량으로 저희 집을 들렀는데 저희 마름으로부터 부인의 병 증세에 대해 들은 후 서양 선교사에 물어보고는 병에 맞는 약을 직접 구해 가져오지 않았겠습니까. 결국 반신반의하면서 이 약을 복용하였는데 다행히 지금은 거의 완치가 되었습니다."

"예, 정말 불행 중 다행입니다."

다들 이구동성으로 축하의 인사를 전했다.

스물다섯에 보부상으로 독립한 승훈은 정주와 재정 안악까지 장사를 다니면서 악착같이 일을 했다. 타고난 부지런한 천성으로 이제는 단골 거래처도 생기고 팔 물건이 부족하게 되자 평안북도의 납청정에 유기 공장을 직접 세우게 되었다. 평양과 인천에 점포를 내어 여러 가지 물건을 취급하는 잡화 장사를 하면서 젊은 나이에 거부가 되었다. 승훈은 가지고 온 유기와 잡화를 점포에 풀어놓고 점포 안을 감회에 젖은 듯 바라보았다. 하루하루 번창해 가는 가게를 보면서 이제는 어느 정도 밥걱정은 하지 않아도 되었다.

"중전마마께서 일본 자객들에게 살해되었다고 합니다."

임방에서는 심각한 표정으로 몇몇 임원들이 걱정을 하고 있었다.

"궁궐에 침입하여 살해한 후 시신을 불에 태웠답니다."

"아니 도대체 궁을 지키는 군인들은 어디 갔다는 말입니까?"

"조선 군인들은 지키는 병사도 없었고 일본 군인들이 총검을 들고 낭인들과 함께 살육을 벌였답니다."

"나라가 어쩌다 이런 수모를 당하게 되었는지 모르겠습니다. 우리 보부상들이 나서야 하지 않겠습니까? 나라가 망하고 나면 우리 같은 장사치들도 징사하는 터진을 잃는 것인데 두고만 볼 수는 없지 않겠습니까!"

임방의 임원 공명원 행수가 좌중을 향해 울분에 찬 목소리로 말했다.

"허나 우리 보부상들이야 아는 것이라고는 장사뿐인데 정치며 국제 정세도 잘 모르는 상황에서 함부로 나설 수도 없는 노릇입니다. 지금 안 그래도 인천에서는 일본의 계림장업단들이 낭인들과 함께 들어와 상업회의소를 만들어 보부상 임방과 상권을 걸고 치열하게 다투고 있답니다. 일본 조계지가 정해져 있다고는 하나 이미 그들이 전국 상권을 장악하기 위해서 장시마다 침투하고 있답니다. 때로는 낭인들을 앞세워 폭력과 살인도 서슴지 않는다고 합니다."

"그러게 말입니다, 더는 두고 보고만 있으면 안 되겠습니다."

해주 유기전 주대현 행수가 말을 거들었다.

"얼마 전에 인천 임방의 접주인 백 행수가 알려 온 소식에 따르면, 지금 인천 감옥에 일본 계림장업단의 행상으로 위장한 일본군 장교를 죽인 김창수 선생이 수감되어 있답니다. 이 일본인은 중전마마를 살해한 자객들 중에 하나였다고 합니다."

이승훈이 조심스럽게 좌중을 둘러보며 말했다.

"안 그래도 제가 조만간 인천 임방을 찾아가 김창수 선생을 한번 뵐 작정입니다."

"에, 몸조심을 각별히 하셔야 합니다. 지금 일본 헌병들이 우리 보부상단을 예의 주시하고 경계를 강화하고 있습니다."

"예, 조심해서 다녀오겠습니다."

승훈은 인천의 보부상 백가객주와 인천 물상객주인 몇 사람과 긴밀히 연락을 하고 있었다. 평양에서 해주를 지나 개성의 유기전 객주를 만나 일을 보고 바로 인천의 백가객주로 갈 것이다.

시베리아 보부상

시베리아 눈밭에서 새 삶을 시작하다

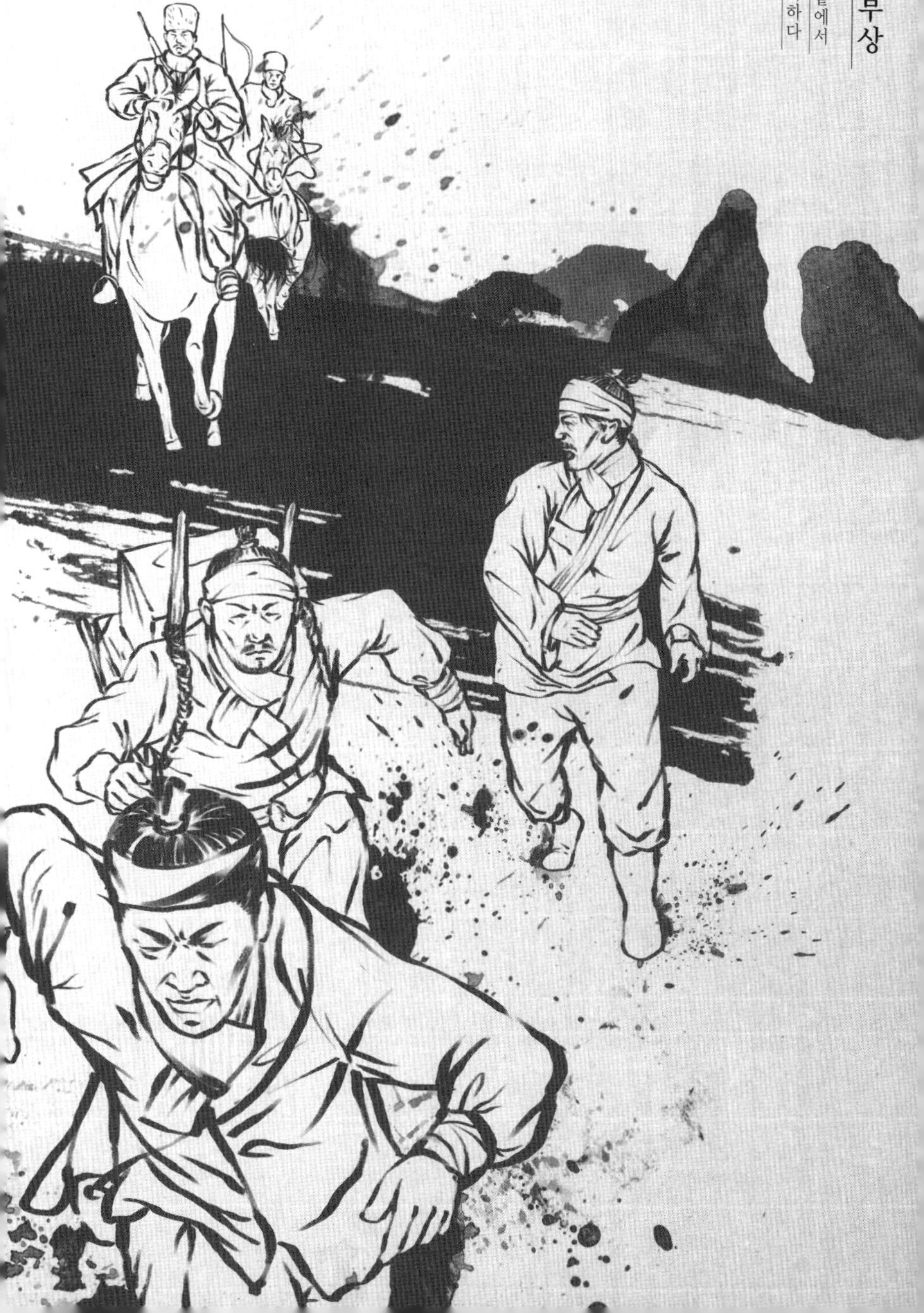

시베리아 보부상

시베리아 눈밭에서 | 새 삶을 시작하다

눈과 하늘이 맞닿은 지평선 끝부분을 붉게 물들이기 시작하면서 태양이 솟구쳤다. 솟아오른 태양은 그 뜨거운 열정으로도 온통 눈이 덮인 시베리아의 설원은 쉽게 녹이지 못하고 있었다. 그 차가움은 모스크바에서 동쪽 시베리아로 올수록 더욱 매서워져 러시아의 상징이 되었다.

동토의 나라, 그중에서도 시베리아의 겨울은 이방인에겐 더욱 혹독했다. 11월에서 4월까지 설원으로 덮인 시베리아는 해가 질 때면 이글거리는 붉은 노을마저도 추위로 떨며 하얀 지평선 너머로 사라졌다. 밤이 점차 다가오면 이방인들은 지독한 추위와 늑대들의 습격으로 오늘 밤을 견뎌 내고 내일의 아침을 맞이할 수 있을지 두려움에 떨며 잠이 들었다.

시베리아로 가는 길은 추위와의 싸움이었다. 또한 여름에는 그 지독한 모기떼와의 싸움으로 최봉준의 장삿길은 조선과는 사뭇 다른, 장사라기보다는 생존을 건 전쟁이었다.

최봉준이 나고 자란 함경도 경흥 땅은 조선에서도 가장 추운 곳이었는데 이곳 시베리아는 그냥 사람이 오줌을 누면 그대로 얼어 버릴 정도였다. 최근 러시아가 모스크바와 영토의 동쪽 끝인 블라디보스토크를 연결하는 횡단열차를 놓는 공사를 시작하면서 이곳 동토의 땅에도 사람들이 들어와 살기 시작했다. 주로 만주와 조선에서 넘어온 노동자들로 붐비기 시작했다.

먼저 모스크바에서 하바롭스크까지의 열차 공사가 한창 진행 중이었다. 청일전쟁 이후 러시아와 일본 간에 전쟁이 곧 시작될 거라는 소문이 러시아 전역에 퍼지면서 러시아의 극동 주둔군은 군수물자의 보급에 어려움이 더 커져 갔다.

불이 뜨겁게 달아오른 장작 난로 위의 끓고 있는 찻주전자 주둥이에서는 연신 하얀 김이 모락모락 솟아오르고 있었다. 찻주전자를 들어 턱자 위에 놓인 유리잔에 따르넌 야린스키는 상기된 표정으로 봉준에게 말을 건넸다.

"이르쿠츠크는 모스크바에서 하바롭스크 그리고 블라디보스토크로 이어지는 시베리아 철도의 경유지로 지금 러시아의 남진정책에 중요한 거점이다. 지금 겨울이라 군수품을 조달하기가 쉽지 않은데 정부에서는 우리에게 식량과 소고기 등을 납품해 줄 것을 요청해 왔다. 지금 소를 구해서 운반해 오는 일이 만만치 않을 것 같은데, 소와 가죽뿐만 아니라 곡물과 옷, 기름 등 많은 물자를 공급해 주길 희망하고 있다. 이번 납품은 우리에게도 워낙 큰 장사이고, 러시아 정부도 우리가 잘 해낼 것으로 믿고 기대하는 분위기다. 우리가 이번 납품을 꼭 성사시켜야만 러시아 정부의 신임을 얻어 앞으로도 더 큰 장사를 할 수 있을 것 같다. 봉준아, 네가 이번 일을 맡아서 잘 추진해 보거라. 지금껏 배운 장사 경험을 잘 활용하면 네 능력으로 보아 충분히 잘 해낼 수 있을 것으로 믿는다. 네 상재가 훌륭해서 믿고 맡길 테니 잘 추진해 보도록 해라."

"예, 아버님, 실망시키지 않고 꼭 성공하도록 하겠습니다."

야린스키가 늑대들에게 물려 다 죽어 가는 최봉준을 발견하고 가족처럼 돌본 지도 벌써 4년이 되었다. 야린스키 부부는 때로는 모스크바로 가서 몇 달씩 일을 보고 오는 일이 많아서 만주와 시베리아에서 일어나는 업무는 최봉준이 도맡아서 처리하고 있었다.

최봉준은 12살 무렵 조실부모하고 고아가 되었다. 어려운 친척집에 얹혀사는 것도 염치가 없어서 행상들을 따라다니면서 장사도 배우고 때론 날품을 팔기도 하면서 생계를 유지하였다. 몇 년을 부지런히 따라다닌 끝에 성실함을 인정받아 만상의 보부상 단원으로 들어가게 되었다.

만상을 따라다니며 주로 청나라에서 오는 물건들을 거래하고 있었는데 당시에는 조정에서 허가한 책문거래가 아니면 국경을 넘어 장사하는 것이 금지되어 있었다. 몰래 국경을 넘어 밀무역을 하다 들키면 사형에 처해지기도 하였다. 그러나 때로는 목숨을 걸고서라도 두만강을 넘어 만주인들과 장사를 하지 않을 수 없었다. 관군들 몰래 국경을 넘었다 해도 만주에서 마적을 만나는 날이면 죽기 살기로 도망을 쳐야 했으며 때로는 관군들에게 쫓기다가 구사일생으로 살아나기도 하였다.

4년 전 늦은 11월 하순이었다. 여느 해처럼 벌써 차가운 바람과 옷 속에 겹겹이 털을 댄 외투 위로 스며드는 매서운 추위는 살을 베일 듯이 온몸을 저려 왔다. 지친 당나귀 수레에 물건을 싣고 눈길 위로 무거운 발걸음을 한 발 한 발 떼면서 원행 길을 재촉하였다. 보부상단의 행상에 끼여 상단의 잡일을 거들면서 호구를 해결하던 최봉준은 이날도 일행들과 함께 만주를 넘어 아무르강을 넘고 있었다. 홍삼이며 면포, 성냥, 기름, 금계랍, 그릇 등을 지고 만주 내륙으로 시베리아까지 넘어가서 장사를 할 작정이었다.

오늘따라 하늘에는 검은 구름이 짙게 끼고 스산한 날씨에 뭔가 불길한 예감이 머리를 스치고 지나갔다. 불길한 예감이 화를 불러온 깃인지, 멀리 들핀에 점점이 보이던 한 떼의 군마가 상단을 향해 가까이 오면서 그 모습을 드러냈는데 마침내 두려워하던 일이 일어나고야 말았다. 상단의 뒤를 몰래 뒤쫓던 마적떼가 총을 쏘면서 맹렬한 기세로 돌진해 오는데 대적하기에는 그 숫자가 너무 많았다. 한편으로는 총을 쏘면서 싸우다가 일단 각자 뿔뿔이 흩어지기로 하였다.

최봉준은 죽을 듯이 하얀 눈밭을 달려 도망쳤는데 시베리아를 향해 내달리고 있었다. 멀리 숲이 보이자 일단 그 숲속으로 들어가 몸을 숨기기로 하였다. 겨울 문턱으로 들어가는 시베리아의 날씨는 이미 조선의 한겨울 날씨보다 더 춥고 매서웠다. 눈발이 휘날리는 가도 가도 끝없이 펼쳐지는 넓은 시베리아 땅을 헤매다가 저녁 무렵이 되었다.

마적들을 겨우 피했는가 싶었는데 이번에는 갑자기 늑대들이 떼로 몰려왔다. 물미장(보부상들이 사용하는 지팡이)을 들고 앞서 달려드는 놈을 내리치면 다음 놈이 다리를 물고 늘어지고 사방으로 달려드는 늑대를 향해 정신없이 지팡이를 휘둘러 내리쳤다. 굶주림에 지친 늑대들은 쉬지 않고 달려들었다. 한참을 싸우고 나자 더 이상 버틸 힘도 없었던 최봉준은 드디어 서서히 다리에 힘이 빠지면서 주저앉기 시작했다. 어디서 누군가 쏜 듯한 총소리를 들으면서 의식을 잃고 쓰러졌다.

이틀 후 최봉준이 의식을 회복하고 눈을 떠 보니 낯선 서양인 부부가 옆에 있는 것이었다. 뭐라고 얘기를 하는데 말을 알아들을 수는 없었는데 러시아 말이었다. 전에 만주에서 러시아 상인들과 거래를 하면서 인사말 몇 마디를 배운 적이 있어서 고맙다는 가벼운 인사말을 겨우 전할 수가 있었다.

"쓰파씨~바!(감사합니다), 쓰파씨~바!(감사합니다)"

구사일생으로 목숨을 건진 최봉준을 야린스키 부부는 지극정성을 다해 보살폈다. 생전 부모에게서 받아 보지 못한 정을 느낀 최봉준은 친부모 이상으로 야린스키 부부를 존경하고 따랐다.

사람의 운명은 참으로 알 수가 없었다. 조선 땅에서 일찍이 부모를 여의고 고아로 자라 보부상이 되었다. 그리고 늑대에 물려 죽기 직전에 수천 리 길이나 떨어진 이곳 시베리아에서 생명의 은인을 만나고 양부모를 얻었으니 이런 기막힌 인연이 또 있을까 생각되었다.

조선 땅에서 남의 집 머슴으로 살아야 하는 운명이 너무 싫었다. 내 앞에 주어진 운명을 내 힘으로 바꾸고 싶었다. 죽기를 각오하고 스스로 독립하기를 소망하여 보부상단을 따라 다닌 지가 수년이었다. 차라리 운명이 내 목을 당겨 시베리아에서 얼어 죽을지라도 나는 기꺼이 그렇게 죽음을 맞이할 것이다. 조선에서의 타고난 운명은 지난 과거일 뿐이다.

마침 자식이 없던 야린스키 부부는 최봉준을 자식처럼 아끼고 사랑을 주었다. 최봉준의 부지런하고 성실한 모습을 보고는 최봉준을 학교까지 보내어 교육을 받게 하였다. 그때부터 러시아 말을 배우기 시작하여 중국어와 만주어까지 능숙하게 할 줄 알게 되었고 신식 문물과 서양에 대한 견문을 넓힐 수가 있었다.

경흥에서 두만강을 넘으면 바로 중국 땅인데 강을 따라 하류 쪽으로 조금 내려가면 용현이고, 이곳을 기준으로 오른쪽은 러시아이고 왼쪽 강을 따라 오르면 중국 땅이다. 경흥에서 강을 따라 내려오면 조선이고 바로 앞 강과 바다가 합쳐지는 곳에 녹둔도가 있다. 1860년 러시아와 중국 간의 베이징조약이 체결되면서 흑룡강 동쪽의 넓은 땅이 러시아로 넘어갔는데 이때 녹둔도도 러시아가 차지해 버렸다.

녹둔도는 원래 경흥의 조산보에 속했던 조선의 북방 변경관리의 근거지였다. 1880년경에는 조선인이 10만 명을 넘을 정도로 인구의 대다수를 차지하고 있었다. 1883년 고종은 어윤중을 서

북경락사로 임명해 녹둔도로 파견해서 지도를 만들도록 했다.

백두산을 중심으로 토문강 오른쪽의 만주지역은 동간도이며 서쪽은 서간도인데 1897년 대한제국을 수립한 조선은 간도를 대한제국의 영토로 적극 관리하였고, 1903년에 이범윤을 시찰관으로 파견하고 간도관리사로 승진시켜 간도를 관리하였다 (1907년에 일제는 간도 용정에 조선통감부 간도파출소를 설치하면서 간도에 거주하는 독립운동가들을 감시하였다).

러시아는 블라디보스토크를 부동항으로 개발하면서 만주일대에 군대를 주둔시켰다. 군대가 주둔하면서 군량과 고기, 소가죽 등 보급품을 조달해야 했다. 소를 사들여서 도축을 하면 고기는 식량으로 쓰고 소가죽으로는 군화와 옷을 만들었다. 최봉준이 고향인 경흥에서 소를 사서 개마고원을 넘고 두만강을 건너 러시아로 이동시키는 것은 대모험이었다.

야린스키 부모와 작별 인사를 나누고 만주를 지나 조선으로 들어온 지도 벌써 달포가 넘어가고 있었다. 힘들었지만 소를 모는 인부들을 관리하는 것도 여간 어려운 일이 아니었다.

조선에서 30원에 소를 사서 러시아로 몰고 가면 열 배의 이문을 보고 팔았다. 또한 콩을 러시아에 수출하기도 했는데 조선의 콩은 품종이 다양하고 보관성도 좋아 인기가 좋았다.

마적 떼의 습격과 원거리 이동에 따르는 어려움도 그렇지만 운송기간을 줄이기 위해 봉준은 선박을 사들여 해상운송도 겸하게 되었다. 최봉준의 장사는 해를 거듭할수록 번창하여 조선에서는 누구에게도 뒤지지 않을 정도의 갑부가 되었다.

이제 인천 점포에 들러서 백가객주 상단을 만나 볼 생각이었다. 인천으로 가는 길에 평양의 이승훈 상단도 들려 몇 가지 장사 얘기를 할 참이었으나 유기객주 점원의 말로는 승훈이 일이 있어서 인천으로 갔다고 했다. 이대로 빠른 길을 재촉하면 인천에서 두 사람을 만날 수 있을 것이다.

청나라와의 전쟁에서 승리한 일본은 배상금으로 받은 돈으로 영국으로부터 군함을 사들이고 만주에 주둔하고 있는 군대를 증강하고 있었다. 모두들 일본이 러시아와 전쟁을 준비하고 있으며 조만간 전쟁이 터질 것이라는 소문이 나돌고 있었다. 언제나 그렇듯이 이번에도 일본은 소련에 선제공격을 할 것이라고 했다.

일본의 전쟁 방식은 선제공격으로부터 시작한다는 것이었다. 일본이 적을 선제공격한다는 것은 항상 적을 침략할 준비를 하고 있었다는 것이다.

평양에서 다시 인천까지는 마차를 타고 가야 했다. 개성을 들렀다 인천으로 가자면 사흘 이상이 걸릴 것이라 생각했으나 다행히 일이 일찍 끝나, 이틀 후 바로 인천으로 들어올 수 있었다.

백가객주를 찾은 것은 늦은 오후가 되어서였다. 마침 백가객주의 행수 백춘삼이 최봉준을 알아보고 마루를 내려와 대문으로 나와 마중을 했다.

"최 행수, 이게 도대체 얼마 만입니까? 시베리아와 만주에서 무역을 잘해서 거부가 되었다는 소식은 임방을 통해서 잘 알고 있었습니다. 이렇게 먼 곳까지 찾아주시니 반갑기 그지없습니다. 동무."

보부상들은 서로를 동무라고 불렀다.

"백 행수님, 정말 반갑습니다. 저도 이렇게 살아 돌아와 행수님을 뵙게 될 줄은 꿈에도 생각을 못했습니다. 정주에서 제가 어려움에 처했을 때 도와주신 일 지금도 잊지 않고 있습니다. 그때 제게 쥐어 준 5냥으로 죽을 고비를 면했으니까요. 그래, 요즘 장사는 잘되시지요? 준마는 어디 갔습니까?"

"아, 준마는 지금 잠시 출타 중인데 곧 올 것입니다. 안으로 드시지요. 최 행수!"

다반 위에 놓인 차를 마시면서 두 사람은 지난날을 회상하며 그동안 살아온 얘기며 사업에 대한 이야기로 겹겹이 쌓인 사연들을 풀어 나갔다.

"준마는 얼마 전에 계림장업단 소속 낭인을 살해한 죄명으로 감옥을 가서 큰 걱정을 했지요. 다행히 조정에서 일본인들이 먼저 조선의 보부상을 살해한 일도 있었고 서로 합의하에 결투를 한 것이라는 정당성이 인정되어 풀려났습니다. 그때부터 계림장업단 놈들이 계속 준마와 우리 상단을 감시하고 있고, 우리 상단의 장사에 훼방을 놓고 있습니다. 인천에서 터를 잡고 있는 저희 상단이 놈들로서는 눈엣가시 같은 존재지요. 남의 나라에 와서 도리어 주인 행세를 하려 드니 이런 적반하장이 어디 있습니까?"

술상을 앞에 놓고 두 사내는 밤새도록 해도 모자랄 성싶은 얘기들을 새벽닭이 울 때까지 토해 내고 있었다.

"벌써 일본이 만주를 장악하고 시베리아와 전쟁을 준비 중에 있습니다. 사실 이번에 행수님과 장사일로 상의를 하고자 검사 검사 왔습니다. 참, 여기 인천에 이승훈 행수도 와 있다고 들었습니다. 혹시 여기로 오지 않았는지요?"

"안 그래도 이틀 전에 여기 왔었습니다. 가지고 온 유기들을 팔고 있는데 오늘 저녁이면 돌아올 것입니다."

"다행입니다. 이번 일은 행수님과 이승훈 상단의 도움이 필요해서 이렇게 다 함께 만나자고 한 것입니다."

밤늦은 이경(밤 9시~11시 사이)이 되어서야 이승훈이 대문을 열고 들어오는 소리가 들렸다.

"늦었습니다."

"저녁은 하셨는가? 어서 이리 들게나. 안 그래도 반가운 동무가 왔구먼."

"예, 누구신데 이렇게 반색을 하시는지요?"

방문을 열고 들어서는 이승훈을 최봉준은 처음엔 낯설게 바라보았다. 서로 한참을 보다가 그제야 생각이 난 듯 먼저 말을 꺼냈다.

"아하, 이거. 최봉준 행수님 아니십니까? 세월이 꽤나 흘렀습니다. 바로 못 알아봤습니다. 죄송합니다. 하하!"

"예, 이승훈 행수 맞지요?"

"예, 정말 우리가 이전에 상봉한 지가 수년 전 아니겠습니까?"

나이로 보면 백춘삼이 제일 연상이었다. 최봉준이 1860년생이고, 이승훈이 1864년생으로 가장 어렸다.

"이렇게 선배님들 뵈니 정말 반갑기 그지없습니다."

승훈이 감격해서 말이 떨리고 있었다.

"승훈 행수께서 과한 말씀을 하십니다. 형님에 비해서 한참이나 연배가 모자라는 절 보고 놀리는 말씀이오."

"그냥 편하게 말씀하시오. 동무!"

"아니지요, 여느 하루해가 무서운데 수년이면 해가 수백 번은 더 바뀌었으니 가볍게 볼 일은 아니지요."

"하하하. 농담도 잘하시외다."

술 세 동을 다 비우도록 사내들은 밤이 길 때까지 그동안 못했던 회포를 풀어 나갔다. 특히나 조선 땅을 떠나 멀리 시베리아에서 주로 생활했던 최봉준은 조선말이 마려웠던지 그 누구보다 더 많은 말들을 하늘의 별처럼 무수히 쏟아냈다. 시베리아의 반짝이는 푸른 별들이 최봉준의 입에서 쏟아지고 있었다.

다음 날 아침 마침내 준마도 지방 행상 길에서 돌아와 이승훈 행수와 최봉준 행수와 조우했다.

"이젠 준마도 벌써 어른이 됐구먼."

"그간 그렇게 빨리 흘렀나 보네. 이제 백가객주의 행수가 되었으니 훌륭하신 부친께 장사를 잘 배워 조선 제일의 상단을 만들어야지. 안 그런가? 준마 행수!"

"과찬의 말씀입니다. 이제 겨우 걸음마를 뗀 정도입니다. 대행수님들이 많이 가르쳐 주세요. 열심히 하겠습니다!"

"그래, 상인정신 하나만 똑바로 가지고 있으면 장사하는 데 큰 실수는 없을 것이네."

아침상을 물리고 사내들은 가운데 탁자를 두고 둥글게 둘러앉아 숙향이 내온 차를 마셨다.

"제가 이렇게 인천까지 급하게 동무들을 뵙자고 찾아온 연유는 제가 이번에 주문을 받은 러시아 정부에 납품할 물자를 조달하는 데 행수님들의 도움을 요청하고자 해서입니다. 저희가 그동안 모스크바에서 하바롭스크까지 연결하는 시베리아 횡단열차의 철도 부설에 필요한 자재들을 납품해서 많은 이득을 보았습니다만, 조만간 블라디보스토크까지 연결공사가 진행될 것 같습니다. 그런데 이번에 여기 온 목적은 따로 있습니다. 조금 있으면 일본과 러시아가 곧 전쟁이 일어날 것이라는 소문은 여러 행수님들도 들어 알고 계실 겁니다. 사실 러시아 정부에서 저희에게 전쟁에 대비한 군수물자를 보급해 줄 것을 요청해 왔습니다. 물론 비밀리에 저희 부친인 야린스키 님에게 부탁을 한 것이지요. 야린스키 님은 러시아의 귀족출신으로 중앙정부에 많은 관계를 맺고 있습니다. 이번 일은 워낙 규모도 크고 저희 혼지 해결하기엔 부족함이 많아 행수님들의 도움을 요청하러 온 것입니다. 먼저 군량미에 관한 건입니다. 조선에서 조달이 가능한 쌀, 콩, 조 등 각종 곡물을 조달하는 것입니다. 그다음으로 소나 소가죽 등 가축이나 가죽을 모아 만주와 시베리아로 실어가는 것입니다."

러시아 무역

러시아 무역상

러시아 무역

러시아 무역상

혼례를 치른 후 한동안 숙향과 신혼의 단꿈에 젖어 외부 출입도 하지 않고 집에서 두문불출하던 준마가 갑자기 행상 길을 가겠다고 나섰다. 결혼 전에는 가끔씩 행상 길을 떠나 며칠씩 집을 비운 적이 있었으나 신혼을 치른 후로 먼 거리 행상은 가질 않았었다. 그런데 갑자기 먼 행상 길을 떠난다고 하면서 짐을 챙겼다.

"내일 아침 일찍 최봉준 행수를 만나러 군산 지방에 좀 다녀올 것이오. 아마도 한 달 정도의 여정이 될 것 같으니 부모님을 잘 보살펴 주길 바라오. 최봉준 상단과는 시베리아 철도공사에 납품하는 일이 있어서 가는 것이니 염려하지 마시구려. 혹시라도 좀 지체될 일이 있으면 내가 기별을 넣을 것이니 그리 아시오."

"부디 몸조심해서 다녀오시고 너무 무리하진 마세요."

"알겠소, 이젠 내가 가족을 거느린 가장인데 예전처럼 함부로 몸을 굴리진 않을 것이니 부인은 너무 염려치 마시오."

인천과 군산, 목포, 원산은 조선의 쌀을 일본으로 실어 내는 주요 항구가 있는 곳이다. 값싼 조선의 쌀을 일본으로 싣고 가면 대략 갑절 이상의 이익을 볼 수가 있었다. 조선의 쌀이 일본으로 나가는 양이 많아지면서 거꾸로 조선의 쌀값은 오르는 일이 벌어지고 있었다. 가뜩이나 생활이 어려운 조선 백성들은 이제는 쌀값이 오르면서 쌀밥을 먹기가 더욱 어려운 지경으로 몰리게 되었다. 게다가 지금 청일전쟁에서 승리한 일본은 이참에 러시아를 공격할 계획을 세우고 있었다.

일본은 누구하고 싸워도 뒤지지 않을 만한 최고의 무력을 갖고 있다고 군부에서는 자신했다. 아시아로 남하하려는 러시아를 지금 견제하지 않으면 일본의 조선 진출은 물론 향후 중국 진출에도 장애가 된다는 것을 잘 알고 있었다. 전쟁 준비를 하면서 필요한 지원물자를 비축하고, 쌀이며 고기 등 각종 물자를 지속적으로 구입하기 시작했다.

일본의 이런 움직임을 주시하고 있는 러시아 또한 극동의 부동항인 블라디보스토크와 하바롭스크에 거점을 확보하고 중국의 뤼순 반도를 확보하여 만주 일대를 장악하려는 준비를 진행하고 있었다. 러시아 횡단철도를 연장하고 이에 필요한 물자를 극동의 인근지역에서 조달해야 했다. 또한 일본과의 군사적 충돌에 대비해야 했기에 러시아 역시 가능한 군수물자를 비축하는 데 힘을 쏟고 있었다. 이러한 와중에 조선은 필요한 물자를 공급하기 위한 좋은 공급처였다.

이미 최봉준으로부터 소와 쌀을 구매할 자금의 일부는 선불로 받았다. 준마는 석태, 길재와 함께 군산을 들러 쌀, 곡식, 소와 우피를 사서 모아 인천과 목포, 원산으로 들어오는 배에다 실어 낼 준비를 서둘렀다. 한편 준마는 복만을 따로 송파 임방으로 보내 이득만 행수를 도와주도록 했다. 송파에서 우피와 곡물 그리고 소를 모으는 일이 중요한데 매집하는 양이 상당하고 인천과 송파의 사정을 잘 아는 복만이 그 일에 적임자였다.

군산 임방에 미리 연통하여 배가 도착하는 날짜를 알려 주었는데 그 전에 도착하여 준비된 사항을 점검해야 했다. 이번 일만 잘 성사시키면 큰 이익을 올릴 수가 있다.

일단 군산에서 우피와 쌀, 콩, 조 등의 곡식을 사 모으는 일은 차질 없이 잘 진행되고 있었으나 소를 사 모으는 일에 문제가 생겼다. 최근 삼남 지역에 소 전염병이 돌아 일부 지방에서 소를 사 모으는 일에 차질이 생긴 것이있다. 일단 건강한 소들을 사 모으고 있으나 남아 있는 소들도 언제 병에 걸릴지 몰라 소농가들은 걱정이 태산이었다. 안성 쪽도 사정은 마찬가지여서 안성 마방을 들렀을 때는 이미 소들이 병에 걸려 거품을 잔뜩 물고는 길게 누워 있었다. 사정이 다급했다. 일단 최봉준 대행수에게 사태가 심각함을 알리는 기별을 넣었다. 얼마 후 최봉준에게서 기별이 왔다. 지금 만주에서도 소 전염병이 돌고 있는데 이를 치료할 백신이 서양에서 개발되었다는 것이다. 백신을 구해서 보낼 테니 병든 소들을 치료해 보라고 하였다.

며칠 후 최봉준이 직접 백신을 가지고 군산으로 왔다. 급하게 오느라 얼굴은 지친 표정으로 피곤함이 역력하였다. 여러 날을 쉬지 않고 마차를 타고 달려왔다고 했다. 가지고 온 백신을 병든 소에 놓았는데 2~3일이 지나면서 증세가 좋아지는 것이 눈에 띄게 나타났다.

"됐습니다. 이렇게 되면 소들이 완치가 됩니다. 만주에서도 소들이 이렇게 좋아지다가 병이 다 나았습니다."

"준마 행수, 이제 농가를 돌면서 병든 소들을 다 사 모으시게."

다음 날 준마와 석태, 길재 등은 일꾼들과 함께 지방 곳곳을 돌면서 병든 소를 싸게 사 모았다. 일단 건강한 소는 30원으로 사고 병든 소는 10원에 매입을 하였다. 농가에서는 다 죽어 가는 소를 10원이라도 준다고 하니 그저 고마울 따름이었다. 이웃집에서 애써 키운 소들이 병들어 죽어 나가는 깃을 안타깝게 바라보던 농가에서는 그나마 10원씩이라도 받고 팔게 되어 이만저만 고마운 것이 아니었다. 일단 백신을 놓고 며칠 있다가 소를 끌고 나올 때는 천천히 겨우겨우 걸음을 떼었다. 그러나 회복 속도가 워낙 빨라서 마방으로 데리고 와 며칠이 지나면 감쪽같이 병이 나았던 것이다. 병든 소를 치료해 팔면 통상 건강한 소를 사들이는 것에 비해 약값과 경비를 다 제하고도 이익이 몇 갑절도 훨씬 더 남는 장사였다. 그리고 다시 러시아에 군납을 하게 되면 여기서 다시 10갑절은 남았다.

군산항까지 흙먼지를 일으키며 어마어마한 숫자의 소들을 몰고 오는 사람은 송파 임방의 이득만 행수와 복만이었다. 전국적인 마방으로부터 신임을 얻고 있는 이득만은 이번에 중요한 일을 맡아서 무리 없이 잘 처리하고 있었다. 이득만 행수도 백신을 건네받아 송파 마방의 병든 소들을 치료하여 인천으로 보내고 이제 다시 삼남으로 내려오면서 소들을 사 모으는 일을 진행하고 있었다. 이번에 우피를 가장 많이 구해 준 사람은 다름 아닌 송파의 이득만 행수였다. 일전에 김창수 선생을 탈출시키면서 송파 임방의 도움을 받은 적이 있었는데 호방한 성품의 이득만은 준마와는 서로 호형호제하는 사이가 되었다. 지금 군산의 소를 선적하면 이 행수와 복만은 다시 원산으로 올라가 그쪽 마방 행수들과 작업을 하여 원산에서 모은 소들을 군산에서 출발한 배에 싣는 일까지 맡기로 되어 있었다.

군산에는 통감부의 이사청이 설치되어 통감부 업무를 관할하고 있었다. 엄청난 숫자의 소를 배에 실어 나르는 광경을 본 아베 이사관은 궁금하지 않을 수 없었다. 도대체 이 많은 소를 누가 사시 어디로 가져가는 것인지 알 수가 없었다.

"이 많은 소들을 어디로 가져가는 것인가?"

아베 이사관이 직접 나와서 심문을 했다.

"예, 지금 만주와 시베리아의 한인촌에서 소 농장을 만들려고 하는데 조선의 소를 데려가 키우는 것이지요. 조선에 한때 기근이 들어 굶어 죽지 않으려고 북만주와 시베리아로 많은 조선인들이 이민을 갔지요. 이제 농사일도 어느 정도 정착이 되었고 이제는 자급자족을 위한 가축을 기르기로 하였는데 조선에서 기른 소를 데려다 키우고 싶다고 합니다. 이제 조선에서 나는 소고기를 먹을 수 있다고 다들 기대에 부풀어 있습니다."

"아 그런가, 듣고 보니 그럴 만하구만. 고향을 떠나서 먼 객지에서 살아간다는 것이 쉬운 일은 아니지. 특히 물과 먹을거리는 더욱 고향생각을 나게 하거든. 하하하. 그런데 자네 고베 소고기 맛을 본 적은 있나? 내 고향 고베도 소 산지로 유명한 곳인데, 맛이 그만일세. 내가 보기엔 조선의 소고기 맛보다 일본의 고베 소고기가 훨씬 맛이 좋고 상질이라네."

"고베 소고기는 맛을 본 적이 없습니다요. 언젠가는 고베 소고기가 조선에도 들어올 날이 있겠지요? 그때 한번 먹어 보겠습니다. 아무래도 천황폐하의 은덕을 입은 소면 더 맛이 있지 않을까 생각됩니다."

"자네 타고난 말솜씨가 있네 그려. 자네, 장사 하나는 잘하겠어! 일았네. 잘 실어다가 시베리아의 한인촌에 무사히 전달헤 주게. 언젠가는 내가 거기서 그 소고기를 먹을 날이 있을지도 모르니까. 하하하하."

절대로 러시아로 이 소들이 넘어간다는 것은 비밀로 하도록 당부해 두었기에 이 행수는 적당히 넉살 좋게 둘러대었다. 일단 소는 선적이 잘 진행되고 있으니 다음으로 군산 임방의 임재천 대행수와 쌀과 곡식을 배에 싣는 작업을 진행해야 했다. 임 대행수는 이곳 일대에서는 신망이 두터운 보부상으로 쌀을 매집하는 데는 어려움이 없었으나 쌀을 배에 옮겨 싣는 일에 일본 이사청의 시선이 무겁게 느껴졌다. 가급적이면 쌀은 저녁에 일본 관리들이 다 퇴근한 후에 조선인 감독자를 구슬려 야간에 싣도록 하였다.

조선에서 나는 쌀은 일본에서도 많은 양을 매입하는 품목이라 꼬치꼬치 캐물을 가능성이 있다. 어차피 한인촌으로 보낸다고 해도 될 것이나 한인촌에서 농사를 짓고 사는 것을 다 아는데 이렇게나 많은 양의 쌀을 사 간다는 것은 의심을 살 만하였다.

"오늘 저의 임방에서 공원들을 풀어 이사청 관리들의 동태를 살피도록 하겠습니다. 다행히 오늘은 대부분 일찍 퇴근한다고 하고 일부 남아서 지키는 직원들은 조선인들이라고 합니다. 저희가 적당히 구슬려서 술이나 한잔 먹여 처리하겠습니다. 혹시 말이 나더라도 제가 서울 조운창으로 가는 쌀이라고 둘러대겠습니다."

"지금 일본으로 가는 조선 쌀의 4할이 군산항에서 실어 나갈 정도로 쌀의 매집과 수송이 활발합니다. 계림장업단의 단원들이 쌀 거래로 많은 돈을 벌어들이고 있습니다. 이들을 뒤 봐주는 무장행상들이 이곳에서 유난히 설치고 있습니다. 현지 쌀 수집상에 대한 위협은 물론이고 실상도 서슴지 않고 있습니다."

준마가 입술이 부르튼 얼굴로 일행을 격려하였다.

"일단 여기 일이 끝나면 우리 일행들은 바로 원산으로 갈 것입니다. 거기서 소와 우피를 무사히 배에 실으면 우리 일은 다 끝납니다. 마지막까지 최선을 다해 일을 마무리합시다."

"예, 잘 알겠습니다."

일행보다 먼저 원산으로 떠나 소를 사 모으는 복만의 소식이 궁금하였다. 마침 원산에서 복만의 서신이 군산 임방에 도착했다고 연락이 왔다. 원산에서는 소 2,000마리를 모아 지금 원산항으로 몰고 가는 중이니 한 달 이내로 선적시킬 수 있도록 준비하겠다는 소식이었다.

얼마 전 함경도 남쪽 성진감리서에 최근 박승직이라는 송파의 면포객주의 행수가 주사로 임명을 받았다고 했다. 송파나루에서 보부상을 하면서 돈을 벌어 지금은 배오개에 점포도 내고 성공한 객주가 되었다. 박승직 행수는 드러나지는 않았지만 나름 일본의 조선에 대한 내정간섭에 울분을 갖고 있고 보부상의 정신이 뚜렷한 사람이었다. 발령을 받아 임지로 부임했는지는 아직 확실하지 않았다.

"만약 원산 쪽에 도움이 필요하면 박승직 행수한테 도움을 청하도록 하십시오."

"잘 알겠네. 박행수면 믿을 만한 사람이지, 내 확인해 보겠네."

이득만 행수가 대답했다. 박승직 행수는 이득만 접장과 같은 송파 임방의 단원으로 서로 잘 알고 있었다.

모든 일이 순조롭게 진행되고 있었으나 인원이 부족하여 각 지역 임방의 직원들과 보부상 단원들을 비롯해서 노인들까지 다 동원해야 했다. 느린 소들을 재촉해서 흩어지지 않도록 몰고 간다는 것이 말처럼 쉬운 일이 아니었다. 아마도 이번 일은 전국 지방마다 뻗쳐 있는 보부상조직의 힘이 아니었으면 어려웠을 것이었다. 그만큼 보부상조직은 상부상조의 정신과 동지애로 맺어진 조직이었다.

이미 상부에서는 무슨 수를 쓰더라도 금년 내로 복면강도들을 소탕하라는 명령이 떨어졌다.

"이 도적들은 일본 상인들만 노리는 것으로 보아 조선인들이 틀림없다. 워낙 치밀한 놈들이라 단서가 될 만한 조그마한 흔적도 남기지 않고 있다. 게다가 이 도적들이 상해 임시정부와 조선의 독립운동 조직들에게도 자금을 지원하고 있다고 한다. 대일본제국의 원대한 대륙진출의 꿈을 완성하는 데 있어 방해가 되는 이런 불순분자들을 하루빨리 잡아들이라는 본부의 명이다."

후쿠다는 오늘도 아침 일찍 소집된 회의에서 복면강도단 사건에 대한 질책을 쏟아내었다.

조선인으로서 의심이 가는 용의자들을 일단 추리고 이들을 대상으로 일거수일투족을 감시하도록 했다. 후쿠다 경위는 일본에 반기를 들고 극렬하게 저항하고 있는 조선 민족단체의 지도자들을 일차 용의 선상에 올려 놓았다. 그들의 가족을 포함해서 누구를 만나는지 어디를 가는지 밀정을 붙여서 감시하도록 했다.

"잠깐!"

갑자기 생각난 듯이 후쿠다 경위가 소리를 높여 질문을 던졌다.

"전에 일본인 쓰치다를 살해한 김창수가 인천 감옥에 있을 때 그를 탈출시키도록 도운 자들이 있었지 않은가? 그때 관련자들을 조사해 보라! 그리고 김창수와 같은 시기에 감옥에 있었던 조선인들이 누군지 찾아 보고하도록 하라!"

"예, 즉시 조사해 보겠습니다."

다케다 경사는 인천 감옥의 죄수 명단을 입수했다. 그리고 김창수가 감옥에 갇혀 있던 시기에 같이 수감되었던 죄수들의 명단을 조사했다. 조선의 경무청에서 관리하던 대장이라 쉽게 내어주지도 않거니와 자료 자체가 일단 부실해서 정확하지 않은 것이다.

김창수의 탈출을 지원한 자들이 조선의 독립운동단체라는 소문이 당시에 돌았었다. 거기에 일부 조선의 상인들이 자금을 대어 김창수를 지원했다는 것이었다.

"아 참, 그때 왜 일본 검객과 싸워서 감옥에 갔던 조선 상인이 하나 있었지? 그때 그의 부모가 백방으로 탄원해서 결국 몇 개월 만에 석방된 자가 있지 않았나?"

"아, 그때 백가객주의 아들 백준마가 당시 6개월인가 수감된 적이 있었습니다. 그러나 그때 실제로는 정정당당한 검투에서 이긴 것이어서 우리로서도 크게 문제 삼지 않고 석방에 동의한 적이 있습니다. 게다가 백가객주는 인천지역에서도 알아주는 보부상의 접장이며 제법 큰 재산을 모은 재력가인 데다가 사업에만 전념하고 있는 것으로 파악하고 있습니다. 강도 사건을 일으킬 만한 동기가 전혀 없습니다."

"그렇기는 하구먼. 알겠네, 일단 제외하도록 하지. 그렇지만 모든 조선인들은 우리가 항상 감시해야 할 대상이라는 점을 명심하게."

"예, 명심하겠습니다."

복면의적단과
아편 밀매

아편 밀매상

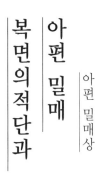

아편 밀매

복면의 적단과

아편 밀매상

　동래에서 대구로 향하는 일단의 계림장업단원들은 조선에서 시작한 장사가 나날이 번창하자 기쁨을 감추지 못했다. 오늘도 일본을 통해 들어온 서양의 물목과 일본산 잡화를 잔뜩 짊어지고 양산과 황산역을 지나 밀양으로 향하고 있었다.

　오늘 부지런히 걸으면 밀양까지 갈 수가 있다. 지금 가는 이 길은 대구를 거쳐 문경, 조령, 충주, 용인을 지나 서울로 가는 영남대로 좌도라고 했다.

　부산에 도착한 물건들을 찾느라 조금 지체하여 계림장업단의 선발진보다 좀 늦게 출발하였다. 최근 조선 사람들이 일본 사람들을 대하는 것이 심상치 않으니 30명에서 40명씩 무리를 지어 다니라는 훈령이 내려왔다.

　갑오개혁으로 단발령에 민비 살해와 아관파천 등의 사건으로 도처에서 조선 사람들이 일본인들을 공격하는 일이 빈번하게 발생했다. 와타나베는 사실 일행들과 좀 떨어져 이동하기를 내심 바랐다. 사람이 너무 많아 왁자지껄하게 소란을 떠는 것보다 조용히 빠르게 이동하는 것이 나을 성싶었다. 12명이 행상단을 구성해서 출발했는데 검객인 후지모리를 포함해서 무사들만 5명이나 되었다.

"일본에서 장사에 실패하고 하는 일도 없이 빈둥거리면서 놀다가 조선 땅에 와서 우리가 횡재를 하는구먼."

"그러게, 조선에서 상업을 하고 싶은 자를 특별히 뽑는다고 해서 호기심에 지원을 했는데 이제 보니 우리가 횡재를 한 것이네 그려. 살다가 이런 날도 다 있네."

"통감부에서 장사할 밑천도 빌려 주겠다. 게다가 무사들을 함께 보내서 우리를 보호해 주기까지 하고…."

"조선이 선비의 고장이고 문화가 우리보다 훨씬 앞선 줄 알았는데, 이제 보니 속 빈 깅징이있네 그려. 양반이란 사들은 그저 놀고먹으면서 상민들과 노비들의 상전 노릇이나 하고 뒷짐이나 지고 있고, 겉치레만 번드르르하게 차려입고 다니면서 말만 요란할 뿐 실제로 가족이나 나라에 도움 되는 놈들은 하나도 없는 것 같네."

"장사를 우습게 보고, 그저 노는 게 자랑인 줄 알고 있으니, 이제 조선 땅에서 돈이나 벌어 보세~ 벌어 보세~."

소리 높여 기세를 떨치며 흔들거리면서 힘차게 걸음을 당겼다.

밀양에서 삼랑진을 지나 오치고개를 지나고 청도로 가는 내리고개로 들어가면서 길 양쪽으로는 길게 뻗은 나무가 서 있고 숲이 무성하게 우거졌다. 멀리 험하고 높은 산들이 보였다. 산중턱을 넘어 고개를 넘는데 갑자기 숲속에서 복면을 한 사내들이 뛰쳐나오면서 에워싸기 시작했다.

산적 떼가 나타난 줄 알고 기겁을 한 일본 상인들은 일단 칼을 꺼내 들고 방어 자세를 취했다.

"너희들은 웬 놈들이냐? 우리는 통감부에서 발행한 정식 상업 허가증을 받아 장사를 하는 계림장업단 상인들이다. 우리 장사를 방해하면 헌병사령부에서 너희들을 그냥 두지 않을 것이다. 그러니 어서 길을 비켜 서거라!"

"이놈 말 한번 뻔지르르하게 잘하는구나. 잔소리 그만하고 가지고 있는 물건들을 모두 내놓고 하루빨리 너희 나라로 돌아가도록 해라!"

말의 낌새로 보아 산적들은 아닌 것 같아 보였다. 무사들이 칼을 뽑아 들고 앞으로 나섰다. 검을 앞으로 내밀어 방어 자세를 취하면서 복면을 쓴 자들을 노려보며 이들의 정체를 파악하고자 신중하게 주위를 둘러보았다. 좀 있다가 복면을 쓴 한 사내가 칼을 들어 공격했다.

일 합, 이 합, 좌우 공격이 이어지면서 복면의 사내들과 일인 무사들의 검이 부딪히고 "쨍" 하는 날카로운 쇳소리가 하늘을 찌르듯이 울려 퍼졌다. 오후의 햇살이 검날에 반사되어 번쩍이며 순식간에 혈투가 벌어졌다. 앞으로 나선 일인 낭인들이 복면 강도들을 막아내면서 일진일퇴의 공방을 벌이고 있었다. 그러자 좀 뒤에 처져 있던 복면의 사내가 앞으로 나오면서 발초심사세 자세로 크게 팔을 들어 정면을 치는 듯이 하다가 바로 좌우 베기로 공격해 들어갔다. 복면 사내가 빠르고 강하게 움직이며 강하게 검을 휘두르자 앞에 나선 낭인이 검을 부딪치는 순간 어느 틈에 배가 베어져서 피를 쏟아냈다. 진전살적세로 칼을 위로 들어 옆 베기로 내려치는데 전광석화처럼 빠른 공격에 놈들은 순식간에 한 놈씩 쓰러져 갔다.

좌요격세, 우요격세, 장교분수세로 앞으로 계속 찔러 나가다가 백원출동세로 빠져나오면서 바로 찬격세로 공격을 이어 가는데 몸이 보이지 않을 정도로 빠르고 강하여 순식간에 앞에 있던 무사 둘이 피를 쏟으며 주저앉았다. 당황한 듯 뒤쪽에 있던 놈들이 급하게 앞으로 나오면서 협공을 하는데 복면의 검객은 침착하게 이들의 검을 받으며 강하게 튕겨나갔다. 동시에 놈들을 좌우로 막는 듯하더니 순식간에 검을 들어 좌우로 놈들을 베었다.

앞에 선 낭인 두 놈이 동시에 배에서 붉은 피를 흘리면서 쓰러졌다. 그리고 상인들을 호위하는 낭인들이 하나둘씩 쓰러지자 나머지 일행들은 점차로 뒤로 밀리면서 이내 숲속으로 흩어져 도망치기 시작했다.

도망가는 놈들을 쫓을 생각이 없는지 놈들의 뒷모습을 한참을 바라보다가 복면 사내들은 이들이 남기고 간 짐을 풀어 보았다. 서양에서 들어온 각종 향료와 잡화, 의약품 등 평범한 물건 외에 조그만 보따리 꾸러미 하나가 발견되었다.

"찾았습니다."

"어디 봅시다. 역시 우리 정보가 맞았습니다. 이놈들이 조선에 아편을 숨겨 들여와 퍼뜨리려고 하고 있었습니다."

계림장업단을 위장해서 들어온 상인들 중에는 일본군의 첩자와 일본에서 온갖 못된 짓을 하던 왈패들이 함께 들어오기도 하였다. 동래 임방의 정보로는 계림장업단으로 위장한 왈패들이 아편을 몰래 들여와 조선에 팔아먹으려 한다는 정보가 있었다. 그런데 이들을 일본헌병대가 보호하여 몰래 조선으로 아편을 들여오는 것을 눈감아 주고 있다는 것이었다.

"일단 쓸 만한 물건들을 추려 인근 고을의 굶는 백성들을 찾아 전달하도록 합시다. 나머지는 돈으로 바꿔 안 동지가 내려올 때 전달하도록 하는 것이 좋겠습니다."

"아편은 어떻게 할까요? 그 물건은 조선 땅에 있는 한 누군가에 피해를 주는 물건이니 태워 없애도록 합시다."

진주에서의 계림장업단원들 습격사건에 이어 도처에서 계림장업단에 대한 습격이 조선 전국에서 일어나고 있었다. 원산과 군산에서 일어난 사건은 일본으로 보내는 쌀을 강탈한 일이었다. 일본은 자국의 부족한 쌀을 조선에서 실어 왔다. 흉년이 들어 쌀값이 폭등하자 조선으로부터 쌀을 수입하여 자국의 부족한 분량을 채웠다. 원산과 군산은 조선으로부터 쌀을 실어 나르는 항구이자 쌀 매집의 거점이었다. 이 두 곳에서 지난 두 달 사이에 연속적으로 부두 창고에서 강탈당하는 사건이 발생했다. 원산에서 2,000석을 탈취당했고 군산에서 3,000석이나 탈취를 당했다. 탈취당한 쌀은 고을의 가난한 사람들에게 나누어 주었다는 소문이 조선에 퍼져 나가기 시작했다.

아침 동이 트자 준마는 일찍 객주 대문을 나섰다. 곡물객주인 정흠치를 만나러 가는 길이었다. 길옆 가까운 해안가에서 뿌연 흙먼지가 일어나는 것이 보였다. 이른 아침부터 갯벌을 메우는 매립공사가 한창인데, 때에 절고 먼지로 누렇게 퇴색된 바지저고리에 바지는 반쯤 걷어 올린 채로 흰 머리띠를 동여맨 일꾼들이 지게에 흙과 돌을 싣고 부지런히 공사장을 오가는 모습이 보였다.

얼마 전에 새워진 쌀과 곡식을 보관하고 거래하는 미두취인소 (米豆取引所, 쌀과 콩 등 7가지 상품을 거래하기 위해 만든 거래소. 오늘날의 채권과 유가증권으로 거래를 하는 증권거래소와 유사) 옆으로 창고를 짓고 있었다. 이미 매립된 땅 위에는 수만 가마니(일본어 카마스의 변형으로, 카마스는 일본이 조선에서 쌀을 실어 가기 위해 볏짚으로 짠 자루를 말함)의 쌀들이 꼬리가 안 보일 정도로 해안가를 따라 쌓어 있었다.

'이러다 조선의 쌀이 다 동이 나겠네.'

혼잣말로 중얼거리며 준마는 곡물객주인 정흠치를 찾아갔다.

"저 많은 쌀이 다 일본으로 나가는 겁니까?"

"그렇습니다. 요즘 들어 더 많은 쌀이 일본으로 나가는데 하루에도 몇 차례씩이나 쌀이 배에 선적되고 있습니다."

"일본 놈들은 쌀을 왜 그렇게 많이 실어 간답니까?"

"지금 일본은 여러 해 동안 흉년이 들어 도시를 중심으로 쌀이 많이 모자란답니다. 그래서 쌀을 많이 생산하는 조선에서 쌀을 수입해 가는 것이지요. 조선을 일본의 쌀 공급기지로 만들어야 한다는 얘기도 있지요."

"아, 그래서 지금 조선에서는 쌀이나 콩 값이 자꾸 오르고 있었군요. 도무지 콩값이 너무 뛰어 콩나물 장사에도 어려움이 많습니다."

"그나저나 일본이 저렇게 쌀을 자꾸 실어 가면 조선의 쌀값이 오를 터인데 겨울이 닥치면 또 굶어 죽어 나가는 사람들이 많이 늘겠습니다. 조선 쌀의 3할 이상이 일본으로 실려 나간답니다. 개항장 부산과 인천, 원산, 진남포 등지에서 쌀을 실어 나르다가 얼마전 군산까지 개항하였습니다."

군산에서는 충청과 호남에서 나는 곡식을 일본으로 선적하고 있는데 그 양이 어마어마해서 조선에서 나가는 쌀의 4할이 군산으로 빠져나간다는 소문이 있었다.

"수년 전 황해도 관찰사가 방곡령을 선포하고 원산으로 빠져 나가는 왜상의 쌀을 강제로 빼앗았다가 일본의 협박으로 최근에 이자까지 합쳐서 몇 배의 배상을 하고 해결했다고 합니다."

밤이 깊어 4경 3점(새벽 2시경)에 들어설 무렵 군산항에서 그리 멀지 않은 곳 조그만 기와집 안채에서는 때 아닌 비명소리가 들려 왔다. 개항장의 서무를 담당하는 옥구감리서의 주사 임경순의 집이었다. 임경순은 잠결에 문밖에서 인기척을 들었다. 누군가 담을 넘어 들어오는 소리였다.

자리에서 일어나 조용히 머리맡에 놓인 칼을 집어 들었다. 갑자기 문이 열리면서 검은 복면을 쓴 자객들이 검을 뽑아 들고 들이닥쳤다. 소리를 질렀으나 마당에는 이미 머슴 칠복이 가슴에 피를 흘리고 죽어 있었다.

자객들은 임경순이 일어나면서 칼을 뽑아 들자 당황해하면서 그대로 칼을 내리치면서 공격해 왔다. 임경순은 칼로 받으면서 옆으로 피했다. 자객의 뒤로 서너 명이 더 들이닥치면서 임경순은 혼자서 사방으로 공격을 받았다. 첫 번째 놈의 검을 피한 후 검을 막아 내고 놈을 깊이 베었으나 옆에서 들어오는 다른 자객의 검을 피하지 못한 채 배를 찔렸다. 순식간에 임경순은 온몸에 칼을 받고 쓰러졌다. 옆에서 떨고 있는 아내와 아이까지 무참히 칼로 찌르고 일가를 모조리 살육한 일당들은 재빠르게 사라졌다.

개항이 되면서 임경순은 군산 항구의 세관업무와 서무를 담당하기 위해 새로 개설된 전주부 관할인 옥구감리서 주사로 발령을 받았다. 발령을 받고 부임해 보니 이곳 군산은 조선인보다 일본인이 더 많았다. 왜상들은 주로 쌀과 콩을 거래하고 있는데 쌀을 호남과 충청에서 대량 매집하여 일본으로 실어 나르고 있었다.

관세를 제대로 내지 않고 몰래 밀수를 하거나 반강제로 조선인들로부터 쌀을 매집하면서 가격을 후려치거나 고리로 농사자금을 미리 빌려 주고는 협박하여 헐값에 쌀을 매집하기도 하였다.

"이대로 일본인들이 쌀을 수탈해 가는 것을 두고 볼 수는 없는 지경입니다. 부윤께서도 보고를 올리시고 방곡령을 내리든지 아니면 무슨 조치라도 해야 할 것 같습니다."

"좀 더 두고 보세. 왜상들이 그냥 물건을 뺏는 것은 아닐 터이니, 좀 더 기다렸다가 확실하게 무슨 증거라도 나오면 그때 가서 소지를 올리도록 하세."

"이미 말씀드린 지가 오래되었습니다. 이제는 무슨 수를 써야 합니다."

"원, 뭐가 그리 급한가? 조금 기다려 보라 하지 않았나."

군산 부윤이면 누구나 한 번쯤은 가기를 원하는 자리였다. 물자가 풍족하고 세금도 잘 걷히니 별 걱정 없이 소임을 다할 수 있었고, 집의 곳간도 적당히 채울 수도 있는 자리였다. 괜히 긁어 부스럼 만들 필요가 없었다.

왜상들도 이러저런 눈치를 아는 자들이라, 부임한 후로 별 탈 없이 잘 지내 오고 있는 터였다. 소문은 순식간에 퍼져 나갔다. 일본으로 쌀이 나가는 것을 막으려던 순천감리서의 주사가 살해되었다는 소식이 전해지자 사람들은 공포에 떨었다. 소문은 일본에서 들어온 자객들의 짓이다, 금품을 노린 도적떼의 짓이다 등으로 부풀려지면서 퍼져 나갔다.

금강을 통해서 운반되어 온 쌀과 콩 등의 곡식은 이제 군산항을 통해서 순풍에 돛 단 듯이 일본으로 빠져나갔다.

어느새 가을이 들판을 누런빛으로 물들이면서 밀려 들어오더니 바닷가에서는 어선이 건져 올리는 물고기들로부터 시작되고 있었다. 살이 잔뜩 오른 전어와 큰 새우, 고등어, 비단고둥 등을 실은 배가 만선이 되어 항구로 들어오고, 해안가 아이들은 바닷가에 나가 지렁이를 미끼 삼아 작은 고기를 건져 올리는 재미로 하루를 보냈다.

담 하나를 사이에 두고 해관의 망루에서는 조선인들의 움직임과 해안의 배들을 관찰하는 관원들의 눈이 매서웠다. 밤이 되면서 간조가 되자 밀물이 달에 실려 물비늘을 반짝이면서 해안가 가까이로 깊숙이 몰려 들어왔다. 구름이 잔뜩 낀 탓인지 칠흑같이 어두운 밤이 지났다. 아침이 밝아오자 쌀을 선적하려고 새벽 일찍 나온 왜상 아오키는 대경실색하여 두 눈을 비벼 보았다. 어저께 분명히 야적장에 쌓아 둔 쌀 3,000석이 갑자기 자취를 감춘 것이었다. 눈이 까뒤집히며 얼굴이 노래지면서 다리가 후들거렸다. 간신히 버티다가 온몸에 힘이 다 빠지면서 입에 거품을 물고 주저앉았다.

항구는 가을 고기잡이 철을 맞아 분주히 드나드는 크고 작은 배들로 가득하고 어디를 쳐다봐도 쌀은 간 곳이 없었다. 망루잡이는 어제 저녁을 잘 먹은 후 아예 망루에서 주저앉아 잠들어 버렸고 관원들도 죄다 모른다고 했다. 서해와 남해는 섬이 많아 소금만 섬을 벗어나면 시야가 가려 배를 찾는 것도 쉽지 않았다.

아오키와 함께 투자한 동업자들은 수만 원이 넘는 막대한 손해를 입었다. 아오키는 그날 밤으로 군산을 빠져나가 어디론가 사라졌다.

통감부에서는 이제 더 이상 사건을 방치하고만 있을 수가 없었다. 통감부 대신 가무치와 아오지마 헌병사령관은 긴급히 소집된 회의에서 심각한 표정으로 서로의 얼굴을 마주 보고 앉았다. 가무치는 거금을 통째로 날린 내색은 보이지 않았다. 계속 뿜어내는 담배 연기가 동그라미를 그리며 허공으로 피어 올라가는데 마치 돈이 하늘로 승천하는 듯했다. 계속 헛기침을 내뱉고 한숨을 길게 내쉬었다.

"흠~. 푸우 흠~."

"도대체 일본에 대한 이들의 노골적인 적대행위가 여러 달이 지났는데 정체도 파악을 못하고 있다니 이게 말이 되는가? 대일본제국과 군대를 너무 우습게 보고 있다는 것 아닌가 말이다."

"조만간 이들의 정체를 밝혀 모두 체포하도록 하겠습니다."

"노무라 중위, 오늘부터 자네는 복면 도적과 군산 쌀 도적놈들을 잡는 데 총력을 쏟도록 하라!"

"예, 공사님, 어떻게든 하루속히 도적들을 잡아끌고 오겠습니다."

이미 조선의 백성들과 상인들 사이에서는 의인이 나타났다고 입소문으로 칭송이 자자하였다. 그렇지 않아도 일인들에 짓눌려 한숨만 쉬면서 그들의 횡포를 보고만 있었는데, 이제 의인들이 나타나 이들을 혼내 주고 게다가 빼앗은 물건들을 인근의 어려운 사람들에게 나눠 준다고 하니 얼마나 고마운 일인가? 조선 사람들로서는 두 손 모아 제발 이들이 잡히지 않도록 기도하는 형국이 되었다.

노무라 중위는 복면 도적을 체포하라는 명령이 떨어지자 부하들을 소집하여 대책을 논의하기 시작했다.

"일단 이들의 근거지를 찾아내는 것이 시급하다. 그리고 이들이 중국과 러시아에서 활동하고 있는 조선의 반역자들과 연계되어 있다는 정보가 있다. 언젠가는 반드시 정체가 드러나게 되어 있는데 아직까지 근거지는 물론 뭐 하는 놈들인지조차 파악이 안 되고 있는 실정이다. 내가 생각하기에는 이들이 대단한 정보력과 조직을 갖고 있다고 짐작된다. 이제부터 제군들은 수단방법을 가리지 말고 이들의 정체 파악과 체포에 만전을 기해야 한다, 알았는가!"

"예, 중위님!"

노무라 중위는 6개월 전 일본에서 파견된 신참 헌병이자 대일본제국의 신민인 것을 자랑스럽게 생각하는 자부심 강하고 사명감이 투철한 군인으로 이번 사건을 지휘하는 임무를 맡게 되었다. 통감부에서는 이번 사건을 일본제국에 대항하는 조선인들의 항쟁이라고 평가하고 어떻게든 이들 조직을 뿌리 뽑을 것을 지시하였다. 이들 세력이 더 이상 커지는 것을 반드시 막아야 하며, 만에 하나 이를 막지 못한다면 이들에 동조하는 무리들이 합세하여 일본의 대조선 책략에 막대한 지장을 초래한다는 것이었다.

최후의 결전

생존을 건 혈투

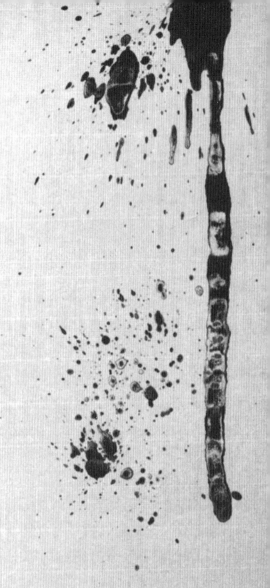

최후의 결전

생존을 건 혈투

    아침 일찍 임방에 모인 객주 대표와 보부상들은 심각한 표정으로 어제 받은 통감부의 내용에 대한 대책을 논의하고 있었다. 보부상의 간판을 떼라고 하니 보부상으로서는 도저히 받아들일 수가 없는 일이었다. 임방에 모인 보부상 단원들은 굳은 표정으로 격앙된 울분을 토해 내고 있었다. 일부 상인들은 눈물까지 흘리며 이제 무엇을 하고 살아야 하느냐고 걱정을 토로했다. 장사를 그만두면 이제 죽은 목숨인데 어떻게든 방안을 강구해야 한다고, 임방 안은 왜인들을 원망하는 욕지거리로 격정의 도가니였다.

    "인천에 계림장업단이 처음 발을 들여놓은 이후로 지금 조선의 주요 장시에는 이들이 안 들어간 곳이 없습니다. 수일 전 임방에서 돌린 통문에 따르면 이들의 행패가 날로 심하여 도저히 이대로 두고만 볼 수 없는 지경에 이르렀다고 합니다. 매점과 매석은 물론이고 일본 군대를 앞세워 장시에서 갖은 행패를 다 부리고 있답니다."

준마가 일어서서 객주 대표들에게 조정의 지침과 전국 임방에서 수집된 내용을 설명하였다.

"며칠 전 통감부에서는 상무사 도방과 전국의 임방을 해체하고 현판을 내리도록 칙령을 발표했습니다. 우리 보부상조직을 완전히 해체시키고 모든 상권을 일본이 지배하겠다는 것이죠. 물론 이 칙령은 조선의 조정이 자발적으로 만든 것은 아닙니다. 지금 일본 통감부는 조선의 모든 행정을 장악하고 사소한 것까지 간섭하고 지시하고 있습니다. 조만간 조·일 보호조약까지 체결하여 조선의 모든 실권을 일본이 움켜쥐려는 음모를 꾸미고 있다고 합니다. 이제 우리 보부상 단원들이 일어나야 할 때입니다."

준마는 그동안 김창수 선생(김구)을 만났던 일이며 고종 황제를 만났던 일까지 설명하며 계림장업단을 막지 못하면 보부상은 조선에서 영원히 사라질 것이라고 힘주어 말했다.

"고종 황제께서도 분명히 우리 보부상을 지켜 줄 것이라고 말씀하셨습니다. 지금 조정에서 일어나는 일들을 보면 일본이 조선의 조정을 완전히 장악하고 저희 마음대로 움직이고 있다고 생각됩니다. 우리도 이제는 스스로 방향을 잡고 살길을 찾아나서야 합니다."

"맞습니다. 안 그러면 우리의 상권을 그대로 다 일본 상인들에게 송두리째 넘겨주게 됩니다. 우리라도 상업을 지키고 있어야 그나마 남아 있는 조선의 자본세력이 존재하는 것입니다. 굶어 죽으나 싸우다 죽으나 매한가지입니다. 죽을 때 죽더라도 싸워야 합니다. 조선 태조대왕 이래 상업을 억제하고, 장사하는 우리 같은 행상을 달갑게 여기지는 않았다고는 하나, 그래도 내가 태어나고 자란 곳인데 우리 땅을 누가 지키겠습니까?"

"이미 조정은 힘이 없고 대신들도 모두 자기 살겠다고 눈치를 보는 현실입니다."

얼굴이 불그스름하게 달아오른 무시로객주의 심태평 행수가 목에 힘줄을 세우고 목소리를 높였다.

"그나마 일본이 겁내고 함부로 다룰 수 없는 조선사람들이 우리 보부상이라고 합니다. 이제 우리가 수백 년을 이어 온 보부상조직의 힘을 보여 줄 때가 온 것 같습니다."

"우리 조선의 상권은 우리가 지켜 내야 우리 자손들에게도 미래가 있을 것입니다."

"옳소, 싸웁시다!"

"보부상의 절목을 다시 한 번 외치고 분연히 일어섭시다."

위상애당(爲上愛黨), 윗사람을 섬기고 무리를 사랑한다.

환난상구(患難相救), 어려운 일을 당하면 서로 도와준다.

상부상조(相扶相助), 서로서로 돕는다.

병구사장(病救死葬), 병이 나면 도와주고 죽으면 장례를
치러 준다.

보부상 4계명인 "물망언, 물패행, 물음란, 물도적"을 외치고, 마지막으로 "충효(忠孝, 나라에 충성하고 부모에 효도할 것)! 충효!"를 목이 터져라 외쳤다.

각 보부상 임방으로 통문이 돌아가고, 날짜를 잡아 장터에서 보부상들이 모여 궐기하기로 하였다. 인천신상협회는 계림장업단의 불법성을 규탄하고 단체 해산을 촉구하는 성명서를 발표하였다.

아침부터 인천 신포동 물상객주 거리에 일단의 무리들이 나타나기 시작했다. 계림장업단과 이를 호위하는 낭인 집단이었다. 이들은 상점가에 들어서자 바로 초입에 자리한 유기전객주를 덮치면서 사다리를 놓고 올라가서 강제로 현판을 뜯어내기 시작했다. 유기전객주 보부상 단원들이 이를 막기 위해 밀치고 당기고 일대 혼란이 벌어졌다.

그러고는 뒤에 있던 낭인들이 앞으로 나서서 저항하는 점원들을 목검으로 제압해 나가기 시작했다. 일부 보부상 단원들이 머리를 맞아 피를 낭자하게 흘렸고, 일부는 계림장업단 무사들의 바짓가랑이를 붙잡고 매달렸다. 사정하는 점포의 점원을 낭인들이 사정없이 매질을 하고 발길질로 걷어차자 점원들이 머리며 입에서 피를 떨구면서 하나둘 쓰러졌다. 드디어 참다못한 보부상 단원들이 용장을 들고 맞서 싸우면서 장터 앞에서는 일대혼전이 시작되었다.

낭인이라 하지만 일본의 무사 출신인 이들은 무예가 보통이 아니었다. 한 낭인이 칼을 뽑아 들고 진검으로 상대를 제압하기 시작했다. 낭인들이 휘두른 예리한 검에 보부상 단원들이 팔과 가슴을 베여 쓰러지면서 흰옷이 붉은 피로 물들었다. 이제는 서로가 살육을 부르는 피의 전쟁으로 양상이 바뀌고 있었다.

그러나 놀란 쪽은 오히려 일본의 무사들이었다. 보부상들의 무예가 예사롭지 않았기 때문이다. 보부상을 그저 지게나 지고 다니는 장사꾼으로 쉽게 보았는데 이들의 검법은 절도가 있고, 검을 제대로 다룰 줄 알고 있었다.

'아니, 이 장사꾼들이 무술을 알고 있다는 것인가?'

낭인들은 그제야 조심스럽게 검투 자세를 취하기 시작했다.

'다 망해 가는 조선에 아직 검법이 살아 있었다는 말인가?'

보부상 단원들은 이미 어릴 때부터 글과 장사를 배우면서 검법을 배워 왔다. 험한 길을 가다 보면 때로는 산적들을 만나서 싸울 때도 있고 짐승을 만날 때도 있다. 항상 스스로 보호하기 위해서 무술을 단련해야 했다.

점차 싸움이 격해지면서 장터 곳곳에서 전투가 벌어지고 있었다. 쉽게 생각하고 쳐들어왔던 계림장업단 낭인들이 조금씩 뒤로 밀리기 시작했다. 준마가 목검으로 중심에 서서 일본 낭인들과 대적을 하는 동안 석태는 준마 옆에서 좌우로 오는 낭인들을 막아내고 있었다. 복만과 길재 또한 그동안 단련했던 무술로 낭인들이 더 이상 진입하는 것을 막고 있었다. 낭인들이 주춤하는 사이 이때를 놓치지 않고 나머지 뒤에 처져 있던 보부상 단원들이 용기를 얻어 일제히 함성을 지르고 앞으로 밀고 나가자 계림장업단 낭인들이 후퇴를 하기 시작했다. 주위에서 이를 보고 있던 조선의 백성들이 일제히 함성을 지르며 환호했다.

"만세! 만세!"

"계림장업단 물러가라! 일본은 조선에서 떠나라! 국모를 죽인 철천지원수 일본은 물러가라!"

"일단 오늘은 우리가 잘 막기는 했습니다. 그러나 이들이 또 들이닥칠 것입니다. 도임방과 서울 조정 대신들에게 보부상조직을 해체하지 못하도록 탄원서를 보내긴 했습니다. 그러나 이미 힘을 잃은 조정이 우리를 도와주기는 어려울 것입니다. 우리 보부상조직도 20여만 명이 넘으니 이대로 단합해서 싸운다면 일본헌병대가 나서더라도 함부로 우리를 어떻게 하지는 못할 것입니다."

"아, 우리에게 최신 무기만 있다면 한번 겨뤄 볼 만하겠습니다."

"헌병이 나서면 분명 최신형 장총과 기관총까지 동원할 것입니다. 잘못하면 우리의 희생이 클 수도 있습니다."

"예, 그럴지도 모르지요. 그러나 이대로 순순히 물러난다면 일본은 앞으로 우리 조선의 상권을 마음대로 주무를 것입니다. 조선은 왜놈들의 노예로 살아가게 될 것입니다. 지금 여기 인천에 들어와 살고 있는 서양의 많은 선교사들과 외교관들의 보는 눈이 있으니 함부로 민간인들에게 총을 쏘지는 못할 것입니다. 그들이 화약을 동원한다면 우리도 최소한의 준비는 해야 할 것 같습니다. 이미 러시아의 최봉준 동무와 이승훈 동무도 우리를 지원하겠다고 연락이 왔습니다. 각 지방의 임방에서 만반의 준비를 하도록 통문을 보내야 할 것입니다."

"바로 통문을 만들어 전국의 임방에 보내도록 하겠습니다."

전국적으로 일어나기 시작한 일본에 대한 보부상들의 저항은 일대 격변을 예고하고 있었다.

동래장에서 계림장업단이 나타나 현판을 부수고 상점을 약탈하는 사건이 일어났다. 드디어 목포, 원산 등에서 계림장업단원들이 행패를 부리면서 상무사 간판을 떼는 등 행패를 부리기 시작했다고 연락이 왔다. 인천에서는 10여 명이 죽거나 다쳤다.

"다음은 우리가 아예 인천의 해관을 습격하도록 합시다. 왜 일본이 우리 조선의 물목에 대한 세금을 거두고 통관을 관리한단 말입니까?"

"지금 우리의 조직으로는 일단 계림장업단과 맞서는 데 힘을 집중해야 합니다. 그러니 해관을 습격하는 것은 장기적 관점에서 생각해 보도록 합시다. 개항지 인천은 서양 외교관들이 특별히 주목하고 있는 곳입니다."

"이미 일본 세력이 해관까지 직접 관할하겠다고 접수한 상황입니다."

"좀 더 계획적으로 준비해야 할 것입니다."

계림장업단과 보부상과의 첫 번째 큰 싸움이 있은 후로 여러 달이 지나고 있었다. 양측은 소리 없이 긴장감을 지켜 내고 있었다. 이 고요함이 언젠가는 깨어질 것이라는 불안한 예감과 두려움이 계속 항구 인천의 하늘을 감싸고 있었다.

갑자기 일본 조계지에서는 이른 아침부터 때 아닌 작은 소동이 일어났다. 일본 무사집단의 우두머리인 요시무라가 인천과 서울의 계림장업단 소속 무사들을 소집하자, 일본 조계지 초입 광장에는 낭인들의 무리와 많은 일본 상인들이 모였다. 낭인들은 각자 검으로 무장을 하고, 상인들도 검이며 죽창으로 무장을 하고 모여들었다. 이미 인천은 거주하는 일본인들의 수가 조선인들보다 더 많았다. 헌병사령부 군인들까지 합하면 인천은 이미 일본인들의 땅이라 할 만하였다. 인천의 각국 조계지에서 거주하고 있는 외국인들조차 일본의 지나친 세력 확장에 대해 두려움을 갖고 있었다.

"지난해 우리 계림장업단이 일개 행상들의 모임인 조선의 보부상조직에 맥없이 패하여 보부상의 임방을 없애는 데 실패하였다. 우리가 누구인가? 일본을 대표하는 무사인 사무라이들이 아닌가! 명치유신이 일어나기 전 우리는 여러 번(藩)에서 각자 최고의 검객으로 자부하던 무사들이었다. 세계 최고의 검술을 자랑하던 사무라이인 우리가 미개한 조선의 행상조직 하나를 꺾지 못하고 크나큰 수모를 당했다. 저들은 행상을 하는 장사꾼에 불과하다. 그중에서 겨우 몇 명만이 검을 다룰 줄 아는 자들이다. 이제 우리가 보부상을 완전히 뿌리째 뽑아서 괴멸시켜야 할 것이다. 조선 내륙 곳곳에서 우리는 보부상과 충돌하고 있다. 보부상은 곧 소멸될 것이다. 이제 우리 계림장업단의 총본부가 있는 이곳 인천에서 보부상 임방을 끝장내는 것이야말로 계림장업단의 승리를 상징하는 것이다."

"고바야시! 자, 나를 따르라. 모두 물상객주촌으로 간다! 임방을 접수하고 불태워 버려라. 알겠나! 깃발을 세워라!"

"예, 알겠습니다. 요시무라 대장!"

"고바야시가 앞장을 서서 공격하라! 나는 무사들을 데리고 보부상 점포들을 모조리 부셔 버릴 것이다. 가급적이면 죽이지는 말되 불가피한 경우에는 살상해도 좋다!"

이미 통감부와 헌병사령부에는 통보를 해놓았다. 이번 싸움은 오로지 민간인들인 계림장업단과 보부상의 상권 싸움으로 명분을 주장해야 할 것이고 헌병대는 위급한 상황에만 출동을 할 것이라고 전해 왔다.

"우리는 이번 기회에 이들 보부상을 없애지 못하면 계림장업단의 체면과 조직의 존재까지도 의심받을 것이다. 각자 사무라이의 명예를 걸고 이번 싸움에 나서 주기 바란다! 상인들 중에서 일부 완력이 센 자들을 뽑아서 상인으로 위장한 무사들과 함께 앞장서게 하고 목검으로 일단 일전을 벌이되, 필요한 경우에는 진검으로 보부상들을 위협하여 물러나게 할 것이다. 상대가 진검으로 승부하겠다고 나서면 그때는 진검으로 베어도 좋다. 오늘이 보부상들의 마지막 날이 될 것이다."

한편 보부상 임방에서는 접장 준마와 복만, 석태, 길재, 대길과 공원들, 그리고 객주들이 모여 대책을 논의하고 있었다.

"지금 계림장업단 본부가 지난해의 참패를 갚고자 이번에는 단단히 벼르고 준비하고 있다고 합니다."

"인천의 낭인들은 물론이고 서울과 목포, 원산 등지에 있는 무사들을 불러 모으고 있다고 합니다. 우리 인천의 임방과 단원들과 객주들을 모두 모아 봐야 그 수가 일본 계림장업단보다 많이 부족한 실정입니다."

　지난 을미사변으로 위협을 느낀 일부 오지의 일본인들이 인천으로 모여들어 그 수가 많이 늘었는데 이들 일부까지 합세하여 인천에는 조선 사람보다 일본인들이 오히려 더 많았다.

　"지금 지방에서도 계림장업단과 보부상들이 수차례 싸움이 벌어졌으며 이번 인천에서의 결전을 지켜보고 있는 상황이 되었습니다. 계림장업단의 본부가 있는 이곳 인천에서 우리가 패한다면 전국의 보부상조직은 여지없이 무너지고 말 것입니다."

　모인 상인들은 저마다 분을 참지 못하고 울분을 토하고 있었다.

　"이제 더 이상 장사를 못하게 되면 우리 가족들의 생계는 무엇으로 할 것이며 또 어떻게 살아가야 할지 막막할 따름입니다."

　"겨우 입에 풀칠이나 하고 사는 우리네 형편인데 이 상권마저 왜놈들에게 빼앗긴다면 죽는 것이나 매한가지입니다."

　이들의 울분에 찬 목소리를 듣고 있던 준마는 깊은 생각에 잠겼다.

　"준마 접장께서 어떤 대책이라도 준비하고 계신지요? 하기야 조정에서도 어쩌지 못하는 왜놈들의 협박을 어찌 우리 상인들이 쉽게 막을 수 있겠습니까? 하지만 조정이 우리를 지켜 주지 못한다고 해서 우리도 그냥 이대로 손을 놓고 있을 수는 없습니다."

　"잘 알겠습니다. 어찌 되었든 우리도 할 수 있는 데까지는 최선을 다해서 계림장업단의 준동을 막아야 하겠지요. 일단 여긴 모인 분들 중에 길재, 복만, 대길, 그리고 수산객주와 곡물객주를 비롯해서 각 업종별 객주 대표께서 남아서 저와 대책을 마련해 보도록 하겠습니다."

무술년(광무 2년)에 접어들고 을미사변이 지난 지 3년이 되는 해였다. 인천에서는 일본이 미국인으로부터 철도부설권을 인계받아 인천에서 서울까지 철도를 놓는 공사가 한창 진행되고 있었다.

하루 길을 잡았던 서울이 철도가 완공되면 3시간이면 갈 수 있다고 광고를 하고 있었다. 세상이 하루가 다르게 변하고 있었다. 까막눈의 조선인들은 일본이 조선에서 벌이고 있는 일들을 눈들만 껌벅껌벅하며 지켜보고 있었다.

앞으로 무슨 일이 일어날지는 관심도 없고 미래에 대해서는 생각할 수도 없었다. 생각이 있는 사람들이라고 해도 이미 장독이 깨져서 장이 다 쏟아져 버린 마당에 무엇을 더 어찌하겠는가마는 그 생각조차 없이 사는 대부분의 백성들은 이 지경이 되어서는 나라가 어찌 되어 가는 건지, 조정의 대신들이 무엇을 하는지조차 관심도 없는 듯하였다. 임금과 조정이 저질러 놓은 참담함에 관심조차 끊은 듯하였다.

척왜양이를 주장하며 조선을 고립으로 몰아넣는 데 앞장섰던 흥선대원군도 그해 2월에 파란만장한 삶을 마쳤다. 풍전등화의 조선을 두고 한때는 천하의 권세를 누렸고 며느리인 명성왕후와 끝없는 권력투쟁을 벌였던 대원군이었다. 조선 밖에 있는 세상을 너무나도 몰랐고 알기조차 거부하던 까막눈이 고집불통 대원군도 세월 앞에는 어쩔 수가 없었다.

7월에는 동학교주 최시형이 처형되어 민중 속에서 일어났던 삶의 몸부림도 끝이 나는가 싶었다.

11월에는 황국협회에서 보부상조직을 동원해서 만민공동회를 습격하는 사건까지 벌어지고 급기야 조정에서는 두 단체를 해체하도록 하였다. 황국협회를 도왔던 보부상도 난처한 입장에 처하긴 마찬가지였다. 독립협회가 주도하여 외세로부터 조선의 참된 독립을 주장하며 서재필, 이승만, 홍정하 등 청년 인사들과 박정양 등 조정 관료들이 참여하고 신분에 관계없이 일반 백성들은 물론 상인들까지 만민공동회에 참여하여 조선의 독립을 주장하는 집회를 가졌다.

보부상들은 그동안 정치와는 항상 거리를 두고 활동하는 것이 관례였다. 흥선대원군이 보부상의 수장을 맡으며 정략적으로 정치에 끌어들였었다. 이제 고종이 황권에 도전하는 이 민중정권을 주장하는 만민공동회를 그냥 두고만 볼 수는 없었다. 결국 전국의 보부상조직을 끌어들여 강제로 만민공동회를 해체시켰다. 보부상으로서는 그동안의 의리로 조선의 황실을 일본으로부터 보호하고자 하였다. 이제 조선의 독립과 황실의 보호라는 양단의 싸움에서 그동안 지켜 왔던 황실 편에 선 것이었다. 결국 황실보호협회와 만민공동회가 공동으로 해체되면서 이 싸움은 끝이 났다.

이 와중에도 대부분 보부상 임방은 계림장업단이라는 일본의 무장상단과 생사를 건 싸움을 벌이고 있었다. 이 혼란 속에서 보부상들이 일본으로부터 상권을 지켜 내는 일이 쉽지 않은 상황이었다.

한동안 잠잠하던 장터에 드디어 운명의 날이 왔다. 날이 밝기 도 전에 어느새 나타났는지 일단의 무리들이 뿌연 흙먼지를 일 으키면서 물상객주촌을 향해서 들이닥쳤다. 계림장업단 소속의 무사들이 깃발을 세우고 목검과 죽창을 들고 있었고 일부는 칼 을 차고 있었다. 이들을 향해 막아서는 조선 상인들을 향해 무 자비하게 몽둥이를 휘두르면서 구타하기 시작했다.

보부상 임방의 일부 공원들이 피를 흘리며 쓰러졌다. 대길이 앞장서서 용장을 휘두르며 고군분투하고 있었다. 수적으로도 불 리하고 게다가 점차로 일인들의 숫자가 늘어나는 것이 보였다.

곧바로 소식을 들은 보부상 단원들이 일본 낭인들을 막아 나 섰고 객주촌 장터 입구에서부터 무차별적인 구타와 싸움이 벌어 지기 시작했다. 요시무라와 고바야시가 이끄는 낭인 무리들이 중간중간에 섞여서 싸움을 주도하는 것이 보였다.

거의 대부분 보부상들은 일본 낭인들에게 치명상을 입고 쓰 러지고 있있다. 일본 낭인들은 아직까시 진검을 쓰지 않고 있었 다. 드디어 일부 보부상 단원들이 검과 낫 등을·들고 대항하기 시작하자 기다렸다는 듯 낭인들이 일제히 검을 뽑아 들었다. 점 포들이 부서지고 일부 점원들이 점차 뒷걸음치기 시작할 때쯤이 었다.

준마 일행이 동몽청의 청년들을 이끌고 나타났다. 길재와 복 만 등이 이들을 지휘하면서 낭인들의 무리 앞에 서서 막았다. 대길이 낭인의 칼에 쓰러지는 것이 보였다. 준마가 재빠르게 달 려가 두 번째 공격을 하는 낭인의 옆구리를 가격하자 낭인은 움칫하며 옆으로 나가떨어졌다. 왼팔을 베인 대길이 피를 흘리며 겨우 버티고 있었다. 이윽고 낭인들의 대장인 고바야시를 지원하기 위해 우두머리인 요시무라가 낭인들을 이끌고 달려들어 오고 있었다.

이미 수적으로 상대가 안 될 정도로 열세였던 보부상에 치명상을 입혀 궤멸시키려고 하는 것 같았다. 뒤로 밀려나면서 점차로 점포들은 하나둘씩 점령을 당하고 가게들은 부서지고 있었다. 싸움이 격해지면서 장터 대부분이 전쟁터가 되었다.

보부상 단원들도 이미 두려움에 사기가 떨어져 심지어 도망가는 자들도 있었다. 잠시 소강상태가 지난 후 계림장업단 무사들이 왜상들과 함께 점령한 임방을 철저히 부수고 가게들의 간판을 떼어내기 시작했다. 다행히 대길이 보부상 인감과 청감록, 완문을 비롯한 서류와 장부들은 모두 다른 데로 옮겨 놓은 터였다.

잠시 거리를 두고 마주 보고 있던 고바야시가 다시 공격을 명령하였다. 앞장선 무사들이 칼을 뽑아 들고 마지막으로 끝장을 내려는 기세로 무섭게 돌진하였다.

보부상들이 낭인들의 마지막 공격에 두려움에 떨며 맞서 싸울 엄두를 못 내고 있을 때, 준마가 검을 들고 앞장서며 무사들과 대적하기 시작했다.

이어서 길재와 복만 그리고 동몽청의 학생들이 합세하면서 낭인들을 막아 싸우기 시작했다. 동몽청 젊은 사내 하나가 낭인의 칼에 맞아 쓰러지는 것이 보였다. 사방에서 날카롭게 칼이 부딪히는 소리가 들리고 비명소리와 신음소리가 들렸다.

준마는 고바야시가 검을 휘두르며 계속해서 보부상들을 쓰러뜨리는 것을 보았다. 몸을 재빠르게 움직여 고바야시를 향해 나갔다.

"고바야시, 이놈 이리 오너라. 나하고 한번 붙어 보자!"

고바야시는 일순간 고개를 돌리고 준마를 보자 바로 준마를 향해 돌진해 왔다. 바로 검을 앞으로 뻗으면서 찌르기를 하였다. 재빠르게 몸을 피한 준마가 이번에는 검을 들어 세게 놈의 머리를 향해 내리쳤다. 칼이 부딪히는 소리가 "쨍" 하면서 울려 퍼졌다. 다시 자세를 잡고 둘은 몇 합을 겨뤘다. 고바야시는 중키에 빠른 동작으로 준마의 틈을 파고들기 시작했다. 준마는 고바야시의 눈을 바라보았다. 강한 눈빛을 내며 준마를 주시하는데 자세가 흐트러짐이 없었다.

준마는 신중히 좌우로 조금씩 이동하면서 놈이 공격해 오기를 기다렸다. 먼저 공격하기보다는 놈이 공격하기를 기다렸다. 놈이 공격을 할 때 강하게 막으면서 그 틈을 노려 공격할 기회를 찾아야 했다. 준마는 호흡을 고르며 정신을 가다듬었다. 조용히 검을 좌우로 한 번 휘두르며 놈의 움직임과 몸짓을 살폈다. 드디어 놈이 정면으로 공격해 왔다. 검으로 막으면서 놈의 공격을 피하는 순간 놈이 칼을 들어 옆으로 몸을 베려고 들어왔다. 강하게 검으로 막으려는 순간 놈의 검이 준마의 검의 코등이 앞 덧쇠를 강하게 타격하였다. 순간 놈의 강한 검의 힘이 준마의 손목으로 전해 왔다. '찡' 하는 느낌과 함께 놈의 힘이 느껴졌다. 조금만 늦었어도 손을 크게 베일 뻔한 순간이었다. 덧쇠가 약하게 고정되거나 약하면 이런 경우 힘에 밀려 덧쇠가 부러지고 손을 크게 다칠 수 있었다.

'이놈은 내 손을 노리고 있다.'

준마는 호흡을 다시 한 번 가다듬었다. 검을 조용히 앞으로 내밀며 전에 없이 길게 찌를 듯한 자세를 취했다. 뒤로 검을 한 번 뺐다가 이윽고 바로 위에서 내려치는 동작을 취했다. 순간 놈이 방어 동작으로 검을 당기는 것이 보였다. 준마의 공격을 막고 동시에 공격을 할 것이다. 준마는 위에서 힘껏 검을 내려치며 다시 두 번 연속 공격을 가했다. 그러고는 몸을 붙여 고바야시를 강하게 밀었다. 움칫하며 고바야시가 자세가 흐트러지는 순간 준마의 발길이 고바야시의 배를 걷어찼다. 고바야시가 넘어지면서 검을 재빠르게 휘둘렀다. 놈의 검을 피한 준마는 순간 놈의 손목을 가격하면서 놈의 손에서 피가 솟아올랐다.

이제 이놈은 힘을 쓸 수가 없다. 준마가 안도의 한숨을 내쉬는 순간이었다. 갑자기 고바야시가 온몸을 던지면서 준마의 가슴을 파고들며 공격을 해 왔다. 다친 손으로 피하는 것이 아니라 도리어 역습을 가해 왔다. 섬뜩하며 칼날이 가슴을 스쳤다. 몸을 뒤로 빼면서 칼을 재빠르게 휘두르며 놈을 막았다. 놈이 재빠르게 단검을 뽑아 준마의 가슴을 향해 찌르고 있었다. 일순간 준마의 검이 놈의 공격보다 빠르게 놈의 목을 베었다. 놈이 단검을 든 채로 준마 앞에서 무릎을 꿇고 주저앉았다.

요시무라는 선두에 서서 무수히 조선의 보부상들을 베었다. 당대의 신겐조의 대를 이은 명성이 자자한 일본의 사무라이였다. 그에 맞선 사람들이 하나둘씩 쓰러져 갔다. 계림장업단 무사들의 수가 보부상들의 수보다 워낙 많아 보부상으로서는 힘의 열세로 인해 패색이 점점 깊어 갔다.

절망의 한숨 소리가 사방에서 터져 나오는 가운데 갑자기 뒤편에서 꽹과리 소리가 요란하게 울리면서 검을 든 일단의 무리가 나타나기 시작했다. 건장한 체격의 장정들이 검으로 무장한 채 낭인들을 공격하기 시작했다.

갑자기 나타난 사람들이 강하게 공격을 해 오자 당황한 쪽은 계림장업단의 요시무라였다.

'아니, 어디서 온 놈들인가? 인천에 이렇게 검을 다루는 검객들이 많았다는 것인가!'

"준마 행수, 이쪽은 우리가 막을 것이오. 조심하시오!"

"이 행수, 고맙습니다. 조심하시오."

준마는 이득만에게 눈짓을 보내며 앞으로 달려 나갔다.

이들은 모두 송파와 개성의 임방에서 온 보부상들이었다. 원래 송파는 물류의 요충지로 삼남에서 오는 물목이 움직이는 조선의 대표적인 나루였으며 삼전동나루 인근에는 마방이 또한 유명하였다. 마방에서 멀리 떨어지지 않은 곳에 조선의 무장들이 모여 살던 무인촌이 있었다. 삼전동과 문정동에 흩어져 살던 이들이 장사를 시작하면서 송파의 보부상단에는 무인 출신들이 많았다.

개성은 고려의 수도로서 원래 보부상단의 근간을 이루는 이들 중에는 개성 출신들이 많았다. 대부분 이성계의 역성혁명에 항거하고 숨어 지내던 무인들이었다.

준마의 소식을 접하자 인천의 임방을 지원하기 위해 이들이 대거 몰려온 것이었다. 게다가 이들은 대부분 장검을 지니고 있었고 검술 또한 놀라울 정도로 절도가 있었다. 일본이 자랑하는 검술로도 이들을 쉽게 제압할 수가 없었다.

'아니, 조선에 아직도 검객이 있었단 말인가? 저들이 쓰는 검법은 예사롭지 않다. 대부분 무장의 기품을 지니고 우리 무사들과 대등하게 대적을 하고 있지 않은가!'

저쪽 한편에서 고바야시가 목이 베인 채로 피를 흘리며 처참하게 쓰러져 있는 것이 보였다.

'아, 고바야시! 세계 제일의 일본 검객 중에서도 검술이 뛰어나다는 검객이 일개 행상에게 이렇게 당하다니!'

일순간 그동안 멸시하고 조롱했던 조선의 저력이 아직도 살이 있다는 사실에 전율이 느껴졌다. 이제 양측의 사상자가 계속 발생하고 보부상이 쉽게 굴복하지 않고 사생결단으로 나오자 요시무라는 이 싸움을 계속 지속하는 것이 무모하다는 것을 직감적으로 느꼈다.

"철수하라! 계림장업단은 철수한다!"

요시무라가 큰 소리로 외치자 일순간 정적이 흐르고 계립장업단의 무사들과 상인들이 검을 거두고 뒤로 도망치기 시작했다. 잠시 뒤쫓던 조선 상인들이 돌멩이를 들어 집어 던지고 작대기를 날렸다.

"만세! 만세! 조선 만세! 조선 만세! 보부상 만세! 보부상 만세!"

시장통의 상인들과 주위에서 두려움에 떨며 싸움을 지켜보던 사람들이 일제히 함성을 질렀다. 상인들은 장터에 주저앉아 통곡을 하며 눈물을 쏟았고, 가족들도 모두 나와 끌어안고 흐느꼈다. 일부는 껑충껑충 뛰면서 얼싸안았고, 한편으로 쓰러져 다친 사람들과 죽은 사람들을 부축하고 통곡했다.

준마는 칼을 들고 있는 송파 이득만을 발견하고 높이 칼을 쳐들었다. 개성의 임송학 접장에게도 손을 들어 감사의 인사를 전했다. 온몸에 피가 튀어 피범벅이 된 옷을 입은 채로 세 사람은 손을 맞잡았다. 준마는 가쁜 숨을 잠시 고르고 이들의 손을 굳게 잡았다.

"고맙습니다. 동무들, 생사를 건 싸움에 발 벗고 나서 주니 정말 고맙습니다."

"잠깐 준마 동지 얼굴도 볼 겸 해서 왔는데 뭘, 그리 감사할 것까지는 없습니다! 안 그렇습니까? 개성 임 행수!"

"하하, 맞습니다, 맞아요. 인천에 좋은 술이 있다고 해서 바람 한번 쐬러 왔지요!"

임 행수가 목이 젖히도록 호방하게 웃으면서 칼을 흔들었다.

철수를 결정하고 사무실로 돌아온 요시무라는 침통한 얼굴로 책상에 앉아 창밖으로 먼 허공을 쳐다보고 있었다.

'우리 일본이 미개한 조선이라고 얕잡아 봤던 조선이 그 오래전에는 사실 우리 일본에 문물을 전해 주던 문명국이 아니었던가? 조선 침략계획을 보다 더 치밀하게 전개해야 할 것이다. 이들의 저력으로 보아 조선인들이 그렇게 녹록하게 우리에게 당하지는 않을 것이다. 조선보다 조금 일찍 서양의 문물을 받아들이고 우리 막부가 청렴하게 전국을 이끌어 왔고 명치유신 이래 천황폐하의 은덕으로 일본이 일치단결하여 온 덕분이었다. 조선이 깨어나는 날 우리 일본도 쉽게 조선을 식민지로 다루기가 쉽지 않을 것이다.'

요시무라는 길게 한숨을 쉬었다.

보부상이 결국 계림장업단을 꺾었다는 소식은 전국의 보부상 임방과 장시에 전해져 조선의 기개를 되살리는 계기가 되었다.

그로부터 수개월이 지나면서 서서히 계림장업단의 위세가 꺾이기 시작했고 지방에서는 계림장업단의 간판이 내려지는 곳도 나타나기 시작했다.

항일 전선

지하 항일운동

"그런데 요즘 이승훈 대행수께서는 교육사업에서도 많은 활동을 하신다고 들었습니다."

"예, 안창호 선생을 모시고 학교를 하나 세울까 합니다. 그나마 외세에 대항해서 자립할 수 있는 길은 민족교육이라고 생각됩니다."

이승훈이 쑥스러운 듯한 표정을 지으며 답했다.

"참 대단한 생각이십니다, 형님!"

"뭘, 쑥스럽게 그러시는가! 준마 동무, 하하!"

"최봉준 대행수께서는 시베리아에서 장사가 크게 번창하고 있다고 들었습니다. 축하드립니다!"

"지난번 러시아 납품 일을 도와주신 덕분에 큰 성공을 거두었습니다. 다 행수님들 덕분이지요."

최봉준이 좌중을 둘러보며 감사의 뜻을 표하였다.

오랜만에 모인 자리였다. 러시아 무역으로 객주들은 큰돈을 벌었고 그때 이후로 처음 만난 자리였다. 보부상들은 오랜만에 만나 피곤한 줄 모르고 얘기를 이어 나갔다.

다음 날 일행과 헤어진 준마는 서울로 향했다. 이용익 대감이 준마를 집으로 불렀다. 대감을 본 지도 한 해가 더 지났다. 덕수궁 남쪽 담을 경계로 하여 서소문(西小門)에 이르는 남서쪽 지역을 소정동(小貞洞)이라 하였고, 그 북동쪽은 대정동(大貞洞)이라 하였다. 소정동에 금송아지 대감 댁으로 알려진 큰 기와집이 이용익 대감의 집이었다. 대문을 들어서자 하인이 사랑으로 안내하였다. 이용익 대감은 앞에 먼저 와 있던 손님과 얘기를 하고 있었다.

"어서 오시게, 준마 행수. 이게 얼마 만인가?"

이용익은 환한 미소로 준마를 반갑게 맞았다.

"예, 내감. 오래되었습니다. 자주 뵙지 못했습니다."

"그래, 하시는 사업은 잘되시는가?"

"대감께서 많이 도와주시는 덕분에 그럭저럭 어려움 없이 잘 꾸려 가고 있습니다."

"하하, 그런가? 준마 행수를 보니 정말 반갑구먼. 이리 가까이 앉으시게."

자기 앞으로 오라고 손짓을 했다.

"준마 행수, 인사하시게. 이분은 한성주보 기자인 오세창 선생이네. 서예도 하시는데 조선의 문화보존활동에 있어 많은 일을 하고 계시네.”

“백가객주 행수 백준마라고 합니다. 선생을 뵙게 되어 반갑습니다.”

“준마 행수에 대해서는 이 대감을 통해서 많이 들었습니다. 일전에 김창수(김구) 선생을 많이 도와줬다고 들었는데 직접 뵈니 믿음직합니다.”

“대궐에는 온통 자기 잇속만 챙기려는 사람들뿐입니다. 이런 사람들 사이에서 시달리다 오늘 모처럼 마음을 터놓고 얘기할 분들을 뵙게 되니 기분이 한결 편해지는 것 같습니다.”

준마는 그동안 마곡사에서 김창수 선생을 만났던 얘기와 안영근에게 대한 자금을 지원했던 일들을 자세히 설명하였다. 이용익 대감은 요즘 들어 일본인들이 자주 규장각에 나타나 자료를 좀 보자고 하는 일이 부쩍 늘었다고 하였다. 조선의 호구조사 기록과 생산물에 대한 자료, 지리서와 각종 서화나 문집 등에 관심을 많이 보인다는 것이었다. 대신들이나 관리들은 규장각과 강화에 있는 외규장각에 보관된 서류들이 잘 보존되고 있는지에 대해 관심조차 없다고 하였다.

“달포 전에 규장각을 방문한 일본 영사관 소속직원이 자료를 몰래 빼내 가다 들켰는데 조정의 관리가 돈냥이나 받아먹고 들고 나가는 것을 봐줬다고 하네. 다행히 입직을 서기 위해 들어오던 관원에게 발각되어 서책의 유출은 막아 냈다네.”

“들리는 소문에는 이미 조선의 문화재 상당수가 일본으로 흘러들어 갔다고 합니다.”

듣고 있던 준마는 최근 일본 왜상들의 움직임이 예사롭지 않은데 특히 해 질 무렵에 물건들을 급하게 싣고 일본으로 출항하는 배들이 자주 보였다고 하였다.

한참 동안 조용히 듣고만 있던 오세창이 드디어 입을 열었다.

"사실 제가 얼마 전 일본을 잠깐 다녀왔습니다. 그런데 일본의 돈 좀 있고 권력깨나 있다 하는 자들은 지금 조선의 고려청자나 불상 등을 모으는 게 취미가 되었다고 자랑삼아 얘기하는 것을 듣고 깜짝 놀랐습니다."

목이 마른 듯 앞에 놓인 찻잔을 들어 한 모금 들이켜고 다시 말을 이었다.

"지금 조선에 있는 왕릉이 어떻게 도굴을 당하는지, 궁중의 귀중한 사료들이 어떻게 빼돌려져 어디로 가는지 신경조차 쓰는 사람이 없습니다. 조선의 화가 안견의 그림인 몽유도원도가 일본으로 들어왔다고 일본인들이 자랑하는 것을 들었습니다. 수년 전에 일본으로 들어왔다고 하는데 아마도 행상들이 놀아다니다 돈을 주고 싸게 사거나 훔쳐서 일본으로 실어 갔을 것으로 짐작이 됩니다. 이제 더 이상 이런 조선의 문화자산들이 마구잡이로 일본으로 실려 가는 것을 막아야 합니다."

"선생님 말씀 잘 들었습니다. 안 그래도 지금 인천에서 의심이 가는 일들이 일어나고 있어서 조사하고 있습니다. 조만간 상황을 파악하게 되면 선생께 연락을 드리도록 하겠습니다."

준마가 뭔가 생각한 게 있다는 듯이 확신에 차서 말했다.

"차라리 우리 조선의 재력 있고 뜻있는 인사들이 이러한 문화자산을 사들여 일본으로 흘러가는 것을 막거나, 일본이 도굴이나 약탈하는 증거라도 잡아서 만방에 알려야 할 것입니다. 더 이상 우리 조상의 유물을 훔쳐 가는 것을 막아야 합니다."

오세창은 준마의 적극적인 답변에 힘을 얻은 듯 비로소 얼굴에 화기(和氣)를 띠며 말을 이었다.

한편 이토 히로부미는 요세가와 일본군 사령관을 만나 특별히 당부하였다. 본국에서는 최근 반일운동에 참여하고 있는 조선의 항일운동가들과 이를 지원하고 있는 조선 상인들을 색출해 사전에 조선 진출 방해세력을 차단해 줄 것을 통감부에 요청해 왔다는 점을 강조했다.

"청국과의 전쟁에서 우리 일본이 승리를 한 후 지금 러시아와 일전을 앞두고 있는 상황에서, 특히 시베리아에서 독립운동을 하고 있는 조선인들을 뿌리 뽑지 않으면 안 됩니다. 최근 시베리아 주둔 러시아군이 군수물자와 식량 등을 조선에서 조달하고 있다는 정보가 있습니다. 이들을 하루빨리 찾아내어 잡아들이는 것이 급합니다."

영국과 영일동맹을 맺고 미국과는 가쓰라-태프트 조약을 맺어 실질적인 조선의 지배를 인정받았다. 이제 러시아만 제거하면 조선은 그야말로 대일본제국의 식민지가 되는 것이었다.

요세가와 사령관은 이토 히로부미의 말을 경청하면서 강한 어조로 반드시 항일분자들을 색출하겠다고 약속했다.

늦은 저녁 개항지 인천. 조선의 물상객주들이 모여 있는 신포동을 지나 나지막한 언덕길을 오르는 초입에 흙벽으로 쌓은 허름하고 작은 봉놋방에서 건장한 사내 몇이 삶은 돼지고기를 안주 삼아 술잔을 기울이고 있었다.

"요즘, 흉년에 장사도 예전 같지 않으니 걱정입니다. 이미 보부상을 관할하는 상무사도 해체되었고 모든 상거래를 관장하는 권한이 일본의 통감부로 이전되었다고 합니다."

어둠이 짙게 깔린 한밤, 벽에 걸려 있는 희미한 남포등 아래 모인 사내들은 그동안 가둬 두었던 얘기를 풀어놓느라 밤이 새는 줄 모르고 있었다.

"서양에서 값싸게 들어오는 물목들에 비해 조선에서 나는 물목들은 가격으로는 경쟁이 되지 않으니 무슨 대책이라도 세워야 할 것 같은데 말입니다. 서양에서는 동력으로 움직이는 기계로 짠 면직물을 값싸게 대량으로 생산하여 전 세계를 상대로 팔고 있는데 우리 조선은 아직까지도 집에서 베틀로 직물을 짜고 있으니 이길 방법이 없지요. 일본만 하더라도 20년 전에 이미 서양에서 면직물 짜는 기계를 수입해서 식물을 대량 생산하고 있었답니다."

늦은 밤이 되자 한 사내가 문을 조심스럽게 두드렸다. 문을 열자 머리를 숙이며 들어오는 사람은 안영근이었다. 중절모를 깊이 눌러쓰고 검은색 둥근 안경을 쓴 사내는 모자를 벗고 가볍게 고개를 숙여 인사를 했다.

"반갑습니다, 안 선생님!"

"예, 객주님들. 이렇게 늦은 밤에 염치 불구하고 찾아왔습니다."

"아닙니다. 이제 사업 얘기는 다 끝내고 잡담을 늘어놓고 있는 중입니다. 하하!"

"안영근이라고 합니다."

깡마른 얼굴에 콧수염을 기른 사내는 매서운 눈을 하고 있었다. 준마는 모여 있던 일행에게 안영근을 소개했다. 준마는 조심스럽게 서랍장을 열어 보자기에 싼 서류를 꺼냈다. 그러고는 안영근에게 건넸다.

"1만 냥입니다. 우리 보부상단에서 모은 자금입니다. 적은 돈이지만 나라를 되찾는 데 도움이 됐으면 합니다."

말을 계속하던 준마는 생선이며 고기 안주로 정성스럽게 차린 술상을 숙향이 방으로 들고 들어오자 얼른 받아서 손님들 앞으로 가져다 놓았다.

"예, 객주님들의 지원이 지금 중국과 시베리아에서 고생하는 동지들에게는 큰 힘이 되고 있습니다."

"그런데 안 선생께서 꼭 약조해 주셔야 할 일이 있습니다. 절대로 우리가 돕는다는 사실이 외부에 알려지면 안 됩니다. 저희같이 상업에 종사하는 사람들은 장부를 기록해서도 안 되고 소문이 나서도 안 됩니다. 이런 사실을 일본에서 알면 그냥 있지 않을 것입니다. 그러니 이 점을 각별히 유념해 주시기 바랍니다."

"예, 잘 알겠습니다."

"몸조심하십시오!"

그때 싸리나무 담장 너머로 오래전부터 봉놋방을 주시하고 있는 한 사내가 있었다. 다케다 경사는 범상치 않은 이들의 움직임을 처음부터 주시하고 있었다. 봉놋방으로 한 사내가 다급히 들어가는 것이 보였다. 뒤를 이어 안에 모여 있던 사내들이 뒤로 나 있는 쪽문을 통해서 하나둘씩 밖으로 빠져나갔다. 봉놋방을 빠져나간 사내들은 어둠에 익숙한 듯 내동으로 내달렸고 일부는 싸리재를 넘어 배다리골 밑 고랑을 끼고 내달렸다. 그리고 어두운 밤의 정적 속으로 사라졌다.

멀찌감치 밖에서 대기하던 다케다가 뭔가 이상한 느낌이 들어 집 안으로 가서 봉놋방 문을 열어젖혔다. 이미 방 안은 텅 비어 있었다. 이미 안에 있던 사내들은 뒷문으로 도망을 친 뒤였다. 급히 호루라기를 불어 대기하고 있던 순사들을 불러 모았다. 도망간 사람들의 뒤를 급히 좇아갔으나 이미 종적을 감춘 뒤였다. 일본 도쿄 경시청 강력계에서 이름을 날리던 다케다가 조선의 치안을 담당할 경찰조직의 핵심요원으로 차출되어 온 이후 반일분자를 색출하기 위한 첫 번째 체포 작전이 실패로 끝난 것이었다.

누군가 정보를 누설한 게 틀림없었다. 조선 땅에 와서 이런 대망신을 당하다니 얼굴을 들고 다닐 수가 없었다.

'이놈들을 만만히 보았다가는 큰 코 다치겠구먼! 이놈들 조직이 만만치가 않다고 하더니 역시 예상보다 더 대단하네!'

아침부터 이사청 책상에 앉아서 울화가 치미는 것을 겨우 참고 있었다. 어디서부터 실마리를 찾아야 할지 하루 종일 매달려도 도무지 감을 잡을 수가 없었다. 부산에서 일어난 일본 상인 습격 사건도 아직 범인을 잡지 못하고 있었다. 지금 도처에서 복면강도들이 나타나 계림장업단 상인들을 대상으로 강도짓을 하고 있는데 상부에서는 빨리 범인을 잡으라고 성화였다. 게다가 최근에는 우리 대일본제국에 대항하는 조선독립군들에게 자금을 대는 자들을 색출하라고 총독부에서까지 지시가 하달된 상황이었다.

일단 복면강도부터 찾아야 했다. 그들이 노리는 것이 무엇인지를 파악하는 것이 급선무였다.

"지금 이들의 주된 공격대상은 계림장업단 상인들입니다. 아무래도 이들과 경쟁관계에 있는 조선의 상인들이 뒤로 이들을 조정하는 것은 아닐까요?"

"그럴 수도 있지만, 일단 상인들은 물건과 돈을 가지고 다니니까 누구든지 노릴 만한 대상이 되겠지. 그게 꼭 조선의 상인이라고는 볼 수 없을 것 같은데."

"그렇기는 합니다만."

"참, 전에 장터에서 일본 사무라이와 싸움을 벌인 백준마는 계속 감시하고 있겠지?"

"예, 계속 감시하고 있습니다만, 아직까지 특별히 수상한 점은 없다는 보고입니다."

"알겠네. 계속 주시하도록 하게. 그리고 그자의 주변 인물들도 빠짐없이 조사해서 보고하도록 하게."

"예, 알겠습니다!"

변철상은 요즘 백준마가 객주를 비우고 자주 행상 길에 나서는 게 이상했다. 경쟁이 치열해지면서 일본과 청나라 심지어 서양 상인들까지 내륙으로 행상을 다니면서 물건을 파는 상황이니 가만히 앉아서 장사를 할 수만은 없을 것이다. 그런데 요즘은 너무 자주 행상을 다니는 것이 좀 의심스러웠다. 조선인으로 일본 경시청에 순사보로 특채되어 활동하고 있는 철상은 제법 번듯한 직장인, 그것도 다들 두려워하는 일본 경시청에 취업이 되어 어깨에 힘이 잔뜩 들어가 있는 터였다.

천민 출신으로 갑오개혁 때 겨우 면천이 되었고 이제는 순사가 되어 호령을 하게 되었으니 세상에 부러울 것이 없었다. 따지고 보면 노비로 태어난 철상은 양반들 앞에서 온갖 서러움을 당하면서 개보다 못한 인생을 살아왔다. 일본은 그래도 사람 차별을 하지 않고 이렇게 대접해 주니 조선이라는 나라는 아무런 의미가 없는 나라요, 차라리 일본천황의 신민이 되어 충성을 다하면서 새로운 세상을 살아가는 것이 훨씬 더 나았다. 세상이 개벽한다더니 이렇게 뒤바뀔 줄이야 누가 상상이나 했겠는가?

수년 전 저잣거리에서 백석골에 사는 이 생원한테 당한 기억이 새삼스럽게 떠올랐다. 밭을 사면서 계약서까지 작성하고 돈을 다 지급했는데 갖은 핑계를 내면서 세때에 밭을 넘겨주지 않았다. 그래서 참다못해 이 생원 집으로 가서 항의를 하다가 양반한테 대들었다는 이유로 그 집 하인들한테 죽도록 얻어맞고 땅까지 빼앗긴 적이 있었다. 억울해서 다시 찾아가 낫을 들고 이 생원을 죽이겠다고 휘두르다 이 생원은 죽이지도 못한 채 다리에 생채기만 내고 말았었다.

땅도 빼앗기고 경찰서까지 끌려와 감옥에 갈 신세가 되었다. 어디 하소연도 못한 채 천민으로 태어난 자신의 신세만 한탄하며 눈물짓고 있었다. 이때 경찰서 수사책임자인 다케다 경사가 이런 억울한 사정을 듣고는 철상을 정당방위로 인정하여 풀어 주었다. 며칠이 지난 후 다케다 형사가 철상을 다시 찾았다.

"변철상 자네, 우리 경시청에서 일해 보지 않겠는가? 이번에 순사보조 특채를 하는데 자네가 원하면 내가 특별히 추천을 해 주겠네. 자넨 조선인으로서는 드물게 의협심이 있고 체격도 그 만하면 순사로 활동하기에 적당하다고 생각되는데, 어떤가? 이 제 조선은 곧 일본 천황이 다스리는 나라가 될 것이야. 이미 청 나라도 일본에 무릎을 꿇었고, 조선의 모든 지방관아는 물론이 고 치안과 외교까지 모두 일본이 대신하고 있네. 곧 합병이 멀지 않았네. 어차피 같은 나라가 될 것인데 기회가 왔을 때 하루라도 빨리 좋은 자리를 먼저 차지하는 것이 좋지 않겠는가?"

그로부터 며칠이 지난 후 변철상은 스스로 다케다 형사를 찾 아갔다.

"경사님, 저를 추천해 주신다면 천황폐하를 위해서 이 한몸 다 바쳐서 충성하겠습니다. 여기서 일하게만 해 주신다면 이 은 혜 평생 잊지 않겠습니다."

"알았네, 결심이 섰다니 다행이네. 내가 조만간 자네 집으로 기별을 해 줄 것이니 기다리게."

변철상은 총독부 산하 경시청에 순사보조로 채용이 되었다. 일 년 내내 때에 찌들어 악취가 진동하던 바지저고리를 벗고 이 제는 순사복으로 갈아입으니 세상에 다시 태어난 기분이었다. 게다가 평생 처음으로 월급이라는 것을 받아 보고는 이제 먹고 살 걱정은 안 해도 되었다. 가끔은 동네를 한 바퀴 순찰할 때마다 사람들이 두려워서 고개를 숙이는 것을 보면서 태어나서 이런 대접을 받는 것이 꿈같이 느껴졌다.

오래전부터 백가객주를 감시하고 수시로 들러 조사를 해 왔으나 단서가 될 만한 물증을 잡을 수가 없었다. 그러던 어느 날, 준마의 행방을 캐묻다가 이상한 점을 발견했다. 행상 길을 나섰다는 준마가 가벼운 봇짐 하나만 걸친 채로 객전을 나서는 것이었다. 물건은 고사하고 같이 동행하는 짐꾼들도 없이 혼자 길을 나서는 것은 드문 일이었다.

"준마 행수, 안녕하십니까? 어디 바쁜 일이 있어서 출타하는 길인가 봅니다?"

"어이, 이게 누군가? 철상이 아닌가! 그래 여긴 다 어쩐 일인가? 순사 일도 바쁠 텐데 놀러온 건 아닐 테고. 하하하!"

"예, 요즘 조선 팔도에 복면도적떼가 나타나 소란을 피운다고 순찰을 강화하도록 지시가 내려왔습니다. 지금 순찰하러 다니다가 마침 여기를 지나가게 되어 인사드립니다."

"아, 그러신가! 그래 경시청 일은 할 만한가?"

"예, 이젠 먹고살 걱정은 안 해도 될 것 같습니다. 재미도 있고요. 행수님도 몸조심하세요. 요즘 같은 세상 그저 조용히 제 할 일 하면서 먹고 사는 게 제일입죠."

"아, 그런가? 자네도 몸조심하게. 세상살이가 항상 좋은 일만 있는 건 아니니까 말일세."

그러던 어느 날 드디어 꼬리를 잡았다. 독립운동가로 지목된 자를 잡아 신문하던 중에 이자가 평양에서 물건대금으로 지급한 어음이 백가객주에서 발행된 것으로 밝혀졌던 것이다. 남은 금액의 일부는 환전어음으로 교환하여 보관하고 있었다. 경시청은 발칵 뒤집혔다. 인천 경시청으로 연락을 해서 백가객주를 용의자로 조사하여 보고하도록 하고 조금이라도 수상쩍은 움직임이 있을 때는 지체 없이 체포하라는 지시를 내렸다.

지난해 최봉준 대행수와 러시아로 가는 군수물자를 납품한 적이 있었다. 이때 막대한 이익을 남겼다. 그리고 수익금 중 일부는 독립운동 자금으로 지원하였다. 어음을 만주에서 돌리겠다고 했는데 이 어음이 평양에서 발견된 것이었다.

"일단 어음 발행인으로 되어 있는 백춘삼을 잡아들이라는 명령이 떨어졌다."

일본 이사청 경찰들이 총출동해서 백가객주를 포위했다. 다케다 경사는 백가객주에 들어가자마자 백춘삼 대행수를 찾았다. 아무 영문도 모르는 채 백춘삼은 다케다를 보고는 놀라서 물었다.

"아니, 이게 무슨 짓이오?"

변철상이 옆에 있다가 한마디 거들었다.

"지금 백가객주의 어음이 독립운동을 하는 반군들의 군수물자 구입자금으로 쓰였다는 증거가 나왔습니다. 일단 경찰서로 가셔야 되겠습니다. 조용히 따라오시는 게 좋습니다. 지금 통감부에서도 주목하고 있는 사건입니다. 여기서 더 이상 분란을 일으켜 봐야 백가객주로서도 하나도 이로울 것이 없습니다."

일단 백춘삼은 순순히 따라나섰다. 경찰들이 춘삼을 사방으로 에워싸고 연행했다. 조선조정은 모든 치안업무를 이미 일본으로 넘긴 상황이었다.

"백춘삼 대행수, 순순히 자백하는 게 좋을 것이다. 이미 백가객주의 어음으로 유통된 증거가 나왔으니 이것만으로도 반역죄로 처벌이 가능하다."

춘삼은 지금까지 일어난 사건을 곰곰이 생각해 보았다. 무조건 잡아떼기만 할 상황은 아니었다. 분명히 백가객주의 인장이 찍힌 정확한 어음이었다.

준마가 일전에 러시아 무역을 통해 막대한 이문을 본 것을 알고 있다. 게다가 요즘 만나고 다니는 사람들이 러시아와 만주를 다니면서 장사를 하는 사람들이라고 하는데, 보부상 출신으로서 교육사업을 하고 시베리아에서 동포들을 위한 사업을 하는 사람들이라는 것도 알고 있었다.

준마가 혹시나 백가객주에 해가 될까 봐 자세한 내막은 숨기고 얘기를 하지는 않았지만 무슨 일을 하고 다니는지 대충은 짐작하고 있었다.

"무슨 오해가 있는 것 같소만. 장사하는 사람이 무슨 이득이 될 것이라고 독립운동이니 하는 운동에 뛰어든단 말입니까? 장사하는 사람은 그저 직원들 생계도 책임져야 하고 거래처 관리에도 하루가 바쁠 지경인데, 아마도 장사를 하다가 무슨 오해가 생긴 듯합니다."

"아니, 이자가 뻔한 사실을 두고 무슨 거짓말을 하는 게야?"

"오늘 네 자식인 준마 행수는 마침 자리에 없어서 체포하지는 않았지만 조만간 체포되어 끌려올 것이다."

"아니, 그 어음에 찍힌 인장은 제가 발행한 것이 맞습니다. 죄가 있다면 내가 책임을 지면 될 일이지 아들은 무슨 죄가 있다고 이러십니까?"

"준마가 지금 독립운동을 하는 반역단체들 사람들과 몰래 내통하고 다니는 걸 우리가 모르는 줄 아는가? 지난해 준마가 러시아에서 활동하는 반역단체의 수장과 몰래 만난 사실을 알고 있다. 게다가 러시아에 군수물자를 공급한 사실도 이미 파악하고 있다. 모든 것을 순순히 자백하면 극형만은 면해 줄 수 있으니 그간의 일들을 소상히 자백하는 게 좋을 것이다."

일단 서울 형무소에 가두라는 지령이 떨어졌지만 대행수의 나이도 있고 해서 이곳 인천에서 신문하겠다고 허락을 받아 놓았다. 지독한 구타와 고문이 춘삼에게 가해졌다. 손톱 밑으로 송곳을 찔러 넣거나 거꾸로 매달아 코에 물을 퍼붓는 물고문까지 온갖 고문이 행해졌다.

그러나 보부상 출신으로 어릴 때부터 장사를 시작해서 산전수전 온갖 풍파를 이겨 온 백춘삼이었다. 설사 살점이 떨어져 나가는 고문이 가해진다 할지라도 쉽사리 항복할 위인이 아니었다.

지금 백춘삼은 아들 준마에게 해가 돌아가지 않도록 버티는 것만 생각하고 있었다. 부모의 마음이라는 것이 그런 것이다. 이미 백춘삼은 죽을 각오를 하고 있었다. 이제 살 만큼 살았다. 보부상으로 어렵게 살아오면서 그 숱한 고생을 겪으면서도 여기까지 왔다.

'여기서 준마를 지켜 주지 못하면 내 앞의 삶이 무슨 의미가

있겠는가?'

보부상으로 성공하여 이제 거대한 객주를 꾸리고 임방의 접장으로 선출되면서 부럽지 않은 자리에까지 올랐다. 계속되는 고문으로 몸은 점점 쇠약해져 갔다. 게다가 준마의 행방을 대라는 다케다의 집요한 고문에 몸은 더욱 만신창이가 되어 갔다. 손가락 하나하나가 고문으로 짓이겨져 피가 낭자했고 얼굴과 온몸은 피투성이가 되었다.

보름 후 준마가 행상에서 돌아왔다. 객주 직원들은 할 말을 잃은 듯 주저앉아 있었고 장사할 생각도 잊고 모두들 손을 놓고 있었다. 자초지종을 들은 준마는 잠시 생각을 더듬었다.

일전에 봉놋방에서 독립운동가를 만나 어음을 전달했던 기억이 났다. 조선 땅에선 어음을 사용하지 말도록 주의를 당부했건만 평양에서 급하게 사야 할 물건이 있어서 그 어음으로 대금을 결제했던 것이다.

준마는 다음 날 이사청에 자진 출두했나.

"무슨 오해가 있어 그런 것인지 몰라 자진 출두한 것입니다. 내가 다 해명할 터이니 대행수는 풀어 주시기 바랍니다. 사실 그 어음은 제가 대행수 명의로 발행한 것입니다. 러시아에서 유황과 석유를 들여온다 해서 크게 한탕 하려고 어음을 부친 몰래 발행했던 것입니다. 그 어음이 어떻게 쓰일지는 전혀 알지 못했습니다. 지금 그 어음으로 사들인 물건은 고스란히 백가객주 창고에 있습니다."

"그런 거짓말이 여기서 통할 줄 아느냐? 분명히 독립운동 자금으로 그 돈을 준 것이 틀림없다.”

“아니, 절대로 독립운동 자금으로 돈을 준 것이 아니고 상거래로 지불한 것입니다. 그리고 물건도 여기 창고에 그대로 있습니다. 그러니 부친은 풀어 드리고 저와 얘기를 합시다.”

“이놈이 어디서 고개를 빳빳이 들고 눈을 치켜뜨는 것이냐? 네가 아무리 거짓말을 한들 누가 그 말을 믿어 줄 것 같으냐? 차라리 모든 사실을 다 털어놓으면 그나마 선처를 할 것이다.”

백가객주 대행수가 경찰서에 잡혀간 지 벌써 두 달이 지나고 있었다. 게다가 아들인 준마까지 감옥에 넣었으니 그야말로 인천 보부상조직의 대표를 가족까지 다 잡아들인 것이다. 소문이 꼬리를 물고 전국의 보부상조직으로 전달되었다.

“이번 일은 우리 인천객주회도 묵과할 수가 없습니다. 우리같이 상사를 하는 사람들은 상대가 누군지 어떤 거래자인지 일일이 다 파악하는 것이 불가능합니다. 어음이 러시아로 들어가는 물자의 구매에 쓰였다고는 하나 물건을 파는 사람의 입장에서는 딱히 이문이 남는 장사를 포기할 수는 없는 것이지요. 어음이 돌아가는 것까지 우리가 책임을 질 수는 없는 노릇이지요.”

“예, 그렇습니다. 이번 일은 계림장업단이 우리 보부상조직을 고의적으로 무너뜨리려는 의도로 볼 수밖에 없습니다. 보부상 임방의 대표인 접장은 나라에서도 함부로 대하진 않았습니다. 보부상은 잘못한 자가 있으면 장문법에 따라 우리 스스로 처결하도록 되어 있습니다.”

“이제 일본이 조선의 조정을 대신한다고는 하나 그 이전부터 우리 보부상의 법도는 관아에서 처리하지 않고 장문법으로 처리해 왔소. 그리고 장문법의 법도에 따른 처결은 국법보다 우선이었으며 그 처리과정이 상행위나 인간 법도에 조금도 어긋남이 없었으니 여태까지 조선의 조정도 이를 인정하고 용인하였던 것입니다."

"이제 일본이 이런 보부상의 장문법을 완전히 무시하고 저희 마음대로 처리하겠다는 것은 20만 보부상을 짓밟는 것으로 도저히 묵과할 수가 없습니다. 내일이라도 당장 이사청으로 쳐들어가 부당함을 알리고 항의하도록 합시다."

"옳소! 갑시다! 그럼 닷새 후 정오에 이사청 앞으로 모두 모이도록 합시다."

아침부터 모여든 인파로 이사청 앞은 인산인해를 이루었다. 어디서 이렇게 많은 조선인들이 왔는지 다케다 경사를 비롯한 경시청장은 깜짝 놀랄 지경이었다.

"아니, 이게 어떻게 된 것인가? 다케다! 이게 다 무슨 일인가 말이야!"

"예, 지금 반역도당을 잡아 심문 중에 있습니다. 그런데 이들이 사람들을 충동질해서 이렇게 떼를 쓰고 있습니다. 즉시 처리하도록 하겠습니다."

다케다는 즉시로 군중들을 진압하고자 총검으로 무장한 병력을 동원했다. 경찰들은 일렬로 서서 군중들을 향해 총구를 겨누었다. 그런데 갈수록 인원이 불어나고 있고 많은 사람들이 손에 죽창이며 낫 등의 무기를 들고 있었다. 자칫하면 피바람이 불

것 같은 상황이었다.

지금 이사청 인원을 총동원해 봐야 50명이 안 되는 인원이었다. 사건이 터지면 이사청이 도리어 쑥밭이 될 상황이었다. 청장이 긴급히 호출하는 소리가 들렸다.

"다케다, 지금 밖에서 벌어지고 있는 일이 무슨 일인지 아는가? 자세히 설명해 보라!"

"예, 반역자들을 잡으려고 심문을 하다가 이놈들이 제멋대로 저렇게…"

"다케다 경사! 지금 한일협약을 맺은 지 아직 잉크도 마르지 않았다. 우리 대일본제국은 장차 조선을 우리 신민으로 만들기 위해서 서서히 미래를 내다보고 계획을 시행하고 있는 중이라는 것을 아는가? 지금 자네가 벌이고 있는 일이 우리 대일본제국의 계획을 망쳐 놓고 있다는 것을 모르는가? 아무리 옳은 일이라 해도 순서가 있고 상대를 보아 가면서 적절한 처리방법을 택하라는 얘기다. 지금 저 성난 조선인들을 잘못 건드리면 어떤 일이 벌어질지 상상이라도 해 봤는가? 설사 군인들을 동원한다고 해도 명분도 없거니와 지금 상황에서는 조선인들을 잘 다독여서 포섭하는 것이 나을 듯한데 자네 생각은 어떤가?"

"예, 전 그저 우두머리 몇만 혼내면 밑에 있는 놈들은 그냥 순종할 거라고 생각했습니다."

"이봐, 다케다 군! 여기 오기 전에 보부상에 대해 들어 보기는 했는가? 이들은 조선의 역사 속에서 자립하고 스스로 상도의를 지키고 장문법을 만들어 거래를 해 온 전통이 몸에 밴 상인들이다. 일단 이들이 옳다고 판단되면 주저 없이 나서는 사람들이야. 우리가 그동안 보아 왔던 썩은 조정의 양반들과는 그 마음씀이 다르다는 말이야. 조정의 대신들이야 자기 영달을 위해서 돈 몇 푼에 몸이라도 팔 놈들이지만, 조선의 모든 백성들이 다 그런 것은 아니라네. 다케다, 내 말 뜻이 뭔지 알겠나?"

"예, 잘 알겠습니다."

"자네, 일을 열심히 하는 것을 내 모르는 바는 아니지만, 여기는 우리가 살아왔던 일본 땅이 아니고 조선이라는, 미래 우리의 식민지가 될 땅이란 말일세. 이제부터는 좀 세심히 일을 처리하도록 하게."

"예, 명심하도록 하겠습니다! 지금 당장 적절한 조치를 취하겠습니다. 일단 보부상 대표들과 객주연합 대표단을 만나서 그들의 의견을 들어 보고 적당한 해결책을 찾아보겠습니다."

며칠 후 백춘삼 대행수는 석방되었다. 그리고 준마는 일단 어음 발행의 부주의에 내한 책임을 물어 6개월간 인천-서울 간 철도공사장에서 노역을 하는 것으로 더 이상 책임을 묻지 않기로 하였다. 준마는 속으로 걱정을 하면서도 더 이상 일이 번지지 않은 것을 다행으로 여기며 그 제안을 순순히 받아들였다. 전에 수감된 적이 있는 인천 감옥이었다.

밀정

해안가 동굴의

고려청자와 시체

후쿠다 경위는 아침 출근 직후 바로 부하직원들을 소집했다. 영사관 내에 자리 잡은 통감부 이사청 건물은 그들이 하는 일의 무게로 인해서 무거운 중압감을 자아내고 있었다.

지금 통삼부에서도 복면강도단에 대해 깊은 관심과 우려를 갖고 있었다. 조선의 반일 선동가들의 준동을 막기 위해서 더 강력한 조직이 필요했다. 전국의 10개 이사청을 13개소로 확대하고 지청 또한 8개소에서 11개소로 확대 개편하였다. 전국의 군마다 5~10명씩 조선인들을 선발하여 정보원으로 교육시키고 순사도 대폭 증원할 계획이었다.

실제로 조선족 출신 일본 정보원들은 훗날 조선의 독립군과 일본에 대항하는 조선인들을 색출하는 데 결정적인 역할을 하였다. 수많은 독립투사와 의인들이 이들의 밀고로 잡혀가 죽임을 당하였다.

"이들 복면강도단의 소행으로 보아 조선 전역의 일본 13개 일본 거류민단과 전국의 계림장업단사무소, 거주민회가 언제 이들의 습격을 받을지 모르는 상황이다! 통감부는 조선 전역에 있는 일본 거주인들을 우선 보호하는 대책을 세울 것을 하달해 왔다. 우리 인천 이사청도 전 인력을 동원하여 복면강도단을 체포하는 데 만전을 기해야 할 것이다."

후쿠다 경위는 좌중을 둘러보며 미간을 잔뜩 찌푸린 얼굴로 앞니를 드러내면서 힘을 주어 강조했다. 구체적인 계획과 지침이 상부로부터 계속 내려오면서 이사청도 긴장이 고조되고 있었다.

"필요한 경우 헌병사령부에서도 적극 지원하도록 되어 있다. 이제 제군들은 인천에서 의심이 가는 인물들을 조사하고 파악하여 집중 감시해야 할 것이다. 그리고 아무래도 조선인들이 지역 사정에는 밝을 것이니 이들을 활용하는 방안을 찾아야 할 것이다. 따라서 우리를 도와줄 만한 인적 자원을 찾아내고 회유하는 노력도 같이 해야 할 것이다. 이번에 뽑는 조선인들은 과거에 채용했던 단순보조원이 아니라 경시청의 정식 순사로 임명하여 우리 대일본제국의 핵심요원으로 양성하는 것이 이번 조선인 채용의 목적이다."

후쿠다 경위는 벽에 걸려 있는 대일본제국 천황의 사진을 응시하며 목소리를 높였다.

"일단 포섭된 자는 직장을 제공하고 대일본제국의 신민으로서 응분의 대우를 제공할 것이다. 조선에 거주하는 우리 일본의 신민들이 자그마치 10만 명이 넘고 있으므로 이들의 안전을 지키는 것이 우리의 주된 임무가 될 것이다. 이 점을 참고하여 자질이 우수한 자를 추천해야 할 것이다."

"후쿠이 사부로 단장도 좋은 사람이 있으면 추천하도록 하시오. 어차피 계림장업단 단원들의 활동을 지원하고 단원들을 보호하기 위해 더 많은 인원을 충원해야 하니까."

"예, 잘 알겠습니다. 저희 계림장업단도 주위에 협력할 만한 조선인들을 적극 찾아서 추천하도록 하겠습니다. 우리 단원들이 조선 전국을 다니며 활동하기 때문에 이들을 보호하기 위해서 좀 더 많은 지원이 필요한 상황입니다. 감사합니다."

첫 번째로 일본에 동조하고 있는 양반층 자제들을 일단 우선 선발대상으로 하고, 두 번째는 조선에서 그동안 크게 핍박을 받아 온 천출인 노비들 중에서 선발하도록 했다. 이들 천민 신분은 조선조정과 양반들에 대한 원망과 멸시에 대한 적개심으로 가득 차 있다. 일단 이들에게 일본이 자기들을 해방시켜 부자로 살게 해 준다는 희망을 주게 되면 반드시 이들은 우리 일본을 위해 협조할 것이다. 이미 임진왜란 당시에 이들은 도요토미 히데요시 막부의 조선침략을 환영하며 심지어 조선의 궁궐을 열어젖히고 우리 일본군을 맞이한 일도 있었다.

"조선은 이들 노비 신분의 천민들을 백성으로 여기지 않는다고 생각하고 자포자기한 것이었지. 이미 우리에게 협조하고 있는 양반들은 당연히 그들의 자식들이 우리 일본에 협력하도록 할 것이다. 유교 전통이 있는 조선은 부모의 명을 거역하는 것을 천륜을 어기는 것으로 알고 있으니 당연히 그렇게 할 것이다. 자, 이제 각자 우리를 도와줄 조선인들을 찾아 추천하도록 하라."

통감부에 모인 조선인들은 장차 무슨 일을 하게 될지 아무도 모르고 있었다. 황기춘은 자기가 여기에 온 이유와 선발기준이 영 못마땅하고 탐탁하지 않았다. 그래도 조선의 뼈대 있는 양반 집안인데 장차 일본을 위해 크게 쓰일 재목이라고 부친이 추천하여 왔는데 막상 와 보니 평민 출신에 심지어 노비들까지 함께 모여 있으니 심기가 불편하기 짝이 없었다.

통감부는 인재를 뽑는다고 하면서 명문 양반가 출신인 나를 지금 이런 노비들하고 같이 불러서 뭘 어쩌자는 것인지 화가 날 지경이었다. 노비인 박정철은 때에 전 바지저고리에 무릎은 반쯤 걷어 올리고는 맨 뒤편 구석에 조용히 고개를 숙이고 시 있었다.

한 달 전 일이었다. 밭에 거름을 뿌리고 있는데 지나가던 신조 순사가 목이 마르니 물을 좀 마실 수 없겠느냐고 해서 바가지에 물을 떠서 갖다 주었다. 순사는 한참이나 얼굴을 쳐다보더니 밭일 하는 것이 힘들지 않느냐고 물었다.

"남의 종살이하는 노비가 힘들고 안 들고가 어디 있겠습니까? 일이 있으면 다 마칠 때까지 해야 하는 것이고 주인이 시키는 일이 있으면 무조건 하는 것이지, 우리 같은 노비가 무슨 주장이 있겠습니까."

"난 일본 순사인 신조라고 하오. 목이 몹시 마르던 참에 덕분에 물을 잘 마셨습니다. 농부인 것 같은데 이름이 어떻게 됩니까?"

"예, 박정철이라고 합니다. 황 판서 댁 노비입니다."

"노비라구요? 아니 지난 갑오개혁 이후로 노비니 양반이니 하는 신분차별은 다 없어지지 않았습니까?"

"겉으로는 그렇지만 저희는 아직 그대로 살고 있습니다. 딱히 가진 논도 없고 장사하는 재주도 없는지라 그냥 주인집에 붙어서 살고 있습니다."

"박정철 씨, 혹시 이번에 일본 정부에서 초급관원을 뽑는데 한번 지원해 보세요. 조선인을 대상으로 일본 정부를 도와줄 순사를 뽑는데 월급도 괜찮고 일만 잘하면 승진도 할 수 있지요. 일본에서는 노비제도로 사람을 차별하는 일은 이미 수백 년 전에 없어졌지요. 모두가 똑같은 천황의 신민으로 자기가 부지런히 노력만 하면 얼마든지 잘살 수 있습니다."

"예? 일본에서는 자기가 번 것은 자기가 가질 수 있다고요? 양반이니 노비니 하는 차별도 없다고 했습니까?"

"당연하지요. 내딜 중순에 기별을 넣을 테니 나를 찾아오시오."

신조는 사무실 위치와 자신의 이름을 적은 쪽지를 주고 갔다.

일차로 최종 선발된 사람은 황기춘, 박정철 등 총 5명이었다. 일본 통감부는 이들을 철저히 일본의 정보원으로 훈련시켰다. 6개월의 교육기간을 거쳐서 순사보조원으로 임명이 되었는데 글을 깨우치고 학식이 있는 황기춘은 해외정보국이라는 곳에 배치되어 만주와 시베리아에서의 조선인들의 활동을 보고하는 일을 담당하게 되었다. 부친에 이어 대대로 일본에 충성하게 된 황기춘은 철저히 일본 천황의 신민으로 살기를 결심하였다. 교육을 받는 동안 부친 또한 열심히 격려하였고 일본 통감부 고위층에 부탁하여 아들을 잘 봐달라고 손까지 써 놓았다.

박정철은 노비 출신으로 순사보조원으로 순찰을 돌면서 치안을 유지하고 사람들의 동태를 신조 순사에게 보고하는 일을 맡게 되었다. 박정철은 태어나서 처음으로 관서에서 지급한 제복이라는 것을 입었는데 목욕을 하고 머리까지 감고 밖을 나서니 과거 노비 박정철과는 전혀 딴 사람이 되었다. 월급도 충분히 먹고살 만큼 받았고 부모님도 아들의 이런 모습을 장하게 여기니 이제야 세상이 자기에게 열린 것 같았다. 일본 천황이 누구인지는 모르지만 이렇게 자기를 사람으로 대우해 주니 고마울 따름이었다.

'나는 비록 조선에서 천민으로 태어났지만 이제 일본 천황의 신민으로 다시 태어났다. 과거의 나는 껍질이었지만 일본의 나라에서 나는 알맹이로 살겠다.'

박정철은 이를 지그시 물었다.

교육을 받는 동안에도 월급은 꼬박꼬박 나왔다. 한 달 동안 행정교육을 받고 비밀훈련을 5개월 받는다고 했다. 훈련은 생각보다 힘들었다. 사람을 죽이는 법도 배웠고, 각종 무선장비라는 기계를 다루는 법도 배웠다. 더욱 놀란 것은 사람을 고문해서 자백을 받아내는 기술이었다. 난생 처음 배우는 고문기술과 사람을 협박하는 일은 평생을 노비로 살아온 박정철에게는 이해가 전혀 안 되는 일들이었다. 평생 시키는 일만 하면서 주인이 죽으라면 죽는 시늉까지 하며 살아왔는데 사람을 때리고 구타하고 고문을 하라니 떨려서 몸이 움직여 주질 않았다.

고문기술은 한두 가지가 아니었고 무수히 많았다. 절대로 저런 고문은 당하지 말아야겠다는 생각이 머리에서 떠나질 않았다.

'무서운 나라 일본이다.'

준마는 객전에서 장부정리를 서둘러 마감하고 새로 백가객주에 견습 점원으로 들어온 원식을 불렀다. 나이는 어리지만 눈치가 빠르고 영리한 사내 아이였다.

"오늘 나하고 잠깐 다녀올 데가 있으니 다른 볼일이 없으면 같이 갈 준비를 해라."

원식은 행상을 하던 부친이 죽은 후 백가객주에 들어와 한창 일을 배우고 있었다.

"예, 바로 준비하겠습니다."

객주촌을 빠져나와 장터 초입에 있는 주막으로 향했다. 이미 길재와 복만, 석태가 와서 국밥을 먹고 있었다.

"내 동생같이 생각하고 잘 대해 주게."

준마는 원식을 간단하게 소개하고 자리에 앉았다. 해가 지면서 장터는 그 많던 사람들이 빠져나가고 어느새 황량하게 공터로 변했다.

준마는 길재에게 복만이 얘기했던 만국공원 밑에 있는 일본인 관사를 감시해 줄 것을 부탁했다. 그러고는 데리고 온 원식을 길재를 돕도록 붙여 주었다. 며칠 후 길재는 일본인 관사에 주둔군 사령부의 장군이 살고, 가까운 곳에는 계림장업단의 후쿠이 사부로 단장과 후쿠다 경위와 다수의 일본인 무역상들이 살고 있다는 것을 알아내었다.

복만의 친구 칠복이 흙을 실어 날랐다는 집에는 가끔씩 밤이 깊어지면 행상으로 보이는 일본인들이 무사들과 함께 수레로 물건들을 실어 나르고 있었다. 그런데 이상한 점은 물건이 들어가면 밖으로 나오질 않는다는 것이다. 먹는 곡식이나 채소 등 식생활용품들이라고 해도 들어가는 양이 빤한데 수레에 싣고 들어간 물건들이나 궤짝들은 밖으로 나온 적이 없다는 것이다.

인근에 있는 사람들에게 물어보니 이미 일본 조계지가 만들어진 후 언제부터인지 정확하게는 모르지만, 그 집에서는 무슨 공사를 그렇게 많이 하는지 항상 흙을 밖으로 내다 버리고 있었다는 것이다. 주위에는 군인들이 지키고 순찰을 돌고 있어서 집 안으로 들어가 알아보기도 쉽지 않다고 하였다.

준마, 복만, 석태, 길재, 대길이 늦은 오후에 주막으로 모였다. 전골탕을 앞에 두고 사발 뚝배기에 탁주를 한 잔씩 돌리고 있었다. 길재가 그동안 일본 관사에 대한 의문점에 대해 조사한 것을 소상히 설명하였다.

"그럼 얘기한 대로 한번 해 보자."

준마가 얘기를 마치면서 길재에게 다시 한 번 각자 맡은 임무에 대해 확인하도록 했다. 이번에는 확실히 그 동굴의 실체를 파악해야 했다.

조선의 일 년 중 사람들의 마음이나 표정, 씀씀이가 가장 풍요로운 때인 추석 한가위가 가까워 오고 있었다. 장터에는 오랜만에 풍물패들이 와서 풍악을 울리고 탈춤을 추며 신명나게 놀고 있었다.

"쿵 쿵 쿵 더 쿵! 쿠궁 쿵 쿵 더 쿵! 꽤갱! 꽹꽹! 꽤갱! 꽹!"

한바탕 놀이마당이 펼쳐지는데 한낮이 지나면서 사람들이 구경거리를 보기 위해 몰려들기 시작했다. 꽹과리 소리와 장구 소리는 산을 타고 올라 만국공원 꼭대기까지 메아리쳐 올랐다가 다시 돌아 내려왔다.

만국공원 밑 일본인들이 모여 사는 지역의 끝자락에 있는 장군의 관사 정문 앞에 웬 꼭두각시 탈을 쓴 남사당패들이 나타났다. "꽤갱!" 하고 울리는 꽹과리 소리에 맞춰 팔을 들어 덩실덩실 춤을 추고, 다리를 펄쩍펄쩍 들면서 흥을 돋우었다. 정문을 지키는 헌병은 소리를 지르면서 저리 가라고 고함을 쳤다. 아무리 고함을 쳐도 물러나기는커녕 도리어 고개를 설레설레 흔들면서 정문 앞을 지키는 헌병의 얼굴에 탈바가지를 디밀었다. 새까맣게 때가 낀 손으로 엿을 꺼내서는 먹으라고 군인에게 내밀었다. 놀란 군인이 총을 겨누고 눈을 부라리는데도 사기는커녕 노리어 그 총구 앞에서 고개를 흔들면서 춤을 추었다. 총을 세워 밀치면서 쫓아내기를 여러 번 했지만 도무지 말을 듣질 않았다. 장군이 출근해서 집에 없었기에 망정이지 아니었으면 당장 치도곤을 당할 판국이었다. 순찰을 돌던 다른 군인 하나가 합세하여 총대로 마구 밀쳐 내었다.

한편 준마는 관사 정문에서 실랑이가 벌어진 틈에 손에 들고 있던 공을 가볍게 발로 차 관사 담장 너머 안마당으로 날려 보냈다. 그러고는 석태의 어깨를 발로 올라타고 산 위쪽의 낮아 보이는 담을 훌쩍 뛰어넘었다. 낮다고 해도 1장(약 3미터)을 넘는 높은 담이었다. 공을 찾는 척하면서 집 뒤편에 있는 복만이 얘기했던 동굴로 쏜살같이 달려갔다. 아직 공사가 덜 끝난 탓인지 문에 자물쇠는 채우질 않았고 일부 땅을 파는 데 사용했던 곡괭이며 삽, 징, 작은 수레 등이 널려 있었다. 문을 열고 재빠르게 동굴 속으로 들어갔다. 동굴 안으로 들어서자 입구가 낮아서 고개를 약간 숙여야 했다. 조금 더 들어가자 길은 곧 왼쪽으로 휘어져 있었고 앞으로 한참을 가다가 다시 오른쪽으로 계속 이어져 있었다. 중간중간 불이 켜진 남포등이 벽을 따라 걸려 있어 다행히 앞을 잘 볼 수 있었다. 동굴은 두 번을 굽이돌다가 서서히 내리막으로 이어지는데 끝이 보이지 않았다. 계속 한참을 내려가자 해안가 바다에서 밀려들어 오는 것 같은 비릿하고 무거운 바다 공기가 느껴졌다.

이제 더 이상 지체할 시간이 없었다. 너무 시간을 오래 끌었다. 길이가 약 2리(약 700미터)는 더 될 것 같았다. 돌아 나오려는데 순간 물건을 쌓아 놓은 듯한 커다란 거적을 덮은 물체가 희미하게 보였다. 얼른 다가가 거적을 들추어 보니 그 속에는 이용익 대감이 말하던『조선왕실의궤』와『대전회통』등 조선의 서책 수백 권과 고려청자 등 골동품들이 셀 수 없을 정도로 쌓여 있었다. 어떤 책에는 '외규'라고 쓰여 있기도 하고 '내규'라고 쓰여 있기도 했다.

"아하!"

외규는 강화도에 있는 왕실의 서고인 외규장각을 말하는 것이고 내규는 바로 창덕궁의 내규장각을 의미하는 것이었다. 일본인들은 약탈도 이렇게 치밀하게 진행하고 있었다.

"아! 조선왕실의궤."

희미하게 쓰인 글씨가 보였다. 옆의 좀 큰 나무 궤짝이 있어서 슬쩍 들추어 보았다.

"헉!"

하마터면 소리를 지를 뻔하였다. 그 안에는 죽은 남자의 시체가 쭈그린 채로 들어 있었는데 일꾼으로 보이는 조선 사람이었다. 죽은 지 얼마 되지 않은 것 같아 보였다. 숨을 크게 한 번 쉬고는, 오던 길로 다시 잽싸게 달려 올라갔다. 동굴 속에 갇히면 그대로 독 안에 든 쥐 꼴이 될 것이다. 평소 단련된 강한 발걸음으로 빠르게 달려 나왔다. 벌써 정문 앞의 소란은 점차 끝나 가고 있었고 꼭두각시 탈을 쓴 풍물패들은 헌병들 손에 목덜미가 잡혀 길바닥에 내동댕이쳐지고 있었다.

동굴 밖으로 나와 집 옆으로 서 있는 담을 향해 급하게 걸어 나오는데 웬 검은 그림자 하나가 갑자기 앞에 나타났다. 순간 준마는 품에 있는 칼을 잡았다. 눈을 들어 보니 웬 여성이 서서 준마가 집 안으로 차 넣었던 축구공을 들고 있는 것이 보였다. 그녀는 들고 있던 공을 조용히 준마에게 건넸다. 놀라거나 소리 지를 생각은 없어 보였다. 자세히 보니 오래전 계림창업단 창단식 연회장에서 본 바로 그 여성이었다. 준마는 가볍게 고개를 숙여 인사를 하고는 담 밑에 받쳐 놓았던 낮은 나무상자를 딛고 담 위로 훌쩍 몸을 날렸다. 담을 넘어 사뿐히 땅에 발을 딛자마자 헌병이 꼭두각시 탈을 쓴 사당패들을 발로 내질러 차 놓고는 갑자기 이쪽으로 고개를 돌리는 것이 보였다.

"턱!"

석태는 준마의 어깨를 치면서 흔들고는 어깨동무를 하였다.

"자, 우리도 저 아래 사당패놀이 구경이나 하세!"

준마와 석태는 헌병에게 손을 흔들며 가볍게 고개를 숙여 인사를 하고 담벽을 뒤로하고 유유히 산 밑을 향해 내려왔다.

다음 날부터 해안가를 따라 배를 댈 만한 곳 중에서 동굴이 산을 따라 내려와 해안가에 연결될 만한 지점을 찾아내야 했다. 동굴 속에서는 길이 해안가 어느 방향으로 나 있는지 정확히 알 수가 없었다. 각자 흩어져 동굴이 연결될 만한 지점을 찾기 위해 해안가를 뒤졌다. 썰물이 빠져나가면서 드러난 갯벌을 뒤지기도 하고 부두 밑 돌벽 담을 살펴보기도 하였다.

그러다 해안가 끝으로 웬 수상쩍은 오두막이 하나 보였다. 준마와 석태가 조용히 다가가 앞에 가려진 장막을 들추자 웬 사내가 쪼그리고 앉아서 볼일을 보고 있었다.

"허, 이거 참 급해서 찾았더니 임자가 있었네 그려. 시원하게 일 보시구려! 하하."

달포를 헤매도 동굴과 연결된 입구를 찾을 수가 없었다. 그러던 어느 날 일본무역상사가 운영하는 해안가에 있는 붉은 벽돌로 쌓은 창고를 지나가다가 우연히 한 인부가 창고에서 수레를 끌고 나오는 것이 보였다. 준마는 수레를 보는 순간 어디서 본 것 같다는 생각이 문득 들었다. 아! 앞바퀴가 하나만 달린 삼

각형 모양의 손수레 옆에는 검은색 글씨로 '文'이라고 선명하게 쓰여 있었다. 준마가 동굴 속에서 보았던 수레에 쓰여 있던 것과 같은 문양이었다. 인부에게 달려가 여기서 실어 낸 물건이 언제 출항하느냐고 물었다.

인부는 별것을 다 물어본다는 표정으로 귀찮다는 듯이 선적은 다 끝나고 지금 출항하고 있다고 대답했다.

순간 지나가는 척하면서 창고 안을 슬쩍 들여다보니 창고는 텅 비어 있고 이미 물건들은 배에 실려 일본으로 출발하기 직전이었다. 배는 고동을 크게 울리며 서서히 항구를 빠져나가기 시작하고 있었다. 바다 위에는 갈매기 떼가 줄지어 하늘로 날아오르고 있었다.

'아! 조선왕실의궤.'

조선이 초대하지도 않은 사람들은 여전히 해안가에서 노략질을 해 가고 있었다. 식량을 빼앗긴 것도 아닌데 왜 이렇게 섭섭하고 마음이 공허한 것인지 알 수 없었고, 몸 깊은 곳에서 올라오는 분노 같은 것이 함께 느껴지기도 하였다.

'이제는 저 창고를 잘 감시해야겠다….'

빼앗으려는 자와 지키려는 자의 싸움이 시작된 것이다.

전에 송파 장문장으로 넘긴 계림장업단 단원들로부터 빼앗은 물건들은 이용익 대감의 소개로 만났던 한성순보 기자인 오세창 선생과 상의하여 처리하기로 하였다. 일단 오세창 선생은 자기가 보관하였다가 조선의 뜻있는 인사에게 맡겨 조선에서 빠져나가지 못하도록 하는 방안을 찾겠다고 했다. 오세창 선생은 20세에 역관으로 관직에 들어 대한제국 농상공부 참서관과 통신원 국장을 지냈으며 초대신문인 한성순보 기자로도 활동한 독립운동가였다. 고서화 감식은 당대 최고였으며 서예에도 능했고 조선 문화재 약탈을 막고자 힘쓰고 있었다.

인천으로 들어오는 길은 여러 방향으로 나 있었다. 주요 통행로는 서울의 고금월리(철곶포 근처로 현재 신월동 부근)에서 고음달내현(곰달래고개 또는 성곡, 현재 부천)을 지나 당아리고개−조마루(원미동)−송내촌(솔안말)−성현(부평)−관교동(문학골)−배다리골로 들어오는 길이 가장 빠른 길이고 강화에서는 해안가 도로인 북성포구를 따라오거나 화도진을 넘어 들어오는 길이 있었다.

가을 한가운데로 접어들면서 길 주위 들판으로는 벼 이삭이 고개를 숙이고 있었고, 멀리 보이는 산은 온통 노란색과 붉은색으로 물들어 있었다. 꽤나 따갑게 느껴지는 가을 햇볕은 벼의 알곡을 향해 내리쏘는데 껍질을 다 태워 버릴 듯이 뜨거웠다. 그렇게 태울 듯이 뜨거워야 알곡은 제구실을 단단히 한다고 했다. 올해도 그럭저럭 풍년을 맞을 것 같다.

솔안말을 지나서 인천으로 가기 위해서는 송현으로 들어가게 되어 있다. 길은 나지막한 산 아래 계곡을 따라 나 있었다. 계곡 양쪽으로는 소나무와 여러 종류의 나무들이 숲을 이루고 있었고 노란색으로 가을을 덮어쓰고 있었다.

멀리서 한 무리의 사람들이 나타났다. 해가 뉘엿뉘엿 넘어가는 늦은 저녁이 가까워 오가는 사람들의 통행도 거의 끊긴 시각이었다. 조금 전까지도 산 위를 붉게 물들이던 노을이 순식간에

산을 넘어 사라지고 있었다. 산골 계곡의 밤은 바다와 다르게 먼 산에서 시작되는 어둠의 그림자로부터 시작되었다.

10여 명 정도 되는 사내들 대부분은 머리에 하치마키를 두르고 하오리를 입은 사람들이었다. 등에는 궤짝을 지거나 아니면 보자기에 싼 봇짐을 둘러멘 상인들이었다. 짐을 둘러메지 않은 몇몇은 허리 옆에 장검과 단검을 하나씩 차고 있는 무사들이었다.

이들은 꽤나 시끄럽게 떠들면서 계곡 가운데로 난 길로 들어서기 시작했다. 마치 어둡고 조용한 밤길을 걸으면서 마음속의 두려움과 적막함을 깨어 보려는 듯 더욱더 목청을 높였다. 이들의 왁자지껄하게 떠드는 소리에 놀란 새들과 짐승들이 숲속에서 후드득 날아오르거나 후다닥 뛰어 도망가는 소리가 들렸다. 이들이 곧게 나 있는 길을 한참을 걸어가는데 갑자기 고함소리가 들리더니 계곡 숲속에서 복면을 쓴 괴한들이 나타났다.

"네 이놈들! 지고 있는 보따리들을 다 내려놓고 냉큼 꺼지거라. 무슨 귀중품을 훔쳐 가길래 이렇게 밤길을 잡아 가는 것이냐?"

3명의 무사가 무리들의 앞으로 나섰다.

"이 산 도적놈들, 오늘 제대로 걸렸다. 안 그래도 웬 좀도둑들이 복면을 쓰고 설친다고 소문이 자자하더니 바로 네놈들이었구나. 오늘 네놈들 제삿날인 줄 알아라."

선두에 선 무사가 장검을 길게 뽑아 들고는 소리쳤다. 복면 사내들 중 하나가 앞으로 나서면서 칼을 겨눴다. 이제 서서히 밤이 어둠으로 들어가기 직전이라 서로가 잘 보이지 않았다. 오늘따라 달도 구름에 가렸는지 시야가 어두웠다. 칼을 잡은 검객들은 오로지 검에서 나오는 살기와 번뜩이는 섬광에 의지하여 싸워야 했다. 처음 맞붙은 검객들은 좌로 돌면서 신중하게 상대를 탐색했다. 쨍! 칼이 부딪치는 소리가 계곡 사이로 울려 퍼졌다. 이어서 나머지 검객들의 검투 소리가 요란하게 울려 퍼졌다. 일인 무사 하나가 팔이 베인 듯 한쪽 팔을 잡고 뒤로 물러났다.

획! 쨍! 나머지 일본 상인들은 뒤로 물러나면서 짐을 단속하기 바빴다. 일부는 뒤에서 몰래 돌을 집어 들거나 품 안에서 비수를 꺼내 들고 있는 자도 있었다.

첫 번째 사무라이가 복면 괴한을 강하게 밀어붙이고 있었다. 복면 괴한은 적극적으로 공격하기보다는 놈들이 지치기를 바라는지 방어에 치중을 하고 있었다. 복면 괴한 하나가 상인으로 보이는 자가 던진 돌을 갑자기 피하느라 몸을 옆으로 돌린 사이 이틈을 타서 상대 무사는 재빠르게 검을 휘둘렀다. 중심을 잃은 복면 괴한은 급히 피하였으나 이미 한쪽 어깨가 칼에 베인 뒤였다. 그러고는 일본 무사가 내려치기를 피하다가 돌부리에 걸려 넘어지고 말았다.

일본 무사가 검을 높이 쳐들어 쓰러진 복면 괴한의 머리를 둘로 가를 듯이 내리치려는 순간이었다. 복면 괴한으로서는 절체절명의 위기였다. 이때 어두운 숲속에서 "획" 소리가 나면서 표창이 하나 날아들어 복면 괴한을 내리치려는 일본 무사의 목에 꽂혔다.

"악!" 비명을 지르면서 일본 무사는 목을 잡고 쓰러졌다. 이어서 다시 표창이 좀 떨어진 곳에서 날아들었다. 이번에는 뒤에서 싸우던 일본 무사의 얼굴을 향해 날아들었다. 눈에 정통으로 표창이 꽂혔다. 또다시 표창이 날아들면서 이번에는 비수를 들고 있던 상인의 목에 꽂혔다. 보이지 않는 숲속 여기저기서 날아드는 표창으로 일본 상인들은 공포에 휩싸였다. 이곳 지리에 익숙하지도 않은 낯선 이방인으로서는 보이지 않는 적을 피해서 어디로 도망을 쳐야 할지조차 모르는 상황이었다.

표창이 날아오는 숲속으로 피할 수는 없었다. 이들은 일단 오던 길로 되돌아 급하게 도망을 쳤다.

격렬했던 싸움이 끝나고 일본 상인 무리가 사라지자 숲은 다시 평온을 되찾았다. 숲속에서 복면 괴한들을 도와 표창을 날렸던 사람들이 정체를 드러내었다.

"와! 칼 다루는 재주는 별로인데 표창 던지는 솜씨 하나는 대단하다. 과연 내 수제자 삼아도 되겠어!"

길재가 다친 어깨를 누르면서 원식을 향해서 손을 흔들었다.

"어리다고만 생각했는데, 어른 한몫은 충분히 하겠네. 하하하."

말을 끌어와 빼앗은 짐들을 말 등에 얹고는 바로 자리를 떴다. 일단 도망친 자들과 마주치지 않기 위해 인천으로 가기로 했다. 길재는 다행히 크게 다치지는 않아서 약초를 바르고 상처를 천으로 감싸 묶은 뒤 옷을 입으니 겉으로는 부상당한 흔적이 보이지 않았다.

배다리골에 새로 장만한 창고에 물건을 들여놓고 빼앗은 짐을 하나씩 풀어 보았다.

"역시 이용익 대감의 말이 맞았어!"

규장각에서 훔쳐 낸 책들이 대부분이었다. 조선의 호구를 조사한 장부, 지도, 불경 등 다양한 서적과 금불상 같은 조선의 유물들이었다.

일본은 개항이 되자 일본 조계지 안에 조선 문화재들을 밀반출하기 위해 남의 눈에 띄지 않도록 동굴을 파고 있었다. 계림장업단이 들어오기 전부터 이미 일본 조계지에서 해안까지 뚫어 놓은 동굴을 통해서 조선의 유물들을 밀반출하고 있었던 것이었다.

이용익 대감의 말로는, 규장각 문서라든지 조선의 문화재 밀반출과 왕릉 도굴을 하지 못하도록 일본에 강력히 항의해야 한다고 주장했으나 박제순, 이완용을 비롯한 대부분의 대신들이 딱하다는 듯 쳐다보면서 가당치도 않다고 묵살해 버렸다는 것이다. 그깟 서책이나 『조선왕실의궤』 따위가 뭐가 그렇게 중요하냐며, 이미 이전에 임진왜란이나 병자호란 때도 불타고 잃어버린 것이 하나둘이 아닌데 지금에 와서 그거 하나 지킨다고 나라가 다시 살아나겠느냐고 하였다는 것이다. 박제순은 도리어 기가 차다는 듯이 이용익을 쳐다보았다. 망조도 이런 망조가 없었다. 조선의 몰락은 마음이 다 얽은 얼금뱅이 대신들의 탐욕으로부터 시작되고 있었다.

망명

새벽에 만든 조선 매매계약서

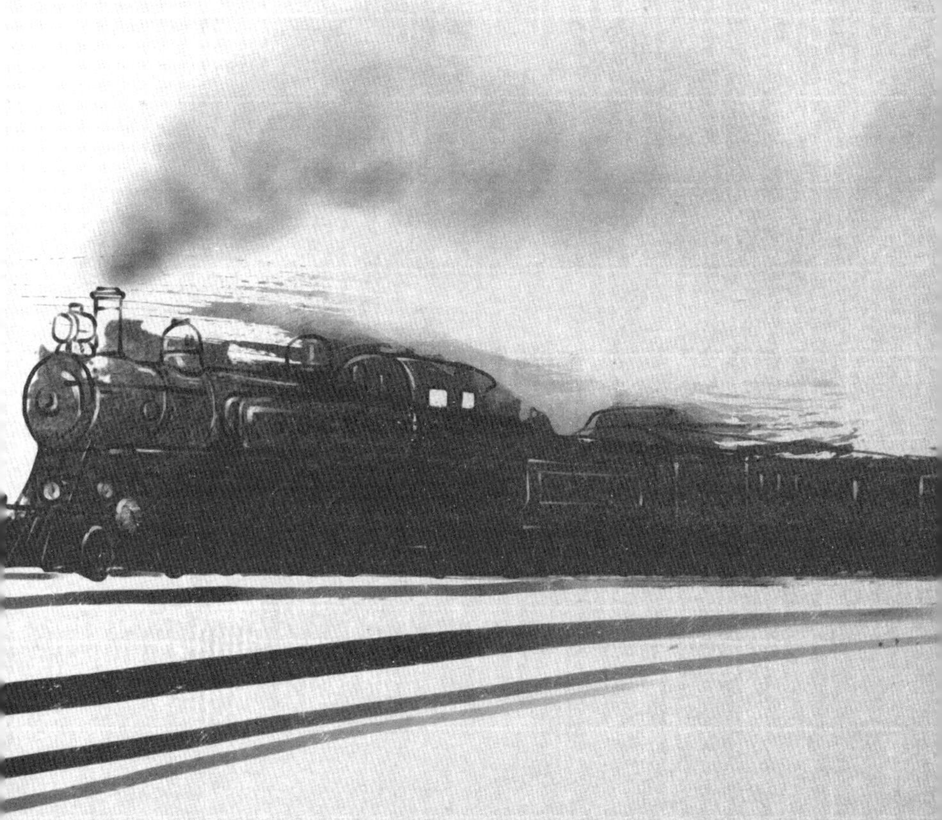

망명

새벽에 만든 | 조선 매매계약서

 한 나라가 이렇게 쉽게 통째로 사라지는 일은 세계 역사상 드물 일이었다. 전쟁을 해서 진 것도 아닌데 조정 대신들이 고스란히 조정을 일본에 갖다 바친 것이다. 그렇다고 조선 백성이 일본이라는 나라를 기꺼이 초청한 것도 아니었다. 또 언제 조선이 일본더러 뭘 달라고 행패를 부린 것도 아니었다.

 은둔의 나라 조선은 늘 그래 왔듯이 그냥 가만히 그 자리에 있었고 누구에게 만나자고 한 적도 없고 소리를 크게 쳐서 남을 시끄럽게 한 적도 없었다. 그러나 적은 소리 없이 우리에게 적을 심어 놓고 있었다. 누가 적인지도 모르게 우리의 몸 한구석에는 이미 균이 번식을 하여 적이 우리의 몸을 갉아먹고 있었다. 몸 속 깊숙이 들어와 있는 적을 잘못 치면 어느 틈엔가 우리 몸을 누군가 아프게 한다고 소리치고 도리어 역정을 내니 그리할 수도 없었다.

합의로 조약을 체결했다고 하나 그렇지 않다는 것은 하늘이 알고 아이들도 안다. 못된 이웃 하나 있으면 평생이 괴롭다더니 그 꼴이었다. 이미 내 몸과 조선의 산과 들, 강, 그리고 숨 쉬는 모든 것들이 일본으로 넘어갔다. 산에 핀 꽃 한 송이까지 나뭇잎 하나까지, 그리고 압록강과 대동강, 한강과 금강의 모든 강의 물고기까지 모두 일본이 관리하겠다고 했다.

다행히도 일본이 빼앗을 수 없는 것이 있다면 그것은 하늘이 주는 공기와 흐르는 물, 그리고 사람들의 마음속에 들어 있는 생각이었다. 숨 쉬는 것과 마음 쓰는 것까지 일본의 허가를 받아야 했다면 이미 조선 사람은 씨가 마르고 이 지구 상에 존재하지 못했을 것이다.

이 불행을 조선의 백성들은 아는지? 무슨 일이 일어났는지, 장차 어떤 일이 벌어질지도 모르는 채로 천진난만하게 뛰어 노는 아이들, 그리고 미소까지 띠면서 어슬렁거리면서 유유자적 다니는 어른들을 보면서 청나라의 양계초는 걱정인 듯 조롱인 듯 훗날 조선의 백성들에게 글을 남겼다. 『조선멸망의 원인』. 그들은 스스로 망했다.

이 글을 읽은 조선의 양심 있는 선비들은 통탄하였고 황실의 무능함에 탄식하였으며 조정 대신들의 권력 탐욕에 좌절하였다. 한 나라가 망하는 데는 그 원인이 있는 법, 애초에 조선에서 일어난 역성혁명이 그 시작이었다면 그다음은 아마도 조선의 정치철학이었던 유학이었다. 양반과 노예로 차별화된 신분사회를 만들고 세계 역사상 가장 교묘한 정치로 기득권을 유지한 사대부들의 정치이념이었다.

일본의 관리하에 들어가면 이러한 몹쓸 의식은 더해질 것이라는 것이 양계초의 숨은 뜻이라는 것을 식객들은 다 아는 바였다. 백의민족의 온순한 심성이 순종함으로 길들여져 500년을 이어 오고 앞으로 100년이 더 갈지 200년이 더 갈지 아무도 모르는 것이었다.

1905년(광무 9년) 11월 17일 새벽, 일본군이 덕수궁 대안문을 막고 담장 주위를 에워쌌다. 참정대신을 비롯하여 8명의 대신이 중명전 서쪽에 있는 휴게실에 모였다. 중요한 회의가 있다고 해서 모였는데 사실은 고종 황제의 이름을 빌어 반강제적으로 소집된 모임이었다.

좀 있다가 이토 히로부미가 나타났다. 회의의 주된 내용은 일본이 조선조정을 대신해서 조선을 관리한다는 것이었다. 열이 오르고 할 말을 잃은 고종은 오후가 되자 회의 도중에 함녕전으로 돌아갔고 그나마 조약에 반대하는 한규설 대신은 휴게실에 꼼짝 못하게 감금되었다. 학부대신 이완용, 내부대신 이지용, 외부대신 박제순, 군부대신 이근택, 농상공대신 권중제 등의 동의로 중명전 2층에서 11월 18일 오전 1시에 하야시 일본 공사와 박제순 외상 간에 을사늑약에 대한 조인이 이뤄졌다.

일본 조선군 사령관 하세가와 요시미치는 대안문 맞은편에 있는 일본군 사령부 관저에서 군대를 지휘하고 있었다.

을사늑약 이후 민영환, 조병세, 이상철, 김봉학 등 많은 우국지사들이 자결하거나 독립운동단체를 결성하여 의병을 일으켜 반일항쟁을 하였다. 살아남아야 할 사람이 죽고, 꼭 죽어 줬으면 하는 사람이 살아남아 백성들을 울분에 차게 만들었고, 엉뚱한 사람들이 살아남아 조선을 지지리도 못나게 만드는 일은 역사를 통해서도 한두 번이 아니었다.

을사늑약 후 일본은 조선의 반발을 염려해서 독립운동가들에 대한 가혹한 핍박을 자제하고 있었으나 이러한 관용도 더 이상 용납해서는 안 된다는 것이 일본 정부의 정책이었다.

준마, 봉준, 석태, 승훈, 복만, 길재와 지난번 을미사변 때 투옥되었던 김창수를 인천 감옥에서 탈출하도록 도왔던 물상객주 몇이 모였다.

"아마도 저는 한동안 조선 땅에 머무르지 못할 것 같습니다. 일본 경시청이 계속 감시를 하고 있어 어떠한 활동도 못하도록 막고 있는 실정입니다. 조만간 해외로 나가 있어야 할 것 같습니다."

"어디로 가실 생각이십니까?"

봉준이 물었다.

"아마도 중국의 상해로 갈 것 같습니다."

"만주나 시베리아로 오시면 제가 거처를 마련해 드릴 수도 있습니다."

"아니요, 봉준 형님. 사업하는 사람이 눈에 나게 저 같은 반일 운동가로 찍혀 있는 사람과 곁에 있으면 안 되는 법이오. 조선의 사업가를 눈에 거슬린다고 또는 독립운동을 지원한다는 죄목을 씌워서 사업을 못하게 하는 것을 여러 번 보았습니다. 사업가의 입장에서는 반일활동을 지원하는 내용이 장부에 기록되거나 행여 눈치라도 보이면 안 될 것이오. 앞으로 일본 정부의 방해로 조선 사업가들이 더욱 어려움에 처할 것입니다. 봉준 형님의 제안은 고마우나 거절할 수밖에 없는 이유입니다."

"예, 잘 알겠습니다."

"조만간 상해로 가면 동지들께도 사람을 시켜 연락을 놓을 것입니다."

"언젠가는 조선이 독립하는 날이 올 것입니다. 그때까지만 우리가 참고 견디면 조선 민족이 다시 태어나는 영광된 날이 올 것입니다."

다케다는 간부회의가 끝난 후 변철상을 자기 방으로 조용히 불렀다. 변철상은 전에 백가객주 사건으로 직속상관인 다케다 경사가 상부로부터 심하게 질책을 받은 일이 마치 자기가 잘못해서 일어난 것 같아 잔뜩 어깨가 움츠러져 있었다.

"변철상 군! 백가객주 사건은 이미 엎질러진 물이니 더 이상 신경 쓸 일이 아니네. 단, 다시 한 번 그런 실수가 재발되면 자네나 나나 끝장일세, 알겠는가?"

"예, 잘 알고 있습니다."

"그래, 자네가 날 보자고 한 이유가 무엇인가 얘기해 보게."

"예, 다름이 아니고 최근 백가객주의 준마 행수와 인천 감옥에 수감되었던 김창수가 은밀히 만난 것이 목격되었습니다. 김창수는 전에 계림장업단의 쓰치다를 살해한 죄로 인천 감옥에 수감되었었는데 최근에는 조선의 독립운동가들을 만나고 다니면서 선동을 하고 있는 자입니다. 처음 인천 감옥을 탈옥한 후에는 이름도 김창수에서 김구로 개명을 하였습니다. 지금 백가객주 준마 행수의 행적이 날이 갈수록 수상쩍습니다. 요즘은 각지의 보부상 접장을 만나고 심지어 만주나 시베리아에서 활동하는 보부상들을 만나기도 한답니다. 원래 보부상들이란 전국적인 조직을 갖고 있어서 장사를 하다 보면 그럴 수도 있겠거니 했는데, 김구 같은 독립운동가들을 몰래 만나고 다니는 걸 보면 틀림없이 반일운동에 개입하고 지원을 하고 있는 것이 확실합니다. 을사보호조약 체결 후 항일운동에 직접 참여하거나 뒤에서 자금을 지원한 보부상들이 많다고 합니다. 특히 준마 행수와 어울려 다니는 사람들을 보면 이승훈, 김구, 최봉준, 안창호, 최해영은 물론이고 여러 인사들과 교류가 있습니다. 특히 친하게 지내는 이승훈은 같은 보부상 출신으로 돈을 많이 벌어 재력이 제법 튼튼한데, 지금은 제몽사업을 한다고 평양에서 학교를 세우고 신문을 발행하는 등 적극적으로 반일운동에 나서고 있는 자입니다."

밤이 깊어지고 떠들썩하던 객주촌이 조용한 적막 속으로 잦아들 무렵 누군가 급한 듯이 백가객주의 대문을 두드렸다. 준마가 문을 열어 주자 하리모토가 머리를 들이밀었다.

"이렇게 늦은 밤에 무슨 일이오? 하리모토."

"준마 행수님, 지금 빨리 몸을 피하셔야 합니다. 경시청에서 준마 행수를 잡으려고 순사들이 내일 이곳으로 올 예정입니다.

일단 몸을 피하셔야 합니다. 오늘 오후에 준마 행수를 반일행위와 조선과 일본의 친선을 방해하는 위험인물로 체포할 것이라는 결정이 있었답니다."

이승훈과 최봉준 행수와 함께 반일운동에 나선 것을 눈치챈 것이 틀림없었다. 러시아에 군수물자를 납품한 것도 일본의 경시청이 이미 파악하고 있었다.

준마는 숙향에게 간단히 짐을 챙기도록 하고 중요한 장부를 챙겼다. 사람을 보내 길재, 복만, 석태를 내리교회로 오도록 했다. 송원적 행수와 무언가 몇 마디 얘기를 주고받고는 어린 아들을 안고 숙향과 함께 대문을 나서는데 대문 밖에는 경시청 밀정이 이미 백가객주를 감시하고 있었다. 문을 다시 닫고는 뒷문을 통해 나 있는 좁은 길을 따라 올라 숲 쪽으로 향했다. 길재와 복민이 숲속에서 기다리고 있다가 숙향이 들고 있던 짐을 받아 들었다.

동이 트고 아침이 밝아 오자 경시청 순사들이 백가객주에 들이닥쳤다. 준마 행수를 잡으러 왔는데 이미 준마는 원행 길 장사를 떠나고 없었다. 송 행수와 점원들이 마구잡이로 객주를 수색하고 기물을 파손하는 순사들과 맞서 실랑이를 하였으나 아무 소용이 없는 일이었다. 경시청은 즉시 준마를 체포하도록 수배령을 내리고 추적하기 시작했다.

"이미 경시청에서 나에 대해 단단히 올가미를 씌울 작정을 하고 움직이는 것 같네. 이번은 지난번과는 달리 빠져나가기 힘들 것 같네."

준마가 말을 꺼냈다.

"경시청 순사 말로는 이번에 준마를 어떻게든 잡아넣으려고 한다고 하네. 백가객주의 어음뿐이 아니라 일전에 찾아왔던 안영근 동지가 모진 고문 끝에 백가객주 준마 행수가 준 자금이라고 토설을 하였다고 하네. 게다가 김구 선생과도 엮어서 아예 백가객주를 없애 버릴 계획을 하고 있다고 하네."

복만이 그동안 경시청의 담당관에게서 들은 애기를 전해 주었다. 복만은 송파에서 사고를 겪은 후 오래전에 채령과 함께 인천으로 돌아와 가족과 함께 살고 있었다. 부상당한 채령의 몸도 다 회복이 되었다.

"자, 지금부터 다들 내가 하는 애기를 잘 듣게. 이 상황에서 내가 나서서 장사를 드러내 놓고 하기는 쉽지 않을 것 같네. 그래서 당분간 여기를 떠나 있기로 결심했네."

모인 일행들은 다들 깜짝 놀라 숨을 죽였다.

"여기 백가객주는 내가 사리를 비우는 동안 복만이 맡아 주게. 그리고 길재와 석태는 복만을 도우면서 지내고 있다가 내가 기별을 하면 그때 해외무역 일을 도와주게. 그리고 당신은 아이가 아직 어리니 친정집에 당분간 가 있도록 해요."

"아닙니다. 저도 행수님 따라 같이 가겠습니다. 아녀자가 어찌 내 한 몸 편하자고 남편을 두고 따로 지낸단 말입니까? 광복이도 이제 3살에 자기 걸음을 뗄 정도는 되니 같이 가도록 해 주시기를 간청합니다."

"그건 아니 됩니다. 지금 내가 가고자 하는 길이 어디가 될 줄 알고 그런 소리를 한단 말입니까? 지금 떠나면 머나먼 외국이 될지도 모르는 길이란 말이오."

"그래도 저는 서방님과 떨어져 살 수 없습니다."

숙향이 이미 마음을 작정한 듯이 보여 준마도 도저히 숙향의 마음을 꺾을 수는 없을 것 같았다.

밤이 이미 깊어 구름 사이로 간간이 보이는 달빛을 더듬어 싸릿재를 넘어 걷기 시작했다. 이 밤 안으로 인천을 벗어나야 했다. 복만을 백가객주로 보내어 동향을 살피도록 했다. 중요한 소지품만 챙겨 봇짐을 메고 아이는 숙향이 업었다. 그리고 길재와 석태와 함께 서울로 동행하기로 했다. 낮에는 산길을 따라 걷다 보니 발걸음은 조금씩 늦어졌고 평소 잘 알고 지내는 마포나루터의 물상객주집을 찾은 때는 이미 날이 저물어 칠흑 같은 어두운 밤이 되어서였다.

남의 눈을 피해 오느라 일부러 변장을 하고 사람들 인적이 드물 때 이동을 하느라 시간을 많이 지체하였다. 변장이라 해 봐야 그래도 장사꾼 행색이 제일 편하고 손쉬웠다. 옷을 남루하게 보이려고 복만과 환의를 하고 나오니 영락없는 보부상 행색이 그대로 베어 나왔다.

가을이 깊어 가면서 이미 아침저녁으로는 쌀쌀한 기운이 들었다. 을사늑약 후 개통된 경의선 철도가 이젠 만주를 지나 유럽까지 연결된다고 했다.

부산에서 출발하여 신의주까지 연결되는 급행열차인 융희호는 이미 사람들로 만석이었다. 신의주로 가는 열차가 검은 연기를 뿜어내면서 드디어 용산역에 천천히 들어오고 있었다. 열차가 도착하자 준마는 숙향과 아들 광복을 데리고 열차에 올랐다. 서양식 양복과 양장으로 멋을 낸 준마 부부는 다시 한 번 주위를 조심스럽게 둘러보고는 천천히 열차에 올랐다. 신의주행 철도는 압록강을 건너 만주를 지나 유럽까지 연결되었다. 일본은 철도 부설을 하면서, 미개한 조선이 이 철도를 통해 산업이 발전하고 조선 사람들의 생활을 크게 개선하는 데 일본 정부가 큰 도움을 준다고 선전해 왔다. 일부 어리석은 조선의 귀족들이 앞장서서 마치 일본이 조선을 위해 큰일을 하는 것처럼 떠들고 다녔다.

그러나 일본 사람들의 좁은 소견으로 조선을 위해 그렇게 선심을 쓸 리가 없다는 것을 조선의 모든 사람이 잘 알고 있었다. 조선에 체류했던 맥킨지는 일본이 조선의 철도를 부설하는 과정을 지켜보면서 "일제가 조선에서 제국주의 통치의 가장 거칠고도 무자비한 보습을 보여 주었다."고 개탄했다.

당시 세계의 철도 건설을 위해 1마일당 16만 원의 비용이 들었으나 조선에서의 철도 건설비용은 불과 6만 2,000원에 불과했다. 철도 건설에 필요한 토지매입과 건설 과정에서 거의 조선인들에게서 땅을 무상으로 빼앗거나 싸게 매입하였는데, 선로 용지와 정거장 부지를 시가의 10분의 1이나 20분의 1 가격으로 탈취하였다. 농민이나 부녀자와 아이들까지 강제 동원하여 노역을 시켰으며 이에 반항하는 조선인들을 무자비하게 공개 처형하였다. 마치 철도를 공짜로 부설하여 준 것으로 선전하였으나 실제로 철도 부설비용은 싸게 공사하는 만큼 일본 정부가 그대로 곡물이나 광물 또는 다른 이권으로 빼앗아 간 착취였다.

세상에 공짜는 없었다. 초청하지도 않은 손님 일본이 아무런 이유 없이 조선을 위해서 철도를 놓아 주었을까? 철도가 검은 연기를 뿜어내면서 앞으로 달려 나가는 것을 보고는 두려워하면서 눈물까지 흘리는 사람들이 많았다. 이들은 이게 천지개벽할 일이라고 하면서 고마워서 손을 들어 환영하기까지 했다. 천지개벽은 맞았으나 고마워할 일은 아니었는데 말이다. 까막눈이 조선 백성은 그렇게 세상물정을 모르는 순진한 백의민족이었다.

실제로 조선의 상업과 백성들의 생활이 나아질 것이라는 광고에도 불구하고 실제로는 대다수 조선 사람들에는 큰 혜택이 없었던 것이다. 이 철도를 이용하여 만주침략을 위한 병참이나 군수물자를 수송하는 것이 일본의 주된 목적이었다.

오가는 사람들의 왁자지껄하는 소리와 짐 옮기는 어수선한 소리가 잠잠해지면서 기차는 서서히 역을 출발하였다. 길게 이어 붙인 열차 뒤편에는 일본이 러일전쟁의 승리 후 러시아로부터 인수받은 남만주 랴오둥반도(遼東半島)에 새로 만든 관동주(關東州) 소속 관동도독부 주둔지로 향하는 일본 군인들이 총검을 들고 배낭을 멘 채로 줄을 지어 올라타고 있었다.

용산을 떠난 지 한참이 지난 후 열차는 개성에 도착했다. 목재로 지은 크지 않은 역사에서 기다리고 있던 중절모자를 쓰고 양복을 차려입고 가죽가방을 든 사내들을 태우고 열차는 다시 북쪽을 향해 출발하였다.

열차 창밖으로 보이는 산과 들은 여전히 한적한 은둔의 조선 그대로의 모습이었고 역에서 벌어지고 있는 공사판의 소란스러운 광경은 언제 그랬느냐는 듯이 그 한가하고도 평온함에 잊혀졌다.

평양역에 도착하자 일단의 일본 군인들을 내려놓고 열차는 다시 계속 철로 위를 달리고 있었다. 이제 날은 서서히 어두워지고 노을이 산과 들을 붉게 물들이고 있었다. 양떼 같은 구름에 걸린 붉은 노을 사이로 눈망울에 눈물이 고인 듯한 노루 한 마리가 잠시 스쳐 가는 것이 보이더니 이내 먼 대지 위로 밤이 내려앉기 시작했다. 출입문이 열리면서 객실 검표원이 표 검사를 하기 시작했다. 옆에는 눈을 매섭게 뜬 한 사내가 검표원과 함께 검사를 하면서 승객들을 하나하나 유심히 살펴보고 있었다. 마치 하늘을 나는 매가 사냥감을 찾는 듯한 표정이었다.

검표원이 드디어 준마에게 다가왔다. 검표원이 표를 받아 들고 확인하는 동안 옆에 있는 사내가 말을 걸었다.

"어디서 오는 길입니까?"

"만주에 있는 친척집에 잠시 다니러 가는 중입니다."

"내가 언제 어디 가느냐고 물었습니까? 어디서 오느냐고 물었지."

"예, 서울 송파에 살고 있습니다."

"근데 직업은 뭐요?"

"예, 집에서 농사를 짓고 있습니다. 친척이 만주에서 곡물을 재배하고 있는데 큰 성공을 했다고 하면서 만주로 와서 같이 농사를 짓자고 하기에, 한번 보려고 가는 중입니다."

박정철은 어디서 본 듯한 이 사내가 의심쩍었다. 어디서 한 번

본 얼굴인 듯한데 도무지 생각이 나질 않았다. 계속 의심의 눈초리로 같이 앉아 있는 여자와 아이를 훔쳐보면서 신분증을 대조하였다. 어디서 분명히 본 얼굴인데, 신분증은 서울에서 총독부가 발행한 것으로 서류는 이상이 없었다. 앉아 있는 숙향은 계속 초조한 얼굴로 다리를 떨고 있었다. 치마를 두르지 않았더라면 아마도 떨고 있는 그 모습만으로도 의심을 샀을 것이다.

　검표는 무사히 지나갔고, 이제 막 압록강만 넘어서면 중국 땅으로 들어가게 된다. 이제 조금만 더 가면 압록강철교를 지나게 될 것이다. 밤이 깊어지면서 대부분의 승객들은 이미 깊은 잠에 빠져들었다.

　안도의 한숨을 쉬고 준마는 잠시 화장실을 다녀올 요량으로 객실 뒤편으로 향했다. 한참을 지난 후 객실로 들어오려는데 전에 검표원과 같이 왔던 사내가 아내 숙향에게 무슨 말을 걸고 있는 것이 보였다. 그러다 이윽고 얼굴이 흑색이 된 숙향은 그 사내에게 팔을 잡혀서 반강제로 객실 뒤편으로 끌려 나가고 있었다.

　창밖은 이미 사방에 어둠이 깔리고 있었고 따라가는 숙향은 무엇인가 연신 애절하게 애원하는 듯 보였다. 그 모습을 보면서 준마는 불현듯 생각이 스쳤다.

　'아, 저놈은! 맞다, 그때 백가객주를 고발해서 부친과 나를 감옥에 가두었던 놈이다. 박정철! 이놈이 여기까지 어떻게!'

　박정철은 어디선가 본 낯익은 얼굴이 도무지 생각나질 않았다. 근데 저 부부는 어디선가 분명히 만났던 사람들이다. 게다가 농사를 짓는다고 했는데 손을 보니 농사를 짓는 거친 손이 아니었다.

계속 경시청에 전보를 넣으면서 요주의 인물에 대한 자료를 요청하였다. 남편 이름이 조영춘, 아내는 김진설, 전혀 모르는 이름들이었다. 어찌 되었든 지금 저 여자는 두려움에 떨고 있다. 남편이 없는 동안 아내를 겁주면 틀림없이 무엇인가 자백을 할 것이다.

"저 혹시 모르겠습니까?"

박정철은 느글거리는 얼굴로 점잖게 숙향에게 다가서면서 물었다.

"아니, 잘 모르겠습니다. 저를 아시는지요?"

"예, 저는 인천 경시청에서 나왔습니다!"

그 순간 숙향은 얼굴이 사색이 되었고 온몸이 굳어 버렸다. 턱이 덜덜 떨리면서 말이 나오질 않았다.

'분명히 이자들은 도피 중인 자들이다.'

눈치를 챈 박정철은 바로 윽박지르기 시작했다.

"지금 이 열차에는 헌병대 군인들과 경시청 순사들이 타고 있소. 지금 순순히 나를 따라 열차 뒤로 가서 잠시 묻는 말에 대답을 하겠소? 아님 여기서 헌병들에게 끌려 나갈 것이오?"

숙향은 그제야 이자가 과거 백가객주를 고발하여 준마를 인천 감옥에서 옥살이시킨 자임을 알아차렸다.

숙향과 박정철이 객실 뒤편으로 가는 것이 보였다. 이미 밤이 깊어 대부분의 승객들은 잠이 들었고 숙향과 한 사내가 객실 뒤문을 열고 나가는 것에 신경을 쓰는 사람은 없었다. 준마는 얼른 좌석으로 달렸다. 그러고는 좌석 밑에 숨겨 넣어 둔 권총을 꺼내 주머니에 넣고 숙향이 나간 문으로 쫓아 달려갔다.

문을 여는 순간 이미 열차 탑승구 문이 열리고 숙향이 박정철을 밀고 있었고, 그 순간 박정철이 숙향을 당기면서 둘이 열차 밖으로 튕겨져 나가는 것이 보였다.

준마는 난간 손잡이를 잡고 숙향이 떨어진 곳을 바라보면서 그 자리에 주저앉았다.

"아! 숙향! 여보!"

그의 흐느끼는 소리는 이내 철거덕거리는 요란한 기차 바퀴 소리에 묻혔다. 머리를 쥐어뜯으면서 흐르는 눈물을 주체할 수가 없었다. 시간이 어떻게 가는지도 모르고 있었다. 기차는 이윽고 압록강을 지나 중국 단동으로 향하고 있었다.

정신을 문득 차리고 보니 광복이 잠에서 깨어 혼자 울고 있었다. 우는 아이를 데리고 단동역에서 내렸다. 아이는 엄마를 찾으며 계속 울고 있었다.

"엄마가 지금 바쁜 일이 있어서 먼저 가 있겠다고 했어. 자, 울지 말고 어서 엄마 찾으러 가야지. 이렇게 울고 있으면 언제 엄마를 만나러 가겠니? 자, 어서 가자."

안동현 단동역에서는 이륙양행의 선박이 상해로 간다고 했다. 다행히 다음 날 상해로 가는 배가 있었다. 배 위에서 준마는 마음속으로 절망하였다. 천진난만하게 가슴에 안겨 있는 아이는 바다 멀리 하늘을 쳐다보면서 계속 눈물을 흘리는 준마의 얼굴을 보더니 준마의 눈물을 닦아 주었다.

"아빠, 왜 우는 거야? 아빠가 자꾸 우니까 이상해. 아빠가 우는 거 처음 봐!"

저 먼 바다 위로 간간이 떠다니는 구름 사이로 갈매기 떼가 가지런히 날아올랐다. 파도를 가르며 하얀 포말을 일으키며 달려 나가는 배 위에서 앞날에 대한 생각을 정리해 보려고 했으나 도무지 생각이 잡히지 않았다. 앞으로 어떻게 살아야 하는가?

몸과 마음 한구석이 떨어져 나간 것 같았다. 숙향! 내 어찌 살기를 바라겠소. 당신이 날 위해 죽은 그 마지막 모습을 내 가슴 속에 품고 어찌 살라는 말이오? 차라리 같이 죽는 것이 더 나을 것이었다. 이제부터 내가 사는 인생은 사는 것이 아닐 것 같다. 아이를 힘껏 가슴에 품었다.

눈을 뜬 것은 그로부터 며칠 후였다. 병원에서는 내가 독에 중독되어 죽기 직전이었다고 했다.

'광복이는 어디 있는 거지?'

도무지 무슨 일이 있었는지 알 수가 없었다. 저녁나절이 되었을 때 누군가 찾아왔다. 어디서 본 듯한 얼굴이었다.

"저 아시겠습니까? 백가객주와 홍삼 거래를 하던 개성홍삼상회 김형식입니다."

"여기를 어떻게 아시고 찾아오셨는지요?"

"준마 행수, 오랜만이오. 일어나지 말고 그대로 편하게 누워계시오. 일단 몸조리부터 하는 게 우선이오."

"아니, 제가 어떻게 된 건지 모르겠습니다. 제 아이는 어디에 있는지요?

"아이는 염려 마시오. 곧 데리고 올 테니."

"준마 행수는 일본 앞잡이인 황기춘이라는 자에게 독살당할 뻔했습니다. 벌써 여러 명의 조선 사람들이 그자에게 독침을 맞거나 독이 든 음료를 마시고 암살당했습니다. 상해로 오는 배에 우리 상단의 차인행수 한 사람이 타고 있었습니다. 준마 행수를 누군가 뒤를 쫓는 것 같아 겉으로 나서지 않고 조용히 뒤를 밟았답니다. 그자가 배에서 내리면서 안내한다고 데리고 간 많은 조선인들이 암살을 당했습니다. 마침 뒤따르던 차인행수가 여관까지 가는 것을 확인했는데 얼마 후 그자는 나왔는데 준마 행수가 한참을 지나도 나오질 않아 직접 여관으로 들어가 봤답니다. 문을 열어 보니 준마 행수가 사경을 헤매고 있어 즉시 병원에 연락해서 응급조치를 한 것입니다. 여기까지 오게 된 그간의 사정은 내 소상히 들어서 알고 있습니다. 김구 선생이 편지를 보내 준마 행수를 잘 보살펴 달라고 신신당부하셨습니다. 그동안 이곳 상해에서 홍삼을 취급하는 조선의 상인들이 상해로 오는 조선의 애국지사들을 조금씩 돕고 있었습니다. 지금 김구 선생은 조선에서 교육사업을 하느라 상해로 오시지는 못하고 대신 저에게 준마 행수를 보살펴 달라고 부탁을 해 온 것입니다."

며칠 후 준마는 겨우 몸을 추스르고 일어나게 되었다. 아침상을 물리고 자리에 일어나 앉았다. 오늘은 아들 광복이가 어디 있는지 물어서 데려오겠다고 할 작정이었다. 그때 아이의 목소리가 들리는데 한 여성이 광복이를 데리고 나타났다.

붉은 치파오를 아름답게 차려입은 여성이 아들 광복을 데리고

서 있는 것이 보였다. 한참을 쳐다보던 준마는 깜짝 놀랐다.

"아니, 너 진홍이 맞지!"

'아, 이런 우연이 있을까? 진홍을 여기서 만나다니.'

"준마 오라버니! 오빠 소식은 조금씩 듣고 있었어. 조선에 대한 일본의 간섭이 점차 심해지면서 아빠가 사업의 일부를 중국으로 이전하기 시작했는데, 나보고 상해 본점으로 가 있으라고 해서 그동안 여기로 나와 있었어. 그동안 준마 오빠 얘기는 듣고 있었지. 숙향 언니에 관한 얘기도 들었어…. 정말 불쌍해, 숙향 언니가."

눈물을 글썽이면서 아이를 쳐다보았다. 준마는 그동안 겪었던 끔찍한 일들을 떠올리면서 눈물을 떨구었다. 준마가 몸을 회복하고 병원을 나온 것은 그로부터 한 달 뒤였다.

병원을 떠나기 이틀 전 서신이 도착했다고 하며 김형식 행수가 준마에게 전달해 주었다. 겉봉을 뜯어 보니 발신인이 이용익 대감이었다. 준마는 편지를 얼른 접어 주머니 안쪽에 넣었다.

상해는 중국에서 가장 먼저 개방된 국제도시였다. 항구를 통해서 들어오고 나가는 물건의 양이 조선의 인천과는 비교가 되지 않을 정도로 많았다. 게다가 정기적으로 다니는 대형화물선뿐만 아니라 전 세계를 다니는 대형여객선이 무수히 많은 사람들과 물건들을 싣고 드나들고 있었다.

개성홍삼상회의 김형식 객주가 임시로 마련해 준 곳에 거처를 마련하였다. 상해 도심에서 좀 떨어진 외곽으로 사람들이 많이 붐비지 않는 곳이면서 다행히 진홍의 동순태 상단과도 그다지 멀지 않은 곳이었다.

이용익 대감이 보내 준 편지를 뜯었다. 고종 황제가 직접 준마에게 보내는 서신이었다.

"너를 본 지가 해를 넘어 오래되었구나. 지금 짐의 주위에는 말을 하는 자들의 말이 있을 뿐이구나.

짐이 그동안 수많은 조선의 청년들을 외국으로 보냈었다. 서양을 배워서 조선이 나가야 할 바를 전해 주기를 기다리고 있으나 한 사람도 들어온 자가 없구나.

을사년의 치욕을 너는 들어 알 것이다. 말하는 자들이 일본의 말로써 조선을 능욕하는구나.

지난 인조대왕이 병자년에 남한산성에서 치욕을 견디고 있을 때 말하던 자들은 비통의 눈물을 흘리며 말했다. 더 견디어야 한다고 했다. 다른 말하는 자들은 죽기를 각오하고 끝까지 싸워야 한다고 말했다. 지금의 말하는 자들은 견디라고도 하지 않고 싸우라고도 하지 않는구나. 저들 말하는 자들은 그냥 내려놓으라고 하는구나. 500년 사직을 내려놓고 백성들을 버리라고 하는구나⋯⋯⋯.

짐의 주위에는 지금 더불어 논의할 자가 없구나. 네가 의로운 일로 일본의 핍박을 받아 지금 상해로 가게 되었다니 통탄할 일이구나. 너를 구하지 못하는 짐의 부덕이 개탄스러울 뿐이구나. 네 비록 미천한 상인이라 하나 그래도 지조가 한결같으니 너를 믿고 말하노라. 을사늑약은 짐의 뜻이 결코 아니다.

일본의 뒤에 숨어 말하는 자들이 짐을 겁박하여 강제로 국새 (國璽)를 탈취하여 찍었으니 이는 무뢰하고도 무도한 도둑의 짓이라 할 것이다.

조선이 이렇게 도둑의 무리들에게 어려움을 당하게 되었으니 세계만방에 조선의 억울함을 알려야 할 것이나 낮의 말과 밤의 말들이 모두 말하는 자들의 귀에 들어가 훼방할 것이 심히 염려되는구나.

지난 1899년 1차 세계만국회의에는 조선이 당당한 세계국의 일원으로 가입이 되었으나 이제 1907년에 열리는 2차 세계만국회의에는 조선을 초청하지 아니하였다. 이는 필시 일본의 계략과 모함임을 알 것이다.

이제 2차 만국회의에는 기필코 조선의 대표단을 파견하여 조선의 억울함을 세계만방에 알리고자 함이 짐의 뜻이다. 조만간 이준, 이상설, 이위종을 헤이그에 밀사로 파견할 것이다.

지금 짐과 조선이 처한 어려운 상황에서 너에게 실로 무거운 책임을 맡기고자 하니 짐의 뜻을 헤아리기를 바라노라. 네가 진정 의인의 길을 가고자 한다면 헤이그에 가는 조선의 대표단을 도와 조선의 억울함을 씻는 데 나서야 할 것이다. 조만간 내장원경 이용익이 너를 찾을 것이다. ………"

고종 황제는 지금 고립되어 있었다.

1.

보부상의 기원, 조선 최초의 시민권력

역사적 사실은 진실 그 자체로 존재한다. 그러나 그 사실을 해석하고 옮기는 일은 후세 역사가의 몫이다. 그동안 대부분의 역사소설은 왕과 영웅들, 그리고 그 시대를 살며 훌륭한 업적을 남긴 위대한 철학자와 학자, 예술가들을 주제로 다루었다. 이들은 각자의 분야에서 당대 사회에 영향을 준 권력자들이었다.

보부상의 행적을 조사하면서 조선시대에 천한 신분이었던 상인들이 시민조직으로서의 집단권력을 만들고, 사대부들이 지배한 견고한 조선사회에 나름의 영향력을 끼쳤다는 점에서 조선에서 탄생한 최초의 민중권력이었음을 알게 되었다.

보부상은 고대국가가 형성되면서 유통을 담당하는 행상의 출현을 그 기원으로 한다. 조선 성종 24년(1493년)에 편찬된『악학궤범(樂學軌範)』에는 멀리 행상을 떠난 남편을 걱정하는 여인의 노래로, 유일한 백제가요이자 한글로 기록된 가장 오래된 가요인 《정읍사(井邑詞)》가 기록되어 있다. 『고려사』에는 전주 정읍현에서 행상을 떠난 남편의 무사귀환을 바라는 부인이 부른 노래로 기록되어 있다.

정읍사

달하 노피곰 도드샤
(달아 높이 솟아서)
어긔야 머리곰 비취오시라.
(멀리멀리 비춰 다오)
어긔야 어강됴리
(후렴)
아으 다롱디리
(후렴)
져재 녀러신고요.
(시장에 계신가요)
어긔야 즌데를 드디욜셰라.
(위험한 데를 디딜까 두렵습니다)
어긔야 어강됴리
(후렴)
어느이다 노코시라.

(어느 곳에나 짐을 풀어 놓고 계십시오)

어긔야 내 가논데 졈그랄셰라.

(내 남편이 가는 곳에 날이 저물까 두렵습니다)

어긔야 어강됴리

(후렴)

아으 다롱디리

(후렴)

　　보부상조직은 마을이나 지방의 계나 두레와 같은 지역공동체
의 형태로 시작되었다. 이러한 지역공동체는 농사일이나 경조사
등에서 일손을 품앗이하여 서로 돕거나 여럿이 일정한 목적 아래
돈이나 물품을 부담하여 운용하기도 하였다. 조선조 태조를 도
운 공으로 백달원 영위가 6종의 물목에 대한 독점 판매권을 허락
받아 보부상조직이 탄생하였다. 초기에는 지게를 지고 파는 부
상조직으로 출발하여 봇짐을 지고 파는 보상조직이 탄생하였고,
조선 말기에 부상과 보상을 합쳐서 보부상이라는 조직이 탄생하
게 되었다.

　　보부상은 스스로 절목이라는 규칙을 만들어 운영하였으며 장
문법을 만들어 보부상의 규칙을 어긴 자는 장문으로 다스려 상거
래에 따른 불미스러운 일들을 규율하였다. 항상 몸에는 네 가지
계명이 새겨진 험패를 지니고 다녔다. 4계명은 물망언(헛된 거짓
말을 하지 말 것), 물패행(행패 부리지 말것), 물음란(여성 보부상이

나 아녀자에게 행패 부리지 말 것), 물도적(도둑질하지 말 것)이다.

조선조 초기 역성혁명에 항거한 고려의 귀족들이 신분을 감추고 살아갈 방편으로 보부상이 되었는데 이들의 정신이 보부상 절목에 나타나고 있다.

불효한 자에게 태형을 가하고, 동료가 위급한 상황을 외면하면 중한 벌을 가했다. 동료 간 상부상조하고 장터에서 행패를 부리거나 보부상조직의 행사에 적극 참여하지 않는 자에게도 엄한 벌을 가했다. 상도의를 어기는 자도 엄하게 다스렸다. 국가에 충성하여 나라가 위급할 때에는 전쟁에 몸을 던졌다.

이러한 조직 운영을 위해 주요 장시를 중심으로 전국에 임방이라는 사무실을 설치하였다. 각 임방은 접장을 두령으로 선출하였는데 임방 소속 단원들이 동등하게 참여하여 민주 선거로 선출하였다. 이러한 강력한 집단 조직을 만든 배경은 당시 관료조직의 만연한 부패와 사대부들의 부당한 처사에 대해 스스로를 지키기 위한 집단세력의 힘이 필요했기 때문이었다.

보부상의 삶과 정신세계는 보부상의 절목에 잘 나타나 있다. 이러한 도덕적인 삶의 가치를 장사와 결합시킨 상인집단은 세계에서도 유례가 없다. 유럽의 길드나 협동조합은 영리를 목적으로 한 투자조합의 성격을 띠는 데 반해 보부상은 그 성격 자체가 인간이 살아가는 데 있어서 중요한 도덕적 가치를 기반으로 상행위를 추구했다는 점에서 확연하게 차이가 있다.

2.

반복되는 역사, 일본의 말을 대신 하는 자들

조선말은 세계강대국이 중상주의를 표방하며 약소국의 개방을 요구하던 시기였다. 가까운 일본이 30여 년을 앞선 메이지유신을 계기로 확장된 국력으로 조선의 식민지화를 위한 음모를 본격적으로 드러낸 시기이기도 했다.

한일합방으로 조선이 지구 상에서 사라지던 해에 청나라 젊은 식객 양계초가 《조선멸망의 원인》이라는 글을 썼다. 조선은 누가 망하게 한 것이 아니라 스스로 멸망했으며, 무능한 왕실, 부패한 조정과 사대부들이 조선을 망하게 했다는 것이다.

병자호란 때 남한산성에서 진을 치고 청나라와 대적하던 인조가 47일 만에 성을 나와 항복했다. 송파 삼전도에서 홍타이 앞에 조아리고 바닥에 머리를 9번이나 박으면서 충성맹세를 했다. 이때 끌려간 조선의 백성이 대략 50여만 명이라고 했다. 인구의 10분의 1이 끌려간 것이었다

싸우자는 측과 항복하자는 측이 말만 하다가 결국 항복하였다. 물론 그 말들은 가벼운 말들이 아니었다. 울화가 담기고 피가 끓는 말들이었다. 그러나 그 말들은 결국 말로 끝났다. 누군가는 조선의 사람 수가 500만 명이 넘으니 각자 호미나 낫을 들고 청군을 향해 던지고 악을 쓰면 아무리 15만 대군이라 하더라도 질려서 물러날 것이 아니냐고 했고, 또 다른 이는 그러다가 조선

백성은 하나도 남지 않고 씨가 마를 것이라고도 했다. 말하는 자는 살아남기 위해 매일 임금께 북경을 향해 3배를 하도록 강요하던 명과의 의리를 저버렸다. 그게 말하는 자의 논리였다.

500만 명이 각자 호미와 낫을 들고라도 싸우기로 했다면 그럴 만한 이유가 있어야 할 것이었다. 임금과 지도층이 희생하고 먼저 죽을 각오로 앞장서서 백성들을 감동시키지 않고서야 그럴 일은 만에 하나라도 일어나지 않을 것이었다. 그렇다면 결국 말하는 자의 말이 옳았다는 것인가?

조선말은 병자년의 치욕으로부터 대략 250년이 지난 시기였다. 조선은 여전히 말하는 자들의 세상이었다. 이번에는 들어온 자가 일본이었다. 이들은 먼저 왔던 자들과는 달랐다. 치밀하고 계략이 넘쳤다. 그들의 바로 코앞에 있었기에 조선을 속속들이 들여다보고 있었다.

먼저 사대부가 기꺼이 그들의 말을 대신 했다. 그리고 이번에는 조선조 내내 천시받던 천민들이 이들의 말을 대신 했다. 노예였던 자들은 천민의 굴레를 벗어나고 살길을 트기 위해 그들의 말을 대신 했고, 조선조 내내 양반이었던 자들은 그들의 존엄을 지키기 위해 그들의 말을 대신 했다. 애초에 나라 따위는 관심이 없었다. 고종은 혼자였고 지조를 지키는 자는 소수였다. 유일하게 대항한 자는 보부상들이었고 그들은 대항할 힘이 있었다. 조선의 조정을 흔쾌히 존경해서가 아니었다. 스스로의 삶을 지키고 과거부터 해 오던 것을 빼앗기는 게 싫었다. 초청하지도 않은 자들에게 삶을 빼앗기는 것은 용납하지 못할 일이었다.

그 싸움의 주요 무대는 조선의 개항지 인천이었다. 일본은 전국의 낭인들과 행상들을 모아 무장행상집단인 계림장업단을 만들어 조선에 파견하였고 인천에 본부를 설립하였다. 조선침략의 마지막 남은 걸림돌인 보부상을 없애고자 했다. 인천 보부상의 접장 백준마는 정조대왕의 호위대장이었던 검신 백동수의 후손이었다. 백동수는 조정의 암투에 실망하여 관직을 사임하고 두 여인과 함께 기린협으로 홀연히 자취를 감추었다. 소문으로는 그가 신선이 되어 하늘로 올라갔다고 했다. 소설 속의 주인공인 준마는 가상의 인물이며 그의 친구들 역시 가상의 인물들이다. 이 가상의 인물들이 실존 인물인 김구, 이승훈, 최봉준, 이용익, 고종 황제를 만나면서 조선말 일제에 대항하여 치열한 삶을 살다 간 이들의 행적과 사상을 재조명하였다. 조선말 행동하는 의인들의 진정한 참모습을 밝히고자 하였다. 이들은 대부분 보부상 출신들이었다. 보부상으로서 사업에 성공하여 대일항쟁에 투신하였다. 드러내 놓고 말할 수 없었던 조선말 기업인들의 숨은 대일항쟁의 역사를 하나씩 밝히고자 하였다.

천방지축이고 놀기 좋아하던 준마가 김구를 만나면서 차츰 책임감 있는 청년으로 성장하면서 나라를 위한 애국심을 키워 가는 모습을 그렸다. 조선말 보부상으로 출발하여 시베리아에서 성공하여 거부가 된 최봉준은 한일합방 이후 1930년경에 돌연히 자취를 감추었다. 일본이 보낸 암살자의 소행으로 추측할 수 있으나 뚜렷한 확증은 없다. 1930년대에는 조선 식민지에 대한 일본의 학정이 극심하게 이어졌고 조선의 밀정들이 해외의 우국지사들에게 접근하여 암살을 자행하였다.

이 글은 1894년 갑오개혁에서 1910년 한일합방까지의 시기를 배경으로 하였다. 졸필에도 불구하고 감히 이 글을 쓴 것은 정권이 바뀔 때마다 어김없이 이어지는 일탈한 기업인들의 단죄 당하는 모습을 볼 때마다 진정한 기업인에 대한 평가와 기업인의 가치에 대해 우리 모두 다시 생각할 시점이라고 생각해서였다.

조선말 1899년 1차 만국평화회의에 참석한 조선은 1907년 헤이그에서 열린 2차 만국평화회의에는 초청받지 못했다. 나라로 인정받지 못한 것이다. 일본의 집요한 방해와 음모가 있었다.

주권을 가진 국가가 회의조차 참석하지 못한 채 다른 국가들이 모여서 자기 나라에 대해 논하는 것을 우리는 자주권을 상실했다고 얘기했다.

그로부터 100년이 지난 지금 미국과 중국, 러시아, 일본이 모여 한국의 장래를 얘기하는 일이 아직도 벌어지고 있다. 여전히 밀을 하는 자들이 넘치는 세상이 이어지고 있다.

역사에 매몰되면 미래에 대한 창조성이 떨어진다고 했다. 그러나 역사에서 배우지 못하는 자는 미래에 나아가야 할 방향을 잃게 될 것이다.

3.

조선 멸망의 원인, 말들의 시작

양계초는 조선 멸망의 원인으로 유교의 명분정치와 사농공상의 사고로 일관한 사대부들의 비실용적인 태도를 들었다. 조정의 부패와 양반들의 사리사욕에 찬 행태가 나라를 망쳤다고 했다. 조선조 내내 자국민을 노비로 부린 차별정책은 세계에서도 유례가 드물 정도로 오래 지속되었다. 무엇보다 쇄국으로 외국과의 교류를 차단하고 스스로 국제사회에서 고립을 자초하여 변화하는 국제사회의 흐름을 놓치게 되었다.

국제적 고립은 외교적 미숙을 초래하여 일본의 집요한 공격에 속수무책으로 당하였다. 무엇보다 상업을 무시한 비실용적인 정책은 결국 재정악화로 이어져 허약한 나라가 되었다. 매관매직과 관리들의 부패로 이미 조선은 나라가 아니었다. 시스템이 망가진 조직은 구제불능상태인 채로 급변하는 국제사회의 격랑을 마주하게 되었다. 게다가 때마다 겪은 재해로 인구는 늘어나지 않고 도리어 줄기도 했다. 불운하게도 이미 일본과 중국에 전래되어 인구를 크게 늘리는 데 기여한 감자와 고구마가 조선에서는 널리 보급되지 못한 것이 아쉬운 부분이다. 곡식의 종자가 뿌리를 내리고 보급하는 데는 200여 년의 시간이 필요하다. 조선의 감자 도입이 늦어 주변국들에 비해 인구가 크게 증가하지 못한 것도 조선 멸망의 한 원인이 되었다.

국가가 주권을 찾고 치욕을 극복하는 길은 힘 있는 국가가 되는 것이다. 식량이 풍부하고 인구가 많고 재정이 튼튼하고 강력한 군대가 있고 국민의 정신이 올바르고 땅이 넓은 나라를 우리는 강대국이라고 한다.

이들 요소 중에 부족한 부분이 있는 나라는 다른 여러 나라들과 연합해서 스스로를 지키려는 명분을 찾는다.

과거 조선의 선비들은 지독한 공부벌레였다. 현대 지식인과는 비교도 되지 않을 정도의 지식인이었다. 하루 종일 앉아서 오로지 책만 읽고 또 읽었다. 이렇게 지식이 풍부한 그들도 세상의 흐름을 읽지 못했다. 그리고 말을 하는 자들의 세상이 되었다.

양계초가 중요하게 지적한 것은 머리에 품고 있는 생각이었다. 말을 해야 하는 자들이 말해야 할 때 말하지 않고 남의 말을 대신하면서 제 욕심을 차리면 백성들이 개고생을 하게 된다는 것을 조선의 역사가 증명하고 있다.

최근에 조선을 비판적으로 보는 젊은 학자들이 많다. 이성계가 말을 늘어놓으면서 위화도회군을 한 일을 두고 말하는 자들의 말들은 이미 조선조정이 처음 싹틀 때부터 시작되었다고 했다.

4.

주권

조선이 작은 나라였던가? 지금의 한국이 작은 나라인가? 한국은 인구나 국력 또한 결코 작은 나라가 아니다. 다른 나라들이 뒤에 모여 자국에 대해 수군거리는 일은 국민의 자존심을 상하게 하는 일이다. 모욕을 피하고 주권을 찾는 일은 힘을 기르는 일이다. 전쟁은 일어나서는 안 된다고 하면서 강대국의 뒤에 기대어서는 몸짓은 스스로 약한 처지를 드러내는 일이다. 전쟁의 참담함을 모르는 사람이 어디 있을까? 약소국이 전쟁을 일으킨 적은 없었다. 강한 자에게 약점을 보이지 않으려면 걸맞는 대항력을 가지고 있어야 할 것이다.

힘이 반드시 무기의 강력함만을 의미하지는 않는다. 일본이 웃기고도 강력한 무기로 지금 한국을 괴롭히고 있는 것은 바로 일본 지도층의 야스쿠니 신사참배이다. 한국에 대해 압박할 일만 생기면 야스쿠니 신사로 가서 참배를 하겠다고 협박한다. 이때마다 한국은 신경이 곤두서고 스트레스를 받는다. 이렇게 받는 스트레스를 돈으로 환산하면 어마어마한 금액이 될 것이다. 야스쿠니는 평화라는 의미이다. 그러나 그 신사에 들어가 있는 사람들은 전쟁을 일으킨 전범이 대부분이다. 군국주의를 연상시키는 야스쿠니를 참배한다는 것은 일본은 언제든지 군국주의로 돌아갈 수 있다는 의미로 한국인들은 받아들이고 있다. 과거의 역사가 오늘까지 이어지고 있는 것이다.

힘이 있을 때 스스로를 지킬 수 있다는 사실을 우리는 지나간 역사에서 배울 수 있다. 오늘날 힘을 지탱하는 것은 강력한 군대와 경제력이고 그 경제력은 기업에서 나온다. 기업이 돈을 벌어 국력에 필요한 자금을 대도록 정부가 지원하는 것은 당연한 순리일 것이다. 기업인들이 제자리를 찾아가고 그에 걸맞게 대접을 받는 세상을 기대해 본다. 보부상의 기업가정신은 세계 공정무역의 모델을 제시하고 있다.

인간은 끝없는 탐욕과 안락함의 추구로 파멸한다. 이러한 파멸을 피하는 길은 자연을 아끼고 약자와 함께하는 양보와 사랑의 정신을 키우는 것이다.

2018년
이인희

초판인쇄　　2018년 01월 05일
초판발행　　2018년 01월 10일

지은이　　이인희
그림　　추헌민
펴낸이　　박찬후
편집　　이지민

펴낸곳　　북허브
등록일　　2008. 9. 1.

주소　　서울시 구로구 구로중앙로 27다길 16
전화　　02-3281-2778
팩스　　02-3281-2768
이메일　　book_herb@naver.com

ISBN 978-89-94938-46-2
값 15,000원